JAPPELOUP

Du même auteur

Jappeloup, le conquérant (avec Daniel Mermet), Robert Laffont, 1991.

Propos débridés sur le cheval, Robert Laffont, 1993.

Ouvrages sur Pierre Durand et Jappeloup

Jappeloup-Milton, deux chevaux de légende, de Alban Poudret, Robert Laffont, 1995.

Crin noir, de Karine Devilder, Denoël, 1988.

Pierre DURAND

JAPPELOUP

Avec la collaboration de Michel Fradet

Michel LAFON

7-13, boulevard Paul-Émile Victor – Île de la Jatte
92521 Neuilly-sur-Seine cedex
www.michel-lafon.com

À mes parents, pour l'équilibre de vie dans lequel
ils m'ont fait grandir ;
à ceux que j'aime, et qui le savent ;
à ceux qui m'ont aidé à franchir les obstacles ;
à mes chevaux qui m'ont tout donné, avec une larme
particulière pour Gitane, Bonita, Urgence, Velleda,
Carrefour, Laudanum, Jappeloup et Narcotique.

« Voir loin, parler franc, agir ferme. »

Pierre DE COUBERTIN

– PROLOGUE –

Confiant, Jappeloup s'avance vers la paume que je lui tends et pose le velours tiède de ses naseaux dans le creux de ma main. Je flatte son encolure, débarrasse machinalement sa crinière de quelques brins de paille. Il vient de se rouler dans son box. Les muscles tressaillent sous la robe sombre quand Bernadette, sa *groom*, brosse le dos, les flancs, la croupe de Jappeloup. Quand elle lui demande de lever un pied pour curer la sole qui se trouve sous le sabot, « Allez, donne ! », elle saisit doucement l'un ou l'autre de ses membres par le boulet et il s'exécute avec l'air détaché d'un gentleman chez sa manucure. L'humeur est bonne. Il n'est pas rare cependant que le farfadet se révèle ombrageux. Je le sais capable de poser un sabot négligent sur mon pied, d'un écart soudain. Avec son mètre cinquante-huit au garrot, Jappeloup n'est pas bien grand, pas bien lourd – son gabarit n'est en rien comparable à celui de ses adversaires, mais il est vif comme l'éclair. Fantasque, cabochard, imprévisible, ce cheval l'est souvent. Mais pas aujourd'hui, au petit matin du 2 octobre 1988, à Séoul, Corée du Sud, à quelques heures de la clôture des Jeux de la XXIVe olympiade. Jappeloup pose sur moi un regard de charbon. Je n'y lis aucune folie. Il est attentif, comme en témoignent ses oreilles qu'il garde à la verticale, et paisible. Il sait ce que j'attends de lui. Parce qu'il nous reste une mission à accomplir… D'ici quelques jours, nous allons rallier la France avec une médaille de bronze gagnée en équipe – c'est bien –, ce serait mieux de rentrer à la maison avec de l'or. D'autant que je nourris ce rêve depuis vingt ans…

– I –

La fièvre olympique

– 1 –

La mascotte de Saint-Seurin-sur-l'Isle

Saint-Seurin-sur-l'Isle se situe à l'intersection du méridien de Greenwich et du quarante-cinquième parallèle – lequel est à égale distance du pôle Nord et de l'équateur. Je crois que là réside l'unique singularité du village posé entre Gironde et Dordogne où j'ai vu le jour en 1955, le 16 février pour être précis. Il est blotti entre les méandres d'une rivière au débit paresseux où l'on aperçoit l'ombre souple et nonchalante des poissons les jours d'été. Une route principale le traverse, elle relie Bordeaux à Périgueux – c'est celle qu'emprunta le général de Gaulle lorsqu'il honora l'Aquitaine de sa visite. Quelques années plus tard, la population de Saint-Seurin a pu voir passer dans ses rues la flamme des Jeux Olympiques d'hiver de Grenoble. Voilà pour les événements majeurs qui s'y sont déroulés depuis ma naissance. C'était il y a cinquante-sept ans…

À cette époque, les femmes ne choisissaient pas systématiquement d'accoucher à la maternité, c'est pourquoi j'ai vu le jour dans la maison de mes grands-parents maternels. Étant né « coiffé », en d'autres termes avec une poche d'eau sur la tête, le médecin assura à mes parents que cette particularité était l'apanage des plus chanceux, de ceux que la nature ne manquait jamais de gratifier d'un don. Comment ne pas avoir envie de le croire ? Pour les conforter dans l'idée que ma naissance était décidément placée sous l'aile de la Providence, l'un des ouvriers de la capsulerie dont mon grand-père maternel était directeur vint à rendre l'âme sur le seuil de la maison familiale, victime d'une crise cardiaque, au moment précis où je poussais mes premiers cris. Selon les contes et croyances alors en vigueur dans notre région, un nouveau-né qui remplaçait de la sorte, pour ainsi dire au pied levé, l'un de ses aînés, était promis à un avenir radieux. Voilà comment j'ai débuté dans la vie…

Dans les années cinquante, Saint-Seurin recense un millier d'âmes et c'est un centre économique important pour la région. Du fait de la proximité de l'Isle – la rivière offre son énergie et permet, grâce à son canal, d'acheminer les marchandises –, quatre entreprises y sont implantées. On fabrique des capsules de vin en plomb chez Beats et Blanchard, des chaussures chez Bonnot, des billes de bois et du parquet à la scierie Bentéjac, et tous types d'emballages sortent de la cartonnerie des Soustre. Quelques familles, dont celle de ma mère, les Chaminade, constituent le tissu social du village, et Henri, mon grand-père, aîné d'une fratrie de six enfants, en est l'un des acteurs les plus impliqués. Il est, entre autres, le fondateur d'une équipe de football qui s'est illustrée durant deux décennies – en division d'honneur d'abord, en division 2 ensuite. D'anciennes gloires des Girondins de Bordeaux sont même venues finir d'user leurs crampons à Saint-Seurin.

À cinq ans, j'arpente les stades avec mon père qui me tient par la main et je ne tarde pas à devenir la mascotte de l'équipe de foot. Avant le coup d'envoi de chaque match, maillot vert sur le dos, c'est moi qui entre sur la pelouse devant les grands. Je suis survolté par cette ambiance, par les cris du public. La population de Saint-Seurin est presque au grand complet et les supporters des visiteurs sont venus des hameaux voisins. Je les entends encore… comme le bruit sourd et mat qui accompagne la grimace du joueur lorsque, malencontreusement, sa tête a rencontré le lacet en heurtant le ballon qui à l'époque, était une lourde boule de cuir. Je garde en mémoire la silhouette d'Audebert, l'entraîneur de l'équipe qui occupait aussi la position d'arrière central, un joueur racé entre tous. Il a été ma première idole sportive. La deuxième, celle qui a marqué mon enfance, s'appelait Jacques Anquetil. Je me souviens de son visage émacié, de ses traits crispés par la douleur et l'effort lors d'une ascension dans les Alpes. Mais celui qui veille sur moi, c'est avant tout autre Henri Chaminade, l'homme qui a tellement influencé mon enfance…

À Saint-Seurin, des Chaminade, on en trouve un peu partout. Un de nos cousins tient le café-bar. Un vieil oncle coupe la viande à la boucherie du coin. Un autre est le meunier du village. Chez nous, les dimanches sont bucoliques et festifs. On mange, on boit, on rit. Mariages et parties de pêche ponctuent la belle saison, la chasse annonce l'automne. Les années passent, les anniversaires se succèdent… Je nous revois assis à des tables tendues de blanc, le bonheur sur tous les visages. L'enfance s'écoule plus qu'elle ne s'enfuit, l'école primaire et ses leçons de choses s'éloignent – elle a été un divertissement plus qu'une contrainte. Quelques heures passées à l'église dans une aube d'enfant de chœur ont complété durant des années cet emploi du temps de jeune garçon choyé par la vie.

Plus que tout, j'aime le foot et m'attarder dans les vestiaires pour refaire le match avec les copains de l'école primaire. L'esprit d'équipe et la notion du don de soi au profit du collectif me fascinent déjà – j'éprouverai évidemment plus tard beaucoup de frustration dans ce domaine en pratiquant la discipline individuelle, voire individualiste qu'est l'équitation. En attendant, pour moi, à cette époque, il ne fait aucun doute : j'ai un avenir de footballeur tout tracé au sein de l'équipe de Saint-Seurin. Mais une balade à bicyclette dans notre belle campagne, en compagnie de mon grand-père, va quelque peu modifier la trajectoire que je m'étais fixée…

Je suis Henri Chaminade sur son vélo. Nous roulons paisiblement sur la route de Puynormand, à quelques kilomètres de la maison. L'air est doux en cette fin d'après-midi d'été 1964, et nous longeons des prés qui s'étirent dans une lumière dorée.

Au détour de l'un d'entre eux, je m'arrête. Je mets pied à terre, et je regarde, fasciné… Il y a là, devant moi, la masse majestueuse et imposante d'un cheval de trait solidement campé sur ses quatre sabots. Le poitrail est musculeux, la croupe puissante. Il est légèrement pommelé, droit et fier. Son crin est épais, il l'agite sporadiquement pour se débarrasser des taons qui l'assaillent. Mais il en a vu d'autres… Il est invulnérable. Je suis à la fois intrigué et émerveillé, subjugué en tout cas par la beauté de l'animal. Equus vient d'entrer dans ma vie. C'est une surprise et c'est un coup de foudre. Aussi fulgurant qu'immédiat…

De cette rencontre, je garderai une affection profonde pour les chevaux de trait. Avec une prédilection pour le percheron gris du vignoble d'Ausone qui labourait la terre de son pas lourd et puissant entre les rangs de vignes – le voir travailler ainsi lorsque j'ouvrais mes volets, il y a une vingtaine d'années, avec en toile de fond les collines de Saint-Émilion, était source d'émerveillement.

Mais il va falloir attendre l'été suivant pour enfourcher un cheval pour la première fois. Nous sommes en vacances familiales cn Andorre. Des baptêmes équestres sont proposés au départ de la ville, avec un détour par un petit chemin bordant un gave. En selle, le sentiment de bien-être est immédiat ; aucune appréhension… Mon bassin accompagne le pas lent et paisible de ma monture avec aisance et naturel, laquelle me transporte vers un monde de sensations nouvelles au rythme de ses sabots qui égrènent des notes claires sur le sol pierreux. Je m'imprègne de son odeur tandis que ma main découvre le soyeux du poil. Il vient de se produire quelque chose d'à la fois très fort et très doux ; des sensations nouvelles, à nulles autres comparables. Cette relation à peine entamée se déclare sous le signe de la passion. Elle ne me quittera plus jamais…

– 2 –

PREMIÈRES AMOURS

L'une des caractéristiques familiales est le sens de l'engagement associatif. Chez mon père, Serge Durand, il est remarquablement développé. Pas un événement local, une partie de pêche, de chasse, un match de foot sans qu'on le trouve au nombre des organisateurs. C'est simple, tout l'intéresse. L'un de ses copains, qui chasse à courre, l'invite bientôt à prendre part à un équipage. Il accepte.

Le mieux, se dit mon père, est d'acheter un cheval au plus vite – précisons qu'il n'a pas la moindre pratique de l'équitation. Comme on ne s'embarque pas en forêt à la poursuite de grands cervidés sans un minimum de préparation, un ancien cavalier des spahis est bientôt chargé de lui transmettre quelques notions élémentaires. Voilà comment notre premier cheval, une jument espagnole grise du nom de Gitane, s'invite parmi nous à l'été 1965. J'ai dix ans.

Mais force est de constater que Serge Durand et elle ne sont pas faits pour s'entendre. Il a peur de l'animal, il craint ses réactions qu'il se sait incapable de maîtriser. En selle, il est rigide, presque tétanisé.

Voilà comptés les jours de cette jument chez les Durand : mon père décide de la vendre au bout de trois mois avec un empressement comparable à celui qui fut le sien lors de son acquisition. Bien évidemment, la perspective de devoir renoncer à si aimable compagnonnage m'épouvante…

C'est à l'occasion d'un dîner que je trouve enfin les mots pour exprimer le désir qui me taraude : « Papa, s'il te plaît, ne la vends pas… Je veux que ce soit mon cheval ! » Ma mère et ma sœur Marianne me dévisagent subitement – je ne lis dans leurs yeux ni approbation ni désapprobation, juste de l'étonnement. Papa, lui, croise les doigts, puis opine énergiquement du chef tant il est convaincu que la décision qu'il vient de prendre est la bonne : « C'est bon, dit-il d'un ton décidé. Gitane n'ira pas entre d'autres mains… »

Le cheval a fait son entrée dans notre famille. Autant dire que les portes de la félicité s'ouvrent en grand devant moi…

Je suis sûr que nous allons devenir inséparables. Gitane est une rescapée d'un troupeau de chevaux arrivés en fraude à la frontière espagnole et voués à l'abattoir. L'été, elle gagnera son avoine en allant rejoindre le lot des chevaux destinés à l'initiation dans un enclos aux allures de ranch situé à La Grattus, pas très loin de chez mes parents. L'endroit est bordé d'une rivière, celle où j'ai fait mes premières brasses il n'y a pas si longtemps. Deux fois par semaine, Gitane et quelques congénères procurent des sensations fortes aux gamins du village désireux de monter à cheval. Ensuite, ambiance western assurée avec les copains lorsque je m'enivre de mes premiers galops sur son dos. Je me positionne tout naturellement épaules en arrière et trouve une assiette confortable, alors que mes jambes accompagnent le rythme des foulées. Je suis grisé par la vitesse lorsqu'elle m'emporte sur ses quatre sabots de vent. Va Gitane ! Gitane, ou Picador, ou encore Marjolaine…

Le piqueux de l'équipage auquel mon père a failli appartenir se voit promu maître de manège le temps d'un été – c'est dire si l'on prend les choses au sérieux. L'homme est rude et il me transmet des bribes de son savoir : ce sont les principes d'une équitation qui me permettront d'établir une relation harmonieuse et confiante avec n'importe quelle monture. Face à mes acquis et l'enthousiasme sans cesse grandissant que je manifeste – celui de mes copains l'est tout autant –, papa, toujours prompt à réagir, décide de passer à la vitesse supérieure. Il convainc ses amis de la nécessité d'ouvrir à Saint-Seurin un centre équestre digne de la municipalité. Roger Antoni, boucher chevalin de son état et par ailleurs passionné d'équitation, le rejoint dans son élan. Il vient de quitter à la suite de quelque fâcherie le club de Libourne et se fait fort d'établir, avec le groupe, les bases d'un club qui recense déjà quatre beaux chevaux pleins de sang. Quelques mois plus tard, la société hippique saint-seurinoise est née.

Elle se transporte bientôt avec ses pensionnaires dans un corps de ferme au lieu-dit « La Cabane », à Bel-Air. Un rectangle de terre y est aplani face à la bâtisse – rapidement et de façon assez sommaire, il faut bien l'admettre. Une étable est transformée en écurie… Au final, tout cela a fière allure.

Bientôt, le club est sollicité dans le cadre de diverses manifestations organisées par les villes et villages alentour. Le dimanche, dans une atmosphère de kermesse, nous franchissons des obstacles que constituent quelques bottes de paille montées les unes sur les autres ; ou alors ce sont des barriques au-dessus desquelles il nous faut passer. Je conserve comme autant de trésors les récompenses glanées au fil des comices agricoles – ce sont des plaques pour la plupart…

Le centre équestre de Saint-Seurin connaît un tel essor qu'il lui faut, deux ans plus tard, trouver un nouveau cadre pour sa dizaine de chevaux et ses cinquante licenciés. C'est le domaine du Petit-Bois qui l'accueille, à quelques kilomètres seulement. M. Raymond Bonnot, maire de Saint-Seurin, décide en 1966 d'acheter à la SAFER[1] le domaine qui s'étend alors sur une superficie de cinq hectares. Aujourd'hui, grâce au remembrement et à l'acquisition de parcelles au fil des ans et des opportunités, l'ensemble en totalise quarante. Mon père restera président de l'association durant quarante-cinq années – jusqu'à ce printemps 2012 où il nous a quittés. Ce fut l'affaire de sa vie.

1. Société d'aménagement foncier des exploitations rurales.

C'est aussi l'époque des premiers matchs de football retransmis en noir et blanc par l'ORTF. Celle de Reims, de Just Fontaine et de Raymond Kopa, adulés par la nation tout entière. Je partage cette vénération et découvre, simultanément, combien le sport peut être générateur de passions. Pas une journée ne s'écoule sans activité physique. Pour qui, comme moi, est pétri de références sportives depuis qu'il est en âge de les comprendre, l'esprit de compétition succède inévitablement au goût du jeu. Il en est le prolongement naturel. Alors, haro le dimanche sur le club des Coqs Rouges ou celui de l'Espagnol de Bordeaux, les deux équipes rivales ! Le sport ne peut être une simple distraction : il faut gagner. Je m'imagine balle au pied, réalisant maintes prouesses techniques devant un stade chauffé à blanc…

À cheval aussi, il devient de plus en plus important de gagner. Mes copains du club et moi pratiquons avec passion et assiduité le concours complet d'équitation – une discipline dont l'Aquitaine est le berceau. Elle regroupe trois épreuves : dressage, cross en pleine nature et concours hippique. Pour qui aime exalter l'excellence de sa monture, sauter des barres dans une carrière et franchir d'impressionnants obstacles fixes en galopant des sentes qui embaument le pin, je ne vois pas ce qu'il pourrait y avoir de mieux. Plaisir et émotions garantis… M. Jarry, docteur vétérinaire, nous accompagne à chacun de nos déplacements car tout cela n'est pas sans risques. L'homme est imprégné des méthodes et de l'esprit classiques du Cadre Noir de Saumur pour y avoir passé plusieurs années et, retraité depuis peu, il nous a proposé d'enseigner l'art équestre à titre bénévole. Habitant Guîtres qui se trouve à un jet de pierre, il apporte aussi des soins réguliers aux chevaux. À force de « Sapristi ! » et de « À la bonne heure… », il me transmet les bases de l'équitation classique et des fondamentaux tels que monter avec une bride ou savoir présenter une reprise de dressage. Celui qu'il place au-dessus de tout, cependant, est le respect du cheval. C'est un dogme qu'il a tôt fait de nous apprendre…

À Saint-Seurin, ça galope et ça saute. Sous l'impulsion du Dr Jarry, les résultats en compétition ne se font pas attendre. À la belle Gitane a succédé dans mon cœur une jument alezan brûlé, offerte par mon grand-père paternel : Bonita. D'après sa dentition, elle a entre quatre et cinq ans lorsque nous l'achetons, sur les conseils avisés de M. Antoni, à un gitan prénommé Mario. La négociation est d'autant plus âpre que l'animal n'a pas de papiers. Le prix arrêté est de 1 450 nouveaux francs. Et lorsque le manouche frappe dans la main de mon père pour sceller leur marché, il se fend de cette prédiction : « Petit, tu auras de la chance. Acheter un cheval à un gitan, ça te portera bonheur… »

La relation que j'entretiens avec cette belle Andalouse est fusionnelle et elle m'offre bientôt mes premières victoires. Depuis que je l'ai, tout me réussit. Je passe mes examens sans encombre et c'est le directeur du Haras national de Saintes, M. Poupard en personne, qui m'accorde mon deuxième degré peu avant mon douzième anniversaire.

Une nouvelle étape est franchie avec la venue au club, une fois par semaine, de Dominique Bentejac. « Benté », c'est le cavalier-vedette de la région, en passe de devenir pour vingt ans la référence absolue du complet en France – avec pas moins de trois titres de champion de France inscrits à son palmarès. À deux reprises, il a participé aux Jeux Olympiques, disputé des championnats européens et mondiaux : c'est un surdoué.

À l'époque, les obstacles de cross sont effrayants et dangereux pour les chevaux comme pour les hommes, et leur franchissement n'est pas un exercice recommandé aux petites natures. Il n'est pas rare que des cavaliers demeurent estropiés et que des chevaux se tuent en chutant. Avec Bentejac, c'est « ça passe ou ça casse ». Il fait preuve d'une audace qui confine parfois à la folie. « Ça passe » la plupart du temps. Mais pas tout le temps : il garde d'un méchant panache sur obstacle naturel (où il a failli laisser sa peau) les stigmates d'une paralysie faciale. Chaque samedi, à la demande de mon père, il est parmi nous et dirige une reprise que je suis avec un petit groupe de cavaliers. Elle démarre invariablement par une bonne demi-heure de tape-cul ; voilà qui forge les fesses et le caractère. Parce qu'une demi-heure dans ces conditions, cela peut sembler long. Une fois achevée cette séance redoutée de tous, nous avons droit au franchissement d'obstacles de cross conçus par ses soins – je vous laisse imaginer –, suivi du sempiternel : « On finit sur des barres… » Je sors de là vidé, épuisé tant par la fatigue que par le stress. Mais les progrès sont au rendez-vous. Et ils sont spectaculaires…

Au printemps 1967, lors d'un concours complet organisé à la maison, Bonita s'embourbe à la réception d'un talus en contrebas. Déséquilibrée, la jument effectue un panache spectaculaire avant de me tomber dessus. À peine le temps d'avoir peur… tout s'est passé si vite. D'abord, un rush d'adrénaline, l'impression fugitive qu'il n'y a plus rien à faire pour rattraper la situation, une douleur atroce – et puis plus rien. Alors que mon père rejoint à grandes enjambées les lieux de l'accident, il entend les gens dire : « Il est mort ! » Non, je suis encore un tout petit peu vivant. Inerte. Inconscient. Ailleurs, mais vivant. Et lorsque je reprends conscience quelques heures plus tard sous une tente de la Croix-Rouge, c'est pour capter un échange un peu vif entre mes parents qui se conclut de la sorte :

Maman : « Tu vas finir par le tuer ! Le cheval, c'est fini pour lui… C'est trop dangereux ! »

Papa : « Mais, écoute Arlette… »

Inutile d'insister. Les arguments de mon père resteront vains face à la détermination d'une mère qui a peur pour son fils. Durant huit jours, c'est le *statu quo*. Et puis, au cours d'un déjeuner, alors que j'ai du mal à me tenir assis et qu'une minerve m'enserre le cou, mon père tente une ultime charge – la plus héroïque d'entre toutes dans la mesure où mon état risque de mettre à mal la stratégie que nous avons échafaudée lui et moi la veille au soir :

« Arlette, entreprend-il, tu as raison… Je reconnais que les obstacles de cross, c'est dangereux, on peut se tuer dessus parce qu'ils sont fixes ; toi et moi sommes bien d'accord sur ce point. En revanche, les obstacles de concours hippiques ne le sont pas… Quand on les heurte, ce sont les barres qui tombent, pas les chevaux. Alors, pour Pierre, c'en est fini du complet, d'accord ; mais accepte au moins qu'il continue en concours hippique… »

Au regard noir que ma mère me lance, je sais qu'elle a compris. La collusion est évidente, mais elle choisit de se laisser convaincre et finit par céder à ce déchirant dilemme. Mon sort de cavalier est désormais scellé…

Voilà en quelques mots ce qui a fait de moi un cavalier de jumping – même si, par la suite, j'ai été appelé à effectuer quelques concours complets en cinquième série du temps de mon service militaire. En attendant, j'enchaîne concours sur concours : Targon, Grézillac, Le Taillan, Périgueux, Brantôme, Saint-Jean-d'Angély, La Réole, et Saint-Médard-en-Jalles – selon moi, le plus beau club d'Aquitaine –, où, en septembre, la saison se termine toujours dans le cadre superbe de son château. C'est un événement pour le petit monde équestre de Bordeaux qui s'y réunit au grand complet. Sont présents cavaliers issus de l'aristocratie, éleveurs, militaires et anciens militaires, filles et fils de la grande bourgeoisie…

Je sens bien que l'on nous regarde avec un rien de condescendance. L'équitation est alors un sport réservé à une élite sociale à laquelle nous n'avons pas l'heur d'appartenir, nous les Durand. Difficile de s'intégrer quand, d'une part, on n'a pas de racines dans ce milieu et, d'autre part, on a des résultats plus qu'encourageants…

Je sais que l'on agace – d'ailleurs, depuis cette époque, je n'éprouve que méfiance envers ce milieu déconnecté de la réalité à force de se focaliser sur son nombril. Alors que nous sommes annonciateurs du grand vent de démocratisation qui va souffler sur l'équitation, la gentry locale nous prend pour des ploucs égarés dans son monde de traditions. Mon père a hérité une tuilerie de son père, qui la tenait du sien ; nous sommes d'honnêtes gens que d'aucuns appellent des « petits bourgeois ». Soit. On vit dans le confort, rien ne manque à la maison, nous sommes ouverts et accueillants – mais ignorants des canons du gotha. La belle affaire ! Je suis plus à l'aise dans les comices agricoles que dans les salons de Saint-Médard-en-Jalles. J'essuie donc des moqueries, des quolibets, des commentaires désobligeants. Je suis blessé et choqué. À Saint-Seurin, on a tous usé nos culottes à la communale et la discrimination sociale n'est pas notre domaine de prédilection. J'ai deux bonnes raisons de m'accrocher cependant. Avec mes chevaux dénués de tout pedigree, je fais face sans difficulté à ces hobereaux aussi engoncés dans leur veste rouge que dans leurs traditions. Et je ne laisse pas indifférentes quelques jeunes filles qui les accompagnent sur le terrain.

Ma motivation est renforcée par le dédain, voire l'hostilité dont je suis l'objet. Je serai champion pour leur clouer le bec…

*
**

Mon rêve olympique, je l'ai ébauché à l'âge de treize ans, devant le petit téléviseur en noir et blanc de la cuisine familiale. Je suis seul, assis sur une chaise, il fait nuit et j'ai les yeux pleins d'étoiles en regardant mon modèle Pierre Jonquères d'Oriola terminer son parcours avec Nagir. Là-bas, à Mexico, autant dire sur une autre planète, se déroulent depuis le 12 octobre 1968 les Jeux de la XIXe olympiade de l'ère moderne. Les images qui me parviennent vont alimenter durant des années mes envies et mes fantasmes. Certaines imprégneront à jamais ma rétine. D'abord, il y a celles de cette jeune femme aux longs cheveux bruns, une Charentaise qui a pour nom Colette Besson ; les commentateurs s'égosillent alors qu'elle passe, l'une après l'autre, ses adversaires dans l'épreuve du quatre cents mètres, créant la surprise d'une médaille d'or. Et puis, il y a celles de ces athlètes, le bras tendu vers le ciel, le poing ganté de noir en soutien aux Black Panthers. Ils sont montés en chaussettes sur le podium du deux cents mètres lors de la remise des médailles. Ce sont Tommie Smith et John Carlos, deux Noirs Américains, sous les yeux ahuris de l'Australien Peter Norman. Ils veulent attirer l'attention du monde entier sur les discriminations et la pauvreté dont les Noirs sont victimes. La foule entreprend de les huer longuement. Et le Comité olympique américain de les exclure à vie de la participation aux Jeux Olympiques. Je suis à la fois stupéfait et incrédule. Les Jeux sont-ils aussi une tribune politique ? Deux jours plus tard, c'est Bob Beamon, originaire du Queens à New York, qui pulvérise de cinquante-cinq centimètres le record mondial avec un saut en longueur de huit mètres quatre-vingt-dix. Et puis, le 21 octobre, Jean-Jacques Guyon, un militaire de carrière français, remporte l'or du concours complet sur Pitou dans des conditions dantesques : un orage a éclaté lors de l'épreuve de cross et, lorsqu'elle s'est achevée, les ruisseaux étaient devenus des torrents furieux, emportant même parfois chevaux et cavaliers. Enfin, le 27, Janou Lefebvre sur Rocket, Pierre Jonquères d'Oriola sur Nagir, et Marcel Rozier sur Quo Vadis, raflent l'argent du saut d'obstacles par équipe devant quatre-vingt mille sombreros.

Me voilà posé sur un nuage olympique. Je viens de décider de mon destin : à partir de cet instant, je vais tout mettre en œuvre pour partir à la conquête du Graal.

– 3 –

PAU, LA VICTOIRE FONDATRICE

De concours hippique en concours hippique, je commence à mener une vie nomade qui élargit considérablement mon horizon dès l'âge de dix-sept ans. Le monde qui s'ouvre à moi est sans limites ; je sais que des opportunités seront à saisir dans ce milieu qui m'élève socialement. C'est ainsi que je fais la connaissance, lors des championnats d'Europe juniors en Irlande, de Mme Louise Fabius – elle est la mère de Laurent Fabius –, notre chef d'équipe. Cette femme charmante, distinguée, sait parfaitement canaliser notre fougue de jeunes cavaliers ; elle nous apprend à nous tenir dignement sur le terrain et en dehors, notamment dans le cadre de réceptions officielles. Au fil de mes déplacements, je noue de nouvelles relations, me familiarise avec l'anglais et l'espagnol, éprouve mes premiers émois amoureux pour une belle Italienne du nom de Carla. Mais avant tout, ces épreuves sont pour moi l'occasion de confrontations inédites avec une jeune génération de cavaliers appelés à devenir mes adversaires durant des années… Ce sont les frères Fuchs pour la Suisse, Franke Sloothaak pour l'Allemagne, Van Paesschen pour la Belgique, Giorgio Nuti pour l'Italie, Henk Nooren pour les Pays-Bas.

Puis, bientôt, voilà le petit villageois surprotégé par une mère aimante et toujours inquiète qui s'envole vers le Canada. Je suis accompagné de trois copains cavaliers et mon seul regret est alors de ne pas compter Inès, membre de notre équipe à Cork, parmi nous. Une impression de liberté toute neuve embellit ma perception du monde. Exaltation de la jeunesse, désir de croquer la vie, mon itinérance me grise et me fascine. Elle correspond à mon caractère à la fois curieux et indépendant. Je découvre des espaces inconnus, m'imprègne de cultures différentes, expérimente ce qui est en mesure d'exacerber mon sentiment de liberté – ce peut être, par exemple, un premier joint fumé avec des Québécois débridés.

Comparées à ces voyages lointains et enchanteurs, à la transe que génère la compétition, les études me paraissent bien ternes. Je passe sur un petit nuage la fin de mon adolescence : il m'apparaît clairement que le choix que j'ai fait – celui de devenir un champion – est le bon…

Un séjour volontaire chez les jésuites, en qualité de pensionnaire, me ramène bientôt à la réalité du quotidien. Au collège Saint-Joseph de Tivoli de Bordeaux, avec leur sens inégalé de l'éducation, ils savent, avec beaucoup de finesse, me rendre le goût des études tout en feignant de m'accorder indépendance et autonomie. Cette compagnie de Jésus excelle dans l'art de susciter l'adhésion à une discipline, à une idée, presque à votre insu, toujours en douceur. Pour ma mère, il s'agit là d'un grand succès, voire d'un triomphe. Et il se trouve que son implication sans faille semble vouloir porter ses fruits…

*
**

Nous sommes en avril 1975, à quelques jours de Pâques. Ce n'est plus à bord de la DS paternelle que je prends place le week-end pour aller disputer des concours parfois distants de plusieurs centaines de kilomètres – fini le roulis et les nausées matinales associées à l'odeur des cigarettes –, c'est aux commandes d'un J7 aménagé en van que je roule vers Pau. À son bord, deux magnifiques pur-sang qui vont porter mes débuts en concours international : Carrefour et Laudanum. Voilà deux ans que ce dernier a rejoint mes écuries. Je me souviens du jour de son arrivée, c'était en 1973, un peu avant Noël… un cadeau aussi ardemment espéré qu'inattendu.

Laudanum ne laisse alors personne indifférent. Entier à la robe alezan crins lavés, son élégance et sa légèreté sont sans pareilles, il saute vingt à trente centimètres au-dessus des obstacles. Voilà qui motive mon père sans que j'aie à trop le presser lorsque je lui propose de rencontrer son propriétaire, Me Léon Lacroix, notaire à Châteauroux. Le cheval est en principe libre à la vente, mais comme c'est un clerc de l'étude qui le monte – et qui plus est un ami de la famille – personne n'est prêt à le voir partir : « Nous l'avons acquis depuis trop peu de temps », nous affirment en chœur le notaire et son fils, Jean-Marie. C'est d'ailleurs la réponse qu'ils formulent systématiquement lorsqu'un éventuel acquéreur pointe le bout de son nez. Nous sommes dépités, comme tous ceux qui, avant nous, ont manifesté leur intérêt pour cette merveille…

À cette même période, naît une sympathie mutuelle avec Jean-Marie Lacroix qui parachève ses études dans le cabinet de son père. Grâce à lui, je vais en apprendre un peu plus sur Laudanum. Ce cheval, pour magnifique qu'il soit, est un réformé. En d'autres termes, il ne s'est pas montré assez rapide sur les champs de courses et son ancien propriétaire s'en est débarrassé pour une dizaine de billets à l'effigie de Pascal. C'est le tarif moyen de ces chevaux dont la carrière est interrompue du jour au lendemain, soit parce qu'ils n'ont pas la moindre chance d'afficher une performance face à leurs concurrents, soit parce qu'ils ont été blessés. Les réformés sont légion à Chantilly comme à Maisons-Laffitte. Et lorsqu'ils n'intéressent personne, ce qui est le cas de figure le plus fréquent, ils finissent sur l'étal d'un boucher. Laudanum n'a pas donné satisfaction sur terrain plat et pas davantage sur les haies. Sa survie, il la doit donc à sa robe, à son allure, à ses aplombs – à sa beauté, en somme. Me Lacroix n'y a pas résisté. Et bien lui en a pris…

Durand père et fils croisent de plus en plus souvent Lacroix père et fils sur les terrains de concours.

Nous ne sommes ni les uns ni les autres des professionnels du cheval, seulement des amateurs passionnés, et cela crée des liens. Il s'instaure alors une sympathique complicité entre les deux clans. Le clerc qui monte Laudanum en concours ne considère pas ce rapprochement d'un très bon œil, car il voit en moi un rival potentiel. Lorsqu'à la réception d'un obstacle, durant la séance d'échauffement qui précède la première épreuve programmée à Saint-Germain-les-Belles, il vient à se retourner un pouce sur l'encolure de Laudanum, Me Léon Lacroix, tout impressionné par mes victoires, se tourne spontanément vers moi : « C'est un peu la panique, me dit-il. L'épreuve démarre dans quelques minutes… Tu ne veux pas le monter ? » Comment ça ? Bien sûr que si ! Monter Laudanum, je ne rêve que de ça depuis des mois. Quand je lui réponds : « Je vais chercher ma selle », j'ai déjà déguerpi…

Quelques instants plus tard, je suis en piste sur Laudanum. Son premier saut m'arrache un juron : « Oh, Putain ! » Oui, ça pousse au décollage ; un fougueux ce Laudanum. Je ne m'attendais pas à ça. Jamais je n'ai monté un cheval avec pareille détente ; son arrière-main a la puissance d'une catapulte. Elle le propulse littéralement de l'autre côté de l'obstacle sans qu'il donne pour autant l'impression de fournir un effort. Barres verticales, oxers, palanques, triples, rien ne l'arrête, rien ne le rebute. Il passe sans tutoyer le bois, jamais à la limite ; sauter, à l'évidence, Laudanum aime ça… Il avance, en équilibre, se positionne avec franchise à l'approche de chaque obstacle, rassemblé, appliqué, puis il échappe à la gravité durant quelques fractions de secondes avant de se réceptionner avec assurance. Ces instants pendant lesquels je l'accompagne dans les airs, penché sur son encolure, sont exquis. C'est un parcours de pur bonheur que j'effectue sans faute.

Nous quittons l'enceinte sous les applaudissements. Cet étalon a des aptitudes hors du commun. Pour la première fois de ma vie, je pourrais enfin avoir la possibilité de monter un cheval capable de m'accompagner dans ma quête olympique. Avec lui, je peux aller loin. Très loin. Mais il n'est pas à moi. Pas encore. Il me faut trouver une solution…

J'enfourche Laudanum le lendemain à l'occasion d'une autre épreuve, et nous glanons un nouveau sans-faute – décidément, ce cheval est un envoyé de Dieu. Mais une fois clos le chapitre des étreintes et des félicitations, il ne se passe rien : Me Lacroix ne se montre pas plus ouvert à une éventuelle proposition de notre part. Je retourne donc à mes chères études, et lorsque je monte Velleda, je pense à Laudanum et établis des comparaisons…

Loin de ce cheval qui m'a tapé dans l'œil, je suis comme un amoureux séparé de celle qu'il aime.

Arrivent le mois de septembre 1973 et la perspective du très réputé concours d'obstacles de Pau. L'ange blond qui attise ma convoitise est engagé dans les épreuves pour chevaux de six ans sous la selle de son cavalier habituel. Mais il s'y révèle décevant : Laudanum accumule les fautes et, plus préoccupant, il refuse l'obstacle. Au terme de la piètre prestation offerte par son cavalier – à ce niveau d'épreuve, le clerc est en sérieuse difficulté –, Me Lacroix s'inquiète de la situation et en fait part à mon père. L'homme est aux cent coups, l'idéal serait bien évidemment pour lui de trouver un cavalier plus affirmé et plus ambitieux. Le notaire souffle donc au creux de l'oreille paternelle : « Pensez-vous que Pierre accepterait de le monter ? » C'est ainsi que, trois mois plus tard, à l'approche de Noël, Laudanum arrive à Saint-Seurin. Il y séjournera durant sept merveilleuses années. Ce sera à tout jamais mon plus beau cadeau.

Les débuts de notre duo sont éclatants. À Gijón, en Espagne, l'été suivant, nous terminons deuxièmes du Grand Prix, soit derrière un cheval ayant disputé les JO de Munich, lesquels, outre le drame qui les a endeuillés, restent dans les mémoires pour leur extrême difficulté. Laudanum n'a que sept ans et moi dix-neuf : autant dire que les perspectives qui s'offrent à nous sont infinies. Au fil de la saison, j'apprends à mieux connaître ce cheval à l'équilibre naturel parfait et au tempérament joueur. C'est un partenaire attachant, qui excelle dans tous les types d'épreuves, tant son registre est riche et varié : de vitesse, de Grands Prix mais aussi de puissance.

C'est à cette époque que je commence à être pénétré d'une conviction qui me pousse à explorer les ressources de mon mental. Je suis encouragé dans cette voie par un cavalier de mon club, chef d'entreprise pétri de méthodes anglo-saxonnes, qui m'invite à découvrir un pavé au titre ésotérique : *Le Training autogène*. Même si son contenu est indigeste, je vais y puiser quelques recettes qui vont enrichir ma démarche empirique dans ce domaine. Ainsi, à Gijón où j'obtiendrai cette deuxième place à la fois inattendue et prometteuse, je choisis de ne pas entraîner mon cheval le matin du Grand Prix pour aller m'isoler sur une plage et me placer à l'intérieur d'une bulle de concentration. Là, je me programme, je visualise la compétition de l'après-midi. Au contact de l'océan, les yeux fixés sur l'horizon, je parviens ainsi à me placer dans un état de grande vigilance afin de me projeter positivement vers l'épreuve qui m'attend.

À la suite de notre performance, je prends conscience de l'importance de la concentration. Elle doit être totale et focalisée sur un seul objectif. La technique et l'entraînement des chevaux ne sont pas les seuls à l'origine d'un résultat : la dimension mentale de l'approche de la compétition est tout aussi primordiale. Je décide alors d'explorer cette voie, de m'y investir pleinement en vue du prochain grand rendez-vous, à Pau, en avril 1975… C'est là que vont se jouer les sélections nationales pour la saison.

À Pau, je suis sur mon territoire. Je l'arpente depuis mon entrée chez les juniors. Je connais toutes les caractéristiques du terrain de Pont-Long, constitué de belles allées dessinées au milieu d'une sorte de jardin à la française. Comme je me vois déjà aux Jeux Olympiques de Montréal qui vont se dérouler dans un an, il devient impératif pour moi d'intégrer l'équipe de France. Pour y parvenir, il n'existe guère d'autre solution que de remporter le Grand Prix international. Je n'en parle qu'à mes proches… J'ai vingt ans et beaucoup d'ambition, mais il se trouve que je figure encore assez loin au classement national des meilleurs cavaliers. Cependant, j'y crois… Je suis envoûté, fasciné par les Jeux. Et j'y participerai. C'est sans crainte que je m'apprête donc à en découdre avec des couples chevronnés…

Le vendredi, premier jour du concours de Pau, l'épreuve la plus difficile qui ne comporte que des combinaisons – à savoir des ensembles de deux ou trois obstacles qui se succèdent, chacun étant distant de l'autre d'une ou deux foulées au plus – est un échec. Laudanum refuse par trois fois l'obstacle. Nous sommes éliminés. Je viens de commettre une grossière erreur tactique et je vais sans doute devoir revoir à la baisse les ambitions que je nourris pour ce dimanche, jour de l'épreuve principale. Afin de chasser au plus vite de mon esprit le désagrément lié à cet échec, j'engage Laudanum le samedi matin dans une épreuve facile. Puis je fuis l'enceinte de la compétition pour accompagner deux copains à Gourette, la station de ski la plus proche. M'échapper ainsi de l'ambiance du concours va me permettre de m'oxygéner, mais aussi d'évacuer toute idée noire. Dévaler les pistes des Pyrénées me libère de mes doutes.

Cette initiative se révèle bénéfique puisque, le lendemain, je réalise un sans-faute dans le premier parcours du Grand Prix. Je suis à égalité avec Marcel Rozier, Hubert Parot, Michel Roche et Marc Roguet – des pointures promises à un sacre olympique par équipe un an plus tard. Le barrage à cinq sera franco-français car ce que l'Espagne et l'Angleterre comptaient de meilleur parmi leurs cavaliers n'est plus dans la course. Lorsque vient mon tour, je lance Laudanum au galop et, servi par son fabuleux équilibre, il réalise un excellent chrono sans renverser une barre. C'est un parcours parfait. Reste cependant Marcel Rozier, grand favori de cette épreuve sur Bayard de Maupas, cheval de selle français né en 1967. Il va prendre le départ en ayant intégré tous les paramètres susceptibles de réduire à néant les efforts de ses adversaires… Tout se passe au mieux pour lui jusqu'au dernier obstacle. C'est sur un double de verticaux dont les barres culminent à un mètre soixante que Bayard de Maupas va fauter. Je file rejoindre les anges tandis que Rozier fulmine. Il est hors de lui et accuse un membre du public qui, selon lui, a fait peur à son cheval au moment du franchissement. Pour un gagneur de sa trempe, il n'est pas acceptable qu'un gamin de tout juste vingt ans le précède dans ce Grand Prix international de référence. Cela relève du crime de lèse-majesté. Toutefois, la messe est dite.

Pau restera l'acte fondateur de ma carrière. J'y ai découvert cette arme redoutable qu'est la force du mental. Cet accélérateur de performances, jusqu'alors inexploité par les cavaliers, va m'aider à ne pas être tétanisé par l'enjeu, et à répondre présent dans les moments de vérité.

Jean d'Orgeix, entraîneur national, personnage romanesque médaillé de bronze aux Jeux Olympiques de Londres en 1948, assure vouloir m'appeler le lendemain. Je sens qu'il a le désir de rompre avec la routine, qu'il est prêt à accorder sa confiance aux jeunes que nous sommes, Hervé Godignon, Christophe Cuyer – un surdoué celui-là – et moi. Je me vois déjà sélectionné pour le CSIO[1] de Rome où des épreuves vont débuter dans deux semaines, puis mon imagination m'amène à bord de l'avion qui m'emportera aux JO de Montréal dans un an. Mais Jean d'Orgeix ne me rappelle pas. Enfin, pas tout de suite. Et lorsqu'il le fait, c'est pour m'annoncer : « Pierre, après réflexion, j'ai décidé de ne pas te sélectionner dans l'équipe pour Rome. Les choses ne sont pas si simples, tu sais… Je vais faire confiance aux plus anciens, aux plus aguerris. Ces cinq jours vont être éprouvants pour les chevaux. Et pour leurs cavaliers… » J'apprendrai plus tard qu'il a subi quelques pressions des cadres de l'équipe de France, peu disposés à céder leur place à cette jeune garde aux dents longues. Pour la première sélection officielle en équipe de France seniors, il va me falloir encore patienter un petit peu.

Bien sûr, ma déception est immense. Mais j'en conviendrai par la suite : cette décision est la bonne. Je ne suis pas mûr, pas assez régulier non plus. Et le cheval n'est pas prêt à fournir ce type d'effort. Il faut nous construire encore. Selon le chevalier

---

1. Concours de saut international d'obstacles, incluant une épreuve par équipe intitulée coupe des nations.

d'Orgeix, le Grand Prix de Pologne, qui aura lieu quelques mois plus tard, semble être un objectif plus réaliste ; Olsztyn et Varsovie sont d'un niveau accessible, avec des épreuves par équipe et Hubert Parot pour chef de file. L'engagement de Rivage, son cheval, de retour à la compétition après une grave blessure, témoigne de l'importance accordée par l'entraîneur à ces compétitions : il a pour lui des ambitions olympiques. Alors, va pour la Pologne…

Depuis Pau, donc, je sais qu'avec un objectif clair, bien défini, je suis en mesure de construire une préparation mentale à même de me faire gagner. Je suis capable, une fois conditionné, de transmettre ma détermination au cheval et de l'empêcher ainsi de douter. J'ai renoncé à cette approche spontanée, sans véritable préparation, qui était la mienne ; en fait, j'ignorais à quel point un cheval peut être influencé par la pensée de son cavalier. C'était pour moi un animal énigmatique et stressé avec lequel il était possible d'établir, au mieux, une forme d'entente. Il y avait lui et moi. Nous étions une paire. Pas un couple. Maintenant, je sais que je peux infuser la confiance à mon cheval – quelles que soient les circonstances. Cette dimension totalement ignorée jusqu'alors, jamais enseignée, permet de dépasser la notion de binôme telle qu'elle était perçue par les cavaliers. Explorer cette entente, la fortifier, la forger par une meilleure connivence avec cet animal obscur va devenir une préoccupation permanente. Contrairement au chien, le cheval n'est pas servile. Il se tient à distance. Il ne manifeste rien ou très peu de ce qu'il ressent, on le croit donc peu « sensible ». Pourtant, il s'imprègne de tout. Sur ses gardes en permanence, il perçoit grâce à des milliers de capteurs invisibles tous les signaux émis par son environnement et se renseigne sur nos états d'âme. Pour lui, impossible d'oublier qu'il est une proie dans la nature.

Deux fondamentaux vont me conduire à ma victoire olympique de Séoul. D'abord, je vais ériger en principe cette relation privilégiée, fusionnelle, qu'il faut établir avec son cheval ; ensuite, je vais intégrer le fait que la performance ne s'obtient pas seulement par l'entraînement et une bonne hygiène de vie conjugués à une gestuelle impeccable : le moment venu, l'important est de savoir trouver la force nécessaire à la réalisation d'un objectif. Cette force, elle est dans la tête.

Laudanum a été un cheval essentiel dans ma progression de cavalier. Il a eu à pâtir de mon inexpérience et de mon impatience. Emporté par la fougue de ma jeunesse, j'ai souvent abusé de son génie en me montrant déraisonnable dans la gestion de sa carrière sportive. Laudanum était de classe olympique. Plus doué que Jappeloup, mais moins résistant à l'effort, il me faisait penser à un danseur étoile de la classe de Nijinski. J'ai aimé ce bel entier et suis heureux de lui avoir aménagé une carrière d'étalon durant laquelle il s'est révélé être l'un des plus grands pur-sang de croisement de ces trente dernières années. Jappeloup, bien plus tard, sera le bénéficiaire de l'expérience acquise avec Laudanum.

Ce dernier revient souvent dans mes rêveries.

– 4 –

ÉCOLE BUISSONNIÈRE

Ma mère s'est toujours montrée d'une grande vigilance à l'égard de mon emploi du temps, que je sois à l'école ou au lycée. Elle voulait me voir concilier ma passion du cheval et la nécessité d'élaborer un avenir professionnel non subordonné à la « glorieuse incertitude du sport ». En 1974, auréolé d'une deuxième place dans le Grand Prix de Gijón, en Espagne, puis d'une resplendissante victoire à Pau sur Laudanum un an plus tard, les portes de l'équipe de France seniors s'ouvrent à moi par une tournée de deux semaines en Pologne, à Olsztyn et Varsovie.

Face à un feu roulant de questions, interrompant une conversation enthousiaste avec mon père au sujet de ma tournée derrière le rideau de fer, je me vois obligé de révéler à ma mère que ce déplacement se déroulera deux semaines avant le baccalauréat. Même si j'occulte le fait que je ne serai de retour qu'à la veille de la première épreuve, il me faut argumenter d'arrache-pied pour lui faire accepter mon absence à un moment aussi sensible. Fronçant les sourcils, elle plonge ses yeux noirs dans les miens, maugrée quelques instants contre ces « satanés chevaux qui nous font perdre la raison à mon père et à moi », puis elle conclut, impuissante : « Avec vous, je me ferai toujours un sang d'encre, impossible qu'il en soit autrement. Mais je t'avertis, poursuit-elle, tu as déjà perdu assez de temps dans tes études à cause des chevaux, alors si tu rates ton bac, tu peux mettre un trait définitif sur l'équitation. » Je lui fais alors la promesse de réviser là-bas. Un bac scientifique obtenu avec mention aura pour effet de faire taire son inquiétude. Je serai toujours reconnaissant à ma mère de ses rappels incessants à la nécessité de me construire un avenir social par les études, puis par l'accession à un métier. En tout cas, voilà pourquoi, très tôt, à tort ou à raison, j'ai dissocié mes études, puis mes activités professionnelles, de la pratique de mon sport.

La première voie professionnelle que j'envisage d'emprunter est celle de la psychiatrie. Seulement, un détail m'a échappé : en m'engageant dans des études de médecine, j'en prends pour dix ans. Dès le premier trimestre, je perds pied. Je découvre autour de moi des étudiants plus que motivés, bosseurs, alors que je cultive la spontanéité et la curiosité. Quand je me réveille en novembre, les éléments les plus sérieux de l'amphi m'ont largement distancé ; et à Noël, je prends conscience de l'évidence : la tâche à laquelle je me suis astreint est immense. Ce parcours d'études extrêmement exigeant est incompatible avec l'équitation que je veux pratiquer à un haut niveau. S'ensuit alors une longue période de réflexion pendant l'hiver 1976, mais aussi de trouble : je suis bien incapable de renoncer à ce que j'aime le plus au monde – à savoir l'ambiance des concours hippiques –, mais je ne peux pas non plus me soustraire à une activité intellectuelle… Je suis en proie à l'indécision et au mal-être. C'est alors que Jean-Pierre Dumas, membre assidu du club de Saint-Seurin, avec qui je m'entretiens de plus en plus souvent, me laisse entrevoir de nouvelles possibilités : « Tu as devant toi, m'affirme-t-il lors d'une de nos conversations au club-house, un métier tout tracé. Fais ton droit… Tu verras, le niveau de sélection n'est pas le même qu'en médecine. Va jusqu'à la maîtrise. Ensuite, tu me rejoindras pour un stage de formation de deux ans à mon étude. Il te restera à passer un dernier examen, ton diplôme professionnel d'administrateur et de liquidateur judiciaire. Parce que tu es sympathique et que je crois en ton potentiel, parce que ton challenge me plaît, je m'engage à te céder très vite mon étude, moi, je souhaite m'occuper des propriétés viticoles de la famille… » Jean-Pierre Dumas s'emploie alors à me décrire par le menu les avantages d'un métier rémunérateur et plein d'avenir. « Cela te permettra, poursuit-il, de continuer à monter, de progresser en compétition, et d'avancer vers ton idéal. » Il ne pensait pas si bien dire…

Me voilà face à de nouveaux projets. Sur un chemin balisé, en y consacrant un temps d'étude raisonnable, j'aurai la possibilité d'exercer une profession libérale qui me permettra de gérer mon temps librement. Je romps donc aussi avec le projet vaguement caressé de devenir commissaire de police – Zorro, qui sommeille en moi, m'a fait entrevoir durant une courte période les vertus de l'action au service de la justice. En passe d'accéder à un équilibre à la fois intellectuel et sportif, j'éprouve une sensation rassurante. Je peux ainsi savourer avec mon père, sans que mon plaisir soit entaché par quelque inquiétude, nos virées au gré des concours nationaux et internationaux, tels deux copains en goguette. Les souvenirs équestres s'accumulent lors de tournées en 1973 et 1974, notamment en Espagne. J'y ai passé une nuit dans une étable avec mon père et mes trois chevaux, dont Laudanum, des heures qui resteront à jamais gravées dans ma mémoire.

En 1975, année bénie s'il en est, après Pau et la Pologne, je décide de partir faire la tournée des concours de plage avec Bruno, un jeune copain dilettante que sa mère souhaite mettre à l'épreuve. La Baule, Dinard, Deauville et Le Touquet, qui font rêver les vacanciers, nous accueillent mon compagnon d'escapade et moi dans le cadre de leurs prestigieux jumpings. Les concours y sont âprement disputés, les soirées agréables et les rencontres séduisantes.

À Deauville, je fais la connaissance d'Édouard de Rothschild sur les terres de son père, le très estimable baron Guy. Deux mondes se rencontrent, il est issu d'une longue lignée de banquiers, je suis un jeune roturier sans pedigree. Nous avons deux ans d'écart, il est bluffé par mon niveau de monte et de réussite. Hommage d'autant plus apprécié qu'Édouard appartient au clan Rozier. Malgré tout ce qui nous sépare, la sympathie est mutuelle. J'admire l'aisance avec laquelle il aborde les uns et les autres ; il est à la fois provocateur et attachant. Il m'arrive parfois de lui avancer quelque argent lorsqu'il faut régler la note au restaurant – Édouard n'a jamais de liquide en poche, manie dont il ne se départira jamais. Lui m'invite à dîner chez ses parents dont la distinction m'impressionne au plus haut point. Tous les week-ends, nous nous retrouvons au bord des pistes et nous évoquons notre avenir. J'ai l'intention, parallèlement à mon droit, de m'inscrire à l'Institut d'études politiques de Bordeaux ; lui vise Sciences-Po. « Tu viens à Paris, me dit-il, et on prépare ensemble le concours de la rentrée 1976. » Je vais donc vivre trois mois chez Édouard de Rothschild, dans l'hôtel particulier familial de la rue de Courcelles, à quatre cents mètres des Champs-Élysées. Période studieuse sous la coupe d'un précepteur requis et appointé par les Rothschild. Immersion totale et radicale dans un milieu dont je ne maîtrise pas les codes. Se succèdent des cours accélérés de mondanités puisque la compétition équestre me donne maintenant accès à l'aristocratie d'Empire ; en outre, Marie-Hélène de Rothschild, la mère d'Édouard, organise des fêtes somptueuses où se croisent Alain Delon, Yves Saint Laurent, Pierre Bergé et bien d'autres célébrités encore. Le gamin de Saint-Seurin se met donc autant que faire se peut en mode « Rothschild », vivant comme eux, avec eux, et à leur rythme. Tantôt à Paris, tantôt à Deauville, tantôt au château de Ferrières, à l'est de la capitale. Tout cela ne va pas sans quelques grands moments de solitude ! Lorsque, par exemple, je dois faire un choix parmi tant de couverts disposés de part et d'autre de mon assiette, j'attends que mes voisins aient choisi les leurs pour les imiter – tout impair serait malvenu. En découvrant la vie des salons, ses fastes et ses rites, je structure un pan supplémentaire de mon éducation…

Mais à l'automne 1976, après avoir suivi la retransmission des JO de Montréal – la France a remporté une victoire surprise dans l'épreuve de saut d'obstacles –, Édouard et moi sommes recalés au concours préparé de conserve : l'épreuve d'anglais nous a été fatale. Je récupère les chevaux confiés aux écuries qui accueillent ceux de mon ami, et nous voilà, ensemble, à Bordeaux, visant l'IEP. Cette fois, nous sommes reçus. Mais Édouard de Rothschild ne me rejoindra pas sur les bancs de la fac girondine, car son père lui a fait entendre que sa place est à Paris. Pour ma part, il me semble raisonnable de concrétiser le projet échafaudé avec Jean-Pierre Dumas. Ma décision étant prise, je ne musarderai plus en chemin et rencontrerai la réussite à chacun de mes examens ; je sortirai d'ailleurs major de l'examen professionnel d'administrateur judiciaire et de syndic de faillite.

Ma soif de voyages et d'aventures inédites n'est toujours pas étanchée. En septembre 1977, j'arrache mon ami aux délices de la haute finance pour un périple d'un mois en Inde et au Népal, qui restera pour moi la plus envoûtante des escapades. Je m'enivre des odeurs d'encens mêlées à celles des moisissures qu'exacerbe le début de la saison des pluies. Aujourd'hui encore, des images chamarrées se bousculent dans ma mémoire – des images moyenâgeuses aussi, dès que nous sortons de New Delhi ou encore au Cachemire, à Srinagar, près de la frontière pakistanaise. Face à la chaîne de l'Himalaya, longue de deux mille quatre cents kilomètres, nous sommes abasourdis tant par la démesure qui nous environne que par la détresse humaine, omniprésente. Chaque jour est marqué par l'imprévu : au contact de désœuvrés croisés ici et là, nous nous essayons à fumer de l'herbe qui se révèle être du foin ; ou alors, nous abandonnons un trek en montagne lorsque, après avoir installé un camp pour la nuit, l'un de nos guides nous apprend que les tigres ont l'habitude de venir s'abreuver à quelques pas de là. Le danger immédiat ne venait finalement pas tant des grands fauves que des petites sangsues qui commençaient à nous vider de notre sang.

Rentré d'Asie à la veille du championnat de France seniors, je me rends directement à Fontainebleau où je finis cinquième avec Carrefour – Laudanum, hélas, s'est blessé. Je n'ai pas eu l'occasion de monter une seule fois durant mes semaines de vagabondage ; en revanche, n'étant jamais loin de mes chevaux par la pensée, j'ai entrepris de me livrer à une forme de préparation mentale qui m'est assez personnelle. Dès qu'il se faisait un peu de calme autour de moi, c'est-à-dire quand l'hyperactivité d'Édouard retombait un petit peu, je me projetais dans la compétition qui m'attendait. Je m'imaginais franchissant les obstacles avec facilité, me jouant des embûches du parcours avec aisance et naturel. J'en étais presque à mimer mon attitude à cheval, à accompagner ma monture dans ses sauts. Comme si nous donnions ensemble un récital.

Le résultat de ce « conditionnement » ? Une sacrée prouesse avec un cheval voué aux épreuves de vitesse – même si je suis devancé par Marcel Rozier, Hubert Parot et Xavier Delalande. Je suis furieux d'être passé si près d'une finale tournante, en terminant cinquième. Mais je crois encore plus en la force du mental…

– 5 –

Jappeloup

Jappeloup, c'est un cri, celui du loup qui jappe. C'est aussi un lieu-dit, tout là-bas au fond des bois du Blayais, en bordure de l'estuaire de la Gironde. Des légendes courent la lande depuis la nuit des temps au sujet de cet endroit, au demeurant paisible et pastoral. Celle de Jean-Loup, un paysan de Saint-Savin-de-Blaye, remonte au XVIIe siècle. Le bougre, peu disposé à livrer aux gabelous, alors chargés de prélever l'impôt sur le sel, la totalité de sa précieuse réserve, s'enfuit à leur vue. Il va chercher refuge dans la forêt, ce qui n'est pas forcément une bonne idée tant l'hiver est rude. Il neige toute la nuit. Au matin, on ne retrouve de l'infortuné Jean-Loup que ses sabots. Les loups s'en étaient régalés, et ils avaient jappé longtemps une fois leur festin achevé.

C'est dans une ferme située à proximité de ce lieu dont la réputation resta longtemps funeste que naît Jappeloup, le 13 avril 1975. Soit le jour de ma première grande victoire internationale à Pau, sur

Laudanum. Drôle de coïncidence ! Mais par une bizarrerie administrative, son document d'identité fait état de la date du 12 mars. Le naisseur et propriétaire de ce poulain noir de jais est Henri Delage. Cabotin, fine moustache et longs cheveux, ce personnage aux faux airs de gitan et au sourire charmeur s'est fait une place au soleil à force de labeur et de volonté : « J'ai tour à tour été arboriculteur, bouvier, vigneron, et j'ai longtemps poussé la charrue derrière les bœufs », confie-t-il parfois. Il a aussi été exploitant forestier et tenancier de bars et de restaurants. Il est du genre entreprenant et passionné. Ainsi, le jour où il approche son premier cheval, décide-t-il de devenir éleveur ; il se met secrètement en tête d'accompagner un champion jusqu'au faîte de la gloire… car Henri Delage « aime bien l'ambiance de l'hippodrome de Bordeaux, au Bouscat ».

Peu désireux d'acquérir un *foal*[1], il court le voisinage en quête d'une jument capable de lui donner le produit dont il rêve. Sans connaissance particulière du milieu, au fil des conseils qui lui sont prodigués, tous plus avisés les uns que les autres, il débarque un jour chez un maquignon du nom de Laurent. Le marchand d'équidés en tout genre regroupe dans l'île de Patiras, au milieu de l'estuaire de la Gironde, un troupeau de chevaux vivant en liberté. Il y a là, parmi eux, une jument pur-sang efflanquée, une haridelle qui, au terme d'une carrière

1. Poulain de race de sang, né dans l'année et qui a moins de un an au 31 décembre suivant sa naissance.

respectable, a donné le jour à des galopeurs pouvant s'enorgueillir de quelques bons résultats sur le plat. Mais maintenant âgée, Vénérable, la bien nommée poulinière, n'a plus beaucoup de chance de remplir… Qu'à cela ne tienne, elle retient l'attention d'Henri Delage, qui l'achète – en fait, il ne veut pas prendre trop de risques pour ce premier achat et son faible coût se révèle déterminant. Reste maintenant à trouver un étalon…

Comme le souligne le garde du Haras national de Saintes en poste à Lugon – une station de monte saisonnière située à proximité de Libourne –, la saison est déjà bien avancée, et les reproducteurs sont sur le point de regagner la Charente-Maritime. En voyant Vénérable à l'allure bien misérable, il lui conseille donc un trotteur français dont la saillie n'est pas bien chère. L'étalon s'appelle Tyrol II. Il est promis à l'euthanasie pour ne pas avoir rempli son quota de juments au cours des deux dernières saisons de monte. L'étalonnier a une forme de tendresse pour cet étalon vieillissant et adroit avec les juments ; le choix d'Henri Delage, s'il s'arrête définitivement sur lui, va peut-être permettre au condamné d'obtenir un sursis. Il s'en va plaider sa cause auprès du directeur du haras et conforte Delage dans la décision qu'il mûrit, lui affirmant « qu'un croisement de pur-sang et de trotteur va lui ouvrir toutes les possibilités ». En somme, en fonction des aptitudes du cheval à naître, Henri pourra l'engager sur le plat ou en courses de haies, voire dans des épreuves de trot… Que vouloir de mieux ? Henri Delage s'offre un cheval « toutes options » au prix d'une banale saillie…

Vide depuis trop longtemps, Vénérable se retrouve miraculeusement pleine des œuvres de Tyrol II. Et un poulain noir, particulièrement disgracieux, voit le jour au printemps suivant à la ferme de Jappeloup.

Pour son inscription au stud-book, le grand livre des origines, il faut lui trouver un nom commençant par « J », la lettre de l'état civil équin en l'an de grâce 1975. L'évidence s'impose alors… Va pour Jappeloup. Il grandit près de sa mère, au milieu des vaches, non sans lui donner quelques émotions du fait de son caractère à la fois vif et espiègle.

Et puis, lorsqu'il devient un yearling[1], en 1976, vient le moment où il faut songer à son avenir. Quelle orientation pour ce vilain petit canard ? Le plat ? Ses premiers galops, sous l'œil expert d'un entraîneur de la région, sont peu concluants : Jappeloup est trop lent. Les haies ? Le résultat n'est guère plus concluant, il en a peur, et il les franchit d'un bond invraisemblable qui le pénalise au temps. Les trompettes de la renommée ne sont décidément pas près de retentir sur son passage. Jappeloup effectue un retour sans gloire vers l'écurie qui l'a vu naître…

La ferme de Jappeloup n'a rien d'un centre équestre, mais il s'y pratique une initiation à la bonne franquette, entre amis. Pour qui aime la compagnie

1. Cheval pur-sang âgé de un an, du 1er janvier suivant sa naissance au 31 décembre de la même année.

d'Henri Delage et celle des chevaux, l'endroit est toujours distrayant. À trois ans, Jappeloup est devenu cheval de selle, et c'est Françoise qui, selon l'expression du maître des lieux, devient « sa petite cavalière ». Mais le caractère bouillant de l'entier fait qu'il ne va plus le rester longtemps ; pour mieux le maîtriser, sa castration s'impose…

À cette époque, je suis un jeune cavalier reconnu dans la région et même au-delà. Mon palmarès commence à s'étoffer : vice-champion de France cadet en 1969 avec Urgence, troisième au championnat de France junior en 1972 sur Velleda, après avoir pris part à mes premiers championnats d'Europe. Mon premier titre – celui de champion d'Aquitaine –, je l'ai obtenu en 1974, à l'issue d'une finale tournante par échange de chevaux. Depuis que je suis senior, je suis régulièrement parmi les dix premiers de tous les championnats de France. Mon coup d'éclat reste cependant la victoire remportée à Pau, le 13 avril 1975. Ainsi, je suis devenu un espoir aux côtés de cavaliers de talent tels Royon, Cuyer ou Laboute, et j'ai porté à plusieurs reprises sur ma veste rouge le coq tricolore de l'équipe de France – en junior et en senior. Henri Delage me suit depuis longtemps dans les concours régionaux et il connaît mon nom. Parfois, à l'issue d'un parcours, il vient me voir et me dit : « Continue petit, tu iras loin… » J'apprécie le compliment que m'adresse cet homme à la peau mate et aux traits burinés. Il me fait penser à l'acteur Charles Bronson…

Francis Terrier, cavalier que je croise tant sur les parcours régionaux qu'au club de Saint-Seurin, me confie un jour qu'il monte un jeune cheval réformé des courses ayant une fâcheuse tendance à s'encapuchonner[1]. Pas simple de venir à bout de ce désagrément qui est un réflexe de défense du cheval. La subtile communication établie via la tension des rênes sur sa bouche ne se fait plus : la tête dans le poitrail, désireux d'échapper à l'action de la main du cavalier, il lâche le mors pour se soustraire à la résistance de celle-ci. En rompant ainsi le contact, le cheval échappe à tout contrôle ; il n'y a plus rien à en tirer – autant essayer de manœuvrer à bord d'un bateau sans gouvernail. J'ai une hypothèse quant à l'origine de ce problème et la soumets aussitôt à Terrier : « Sans doute la conséquence d'un débourrage bâclé, lui dis-je. C'est le lot de nombreux chevaux de courses… La main du jockey est souvent douloureuse pour la bouche toute neuve d'un yearling. » Je viens d'entendre parler de Jappeloup pour la première fois. Et si je dois en croire Francis Terrier, en dépit de son caractère compliqué, le cheval est bourré d'aptitudes…

Un peu plus tard, le jeune homme fait à nouveau part de sa préoccupation. Il s'en ouvre cette fois à Guy Gouillaud, le moniteur de Saint-Seurin, qui propose de rendre une petite visite au récalcitrant… Je ne sais au hasard de quelle conversation, ce dernier confie bientôt à mon père « avoir vu un sacré petit cheval, avec un tempérament de cochon, certes, mais exceptionnellement bondissant sur les

1. Ramener la tête contre le poitrail pour échapper à l'action du mors.

obstacles… » Voilà qui retient son attention et, un jour où nous avalons dans le camion des kilomètres d'asphalte au retour d'un concours, il me vante les qualités hors normes d'un prodige en devenir. Même si celles-ci me semblent intéressantes – mon père ayant toujours eu un bon jugement sur les chevaux –, il existe, selon moi, un point rédhibitoire : la taille. Jappeloup fait moins d'un mètre soixante au garrot et, selon un postulat largement partagé à cette époque, le talent d'un cheval d'obstacles est proportionnel à sa taille. C'est simple, plus il est grand, plus il saute haut. Je ne vois décidément pas comment un si petit modèle serait en mesure de servir mon destin olympique. Les références d'alors sont Bayard de Maupas, Un Espoir E ou Rivage dans le camp français ; et, chez les Allemands, Warwick Rex ou Askan, respectivement montés par Alwin Schockemöhle et Gerd Wiltfang, qui culminent, quant à eux, entre un mètre soixante-quinze et un mètre quatre-vingts. Je souris. Pourquoi perdrais-je mon temps avec un avorton issu du croisement douteux d'une jument pur-sang et d'un trotteur français ? Mésalliance aussi improbable que celle d'une aristo et d'un mineur de fond… Nous sommes en 1979, et je suis loin d'être convaincu.

Cette année-là, j'organise mes journées en fonction de mes cours de maîtrise en droit et l'emploi du temps de la femme du général de la IVe région militaire dont je suis le chauffeur depuis peu – très précisément depuis le début de mon service militaire. Simultanément, je m'initie, au contact de Jean-Pierre Dumas, au travail d'administrateur judiciaire et de syndic de faillite. Il ne me reste donc que peu de temps à consacrer aux chevaux, et c'est pourquoi, à contrecœur, je me sépare du généreux Carrefour. C'est un crève-cœur, comme à chaque fois que les circonstances m'imposent de me séparer d'un cheval. J'ignore pour quelle raison, il continue d'être question de Jappeloup autour de moi et la pression de mon père, conjuguée à celle du moniteur de Saint-Seurin, se fait parfois insistante. Depuis qu'ils savent que Francis Terrier souhaite le garder pour lui, ils se relaient pour capter mon attention…

Rien n'y fait.

Face à mon dédain, ils décident avec la complicité d'Henri Delage, de faire venir le candidat à Saint-Seurin, un samedi matin, lors d'un de mes entraînements. En voyant arriver un vieux van attelé à une guimbarde, je comprends le piège qui m'est tendu. Un regard en direction de mon père finit de me convaincre, alors qu'il baisse la tête. Je consens à jeter un œil sur ce fameux Jappeloup à la descente du van. Horrifié par l'ingratitude de son physique, je renvoie toute cette sympathique coalition en disant, péremptoire : « Ce cheval n'a pas fini sa croissance, il faut le revoir dans un an. » Et un an après, presque jour pour jour, je reçois un coup de fil de Delage : « Il a bien évolué, vous savez. Il faut le revoir. » Peu convaincu, je prétexte un gros emploi du temps pour échapper à cette nouvelle invitation.

Tout de même intrigué par ce petit cheval qui me poursuit, je sèche quelques cours à la fac au mois de mai 1980 pour aller le découvrir, incognito. Il est engagé à la foire-exposition de Bordeaux dans une épreuve destinée aux chevaux de cinq ans. Installé aux côtés d'une amie étudiante dans un coin des tribunes, à l'opposé de l'entrée de la piste, j'attends avec impatience de voir apparaître cette merveille montée par Francis Terrier… La voilà ! Sur le premier obstacle, Jappeloup se montre spectaculaire. Mais il saute en « ascenseur », sans s'arrondir autour de l'obstacle, et ses quatre sabots retombent en même temps sur le sol. Bizarre ! Il semble bondir de peur… Qu'est-ce qu'ils lui trouvent ? J'observe avec attention néanmoins le petit cheval qui poursuit son parcours, franchissant en vrac chacun des obstacles avant de rejoindre le sol avec la grâce d'un éléphanteau. Puis, par trois fois, il refuse à l'intérieur du triple. Éliminé ! En passant par le paddock, je croise Henri Delage et mon père qui interrompent leur conversation, visiblement marris de ma présence. Elle n'était pas vraiment souhaitable compte tenu de la médiocre prestation de Jappeloup. Les deux conspirateurs sont surpris en flagrant délit et dépités : le coup de foudre tant espéré n'a pas eu lieu. Pas encore…

Un mois plus tard, j'accepte tout de même d'aller le revoir, accompagné de mes copains de collège eux-mêmes cavaliers, Damien, Gilles et Robert, et de ma promise, Nadia. En route pour la ferme d'Henri Delage. Ce sera de toute façon une belle balade entre amis, et puis, je saurai vraiment à quoi m'en tenir à propos de ce cheval qui agace.

De près, je le trouve toujours aussi ingrat. Et puis, quand je suis sur son dos, je ne ressens rien. Il est dégingandé et se déplace à la façon chaloupée des trotteurs. Un peu dilettante avec ça ! Sur le franchissement d'un tronc d'arbre, il fournit l'effort minimum. Poliment, j'affirme à Henri Delage que sa croissance n'a pas été spectaculaire et ne me hasarde donc à aucun pronostic.

Peu convaincu, mais pris à mon propre piège, j'invite mon interlocuteur à me laisser Jappeloup pendant un mois. Un peu désabusé par mon manque d'enthousiasme, en vieux renard, il obtempère toutefois. Mon père et Gilles Véron, le cavalier stagiaire que je forme, sont déjà prêts à faire tourner le moteur du camion pour aller le chercher.

Le fait que Jappeloup se montre récalcitrant lorsqu'il s'agit de monter dans un van n'étonne personne – comment pouvait-il en être autrement avec cet énergumène ? Une fois à l'intérieur, il s'affole, gesticule, rue comme un dément. De crainte de devoir le redescendre – son entêtement commence à porter ses fruits –, mon père choisit de démarrer tout de suite. Un kilomètre plus loin, le van gîte dangereusement sur la route, et Gilles tente vainement de contenir cette furie sur une soixantaine de kilomètres.

Durant les semaines suivantes, je ne monte pas Jappeloup par manque de temps, et aussi par manque d'envie. Gilles le promène en extérieur. Mais à deux ou trois jours de la fin de la période d'essai, pris de remords, je me décide enfin à le seller. Nous voilà effectuant une simple promenade dans le bois et sur les chemins alentour. Au retour, je le remets au box sans lui avoir fait franchir la moindre barre dans la carrière... On a vu histoire d'amour démarrer sous de meilleurs auspices. Pourtant, Jappeloup ne me laisse plus indifférent et j'ai l'impression qu'il se dégage de ce petit modèle une énergie incroyable : lors de notre balade, j'avais le sentiment d'être assis sur une bombe à retardement. Il a su capter mon attention...

Le lendemain, je compose le numéro de téléphone d'Henri Delage sans trop savoir ce que je vais lui dire. J'ai une drôle de voix sans doute, et il me laisse à peine le temps de parler : « Ah ! Vous allez le prendre ! J'en étais sûr... »

Décontenancé, je lui réponds : « Oui. »

– 6 –

La prise en main

D'entrée de jeu, j'inscris Jappeloup au départ d'une compétition à Pompadour, en Corrèze. Il est intégré définitivement à l'écurie depuis peu et je veux savoir ce qu'il vaut face aux cinq ans de sa génération. Sous les encouragements du regretté Titou Vallaeys, champion de saut en hauteur, homme de cheval et ami d'Henri Delage, Jappeloup réalise la prouesse, deux jours durant, de ne pas commettre la moindre faute. Certes, il passe parfois au trot entre deux obstacles, mais sa générosité est telle qu'il les franchit avec une marge de sécurité qui me met à l'abri des déconvenues. De tous les engagés, seul un cheval du nom de Jean de la Tour, sous la selle de Sylvie Seailles, se montrera aussi performant.

Premier constat, Jappeloup est étonnamment respectueux des obstacles : il s'applique à ne pas les toucher. Je comprendrai plus tard qu'il en a peur et, si nous venons à nous présenter dans l'approximation face à l'un d'eux, doutant de ses possibilités, il préfère alors s'arrêter brutalement. Il existe chez ce cheval un travers qui me préoccupe plus que d'autres, son galop est contrarié par ses origines qui sont en partie celles d'un trotteur. Mais comment y remédier ? En août de la même année, je l'engage au Touquet dans deux épreuves toujours réservées aux cinq ans. Il s'agit cette fois de le mesurer à des sauteurs en provenance de Normandie, véritable berceau du cheval de sport en France, et aussi à ceux de la région Nord-Pas-de-Calais, réputée pour le niveau de son élevage. Là, sous les yeux de professionnels abasourdis, Jappeloup va donner un aperçu de son potentiel. De toute la puissance de ses appuis postérieurs, il s'élance à l'entrée d'un triple – un mur suivi deux foulées plus loin d'un oxer, puis d'un vertical à une foulée seulement – et effectue un saut prodigieux. Un saut tellement long qu'à la réception de celui-ci, ne pouvant plus déployer deux foulées, il s'envole à nouveau, sans la moindre hésitation, pour avaler l'oxer. Enfin, il franchit le dernier obstacle de la combinaison sans effort apparent. Ce passage acrobatique du triple s'est fait dans un tel confort que je ne me suis presque aperçu de rien. C'est à la sortie de la piste, à la réaction de mon entourage et de cavaliers, que je prends conscience de l'ampleur du saut qu'il vient de réaliser. Imaginez : Jappeloup a décollé près de six mètres avant l'obstacle et est retombé un mètre après celui-ci. Sept mètres en sustentation dans les airs sur un simple coup de jarret, c'est phénoménal ! Là, je réalise à quel point ce cheval est hors du commun. J'ai trouvé un diamant à n'en pas douter ; il me faut maintenant travailler ses facettes. Je décide d'arrêter la saison de compétition en cours afin d'entreprendre le dressage de Jappeloup. L'année de ses cinq ans, nous n'aurons effectué que quatre parcours ensemble. Mais qu'importe…

J'ai été jusqu'alors un cavalier plutôt spontané, instinctif, intuitif, travaillant sans méthode véritable, après avoir cependant beaucoup observé les Allemands, maîtres de leur monture en toute circonstance. Force est de constater que ma monte, mon entraînement, ma gestion des compétitions n'ont rien de très construit. Je décide qu'il en ira désormais différemment. Il n'y aura plus de place pour l'improvisation en ce qui concerne Jappeloup. Le dressage d'un cheval de saut d'obstacles est avant tout affaire de temps et de patience. Ce que je n'ai pu accomplir avec mes deux chevaux vieillissants, Carrefour et Laudanum – du fait de mon emploi du temps et par manque d'encadrement –, je vais pouvoir le mettre en œuvre avec ce jeune cheval fougueux et encore malléable. C'est avec lui que je vais concevoir et élaborer mon équitation future, fruit de mes observations et de mes réflexions.

Je dois d'abord façonner Jappeloup, l'assouplir sur le plan physique. Lui faire accepter le mors. Le rendre léger de l'avant-main – exercice d'autant plus compliqué que son modèle imparfait conduit à un écrasement du garrot : il est plus haut de l'arrière-main, armé d'un rein court et propulsé par de longs postérieurs que servent des jarrets puissants. Il se déplace donc en perpétuel déséquilibre vers l'avant.

C'est aussi l'une des raisons pour lesquelles il a tendance à s'encapuchonner. Dans le jargon équestre, on parle d'un cheval « sur les épaules ». Comment contrebalancer ce handicap lié à sa morphologie, conséquence du croisement entre deux races aux fonctions si différentes ? Jappeloup est un pur-sang devant son cavalier et un trotteur dans le dos de celui-ci…

Son caractère n'est pas non plus sans poser problème. Introverti, indifférent à ses congénères alors que les chevaux ont l'instinct grégaire, il se soucie de son entourage comme d'une guigne. C'est un solitaire. Au point de ne pas s'inquiéter du départ des autres chevaux de l'écurie. Concernant son rapport à l'homme, il est peu sensible aux soins et aux caresses. Son naturel est brutal bien que dénué de méchanceté. N'ayant jamais henni, Jappeloup ne semble pas connecté au monde extérieur… Il est énigmatique, et franchement un peu autiste. Comment établir le contact avec cet animal qui fuit la main de son cavalier et manifeste un désintérêt total pour tout ce qui respire autour de lui ?

La réponse est, bien évidemment, l'éducation. Pour avoir un cheval soumis aux ordres, réceptif quelle que soit la situation, il est impératif – avant même de le faire sauter – de le dresser correctement. Je vais puiser dans les fondamentaux inculqués par le Dr Jarry à mes débuts. Je perçois que c'est sur la base du dressage classique, tel que pratiqué et enseigné par le Cadre Noir de Saumur, qu'il me faut avancer. Tout le répertoire des pas de côté est donc travaillé, à commencer, bien sûr, par l'exercice de l'épaule en dedans. Le grand dresseur portugais Nuno Oliveira n'a-t-il pas dit que « c'est par l'épaule en dedans que commence et finit le dressage d'un cheval » ?

Par cette méthode, je prends la résolution de tourner le dos à mes aînés, cavaliers exceptionnels pratiquant une monte instinctive – je pense à Pierre Jonquères d'Oriola, double champion olympique, à Hubert Parot et Marcel Rozier, ou encore à celui qui fut mon seul véritable entraîneur à l'obstacle, Dominique Bentejac. Cette génération avait délibérément choisi de s'écarter des méthodes prônées par des « dresseurs incapables de gagner une compétition ». D'aucuns trouvaient de bon ton de s'en moquer. Moi, après avoir longtemps joué du piano à l'oreille, j'ai décidé d'apprendre le solfège. Et de l'enseigner à Jappeloup…

L'hiver 1981 est donc un temps de remise en cause et de travail acharné. Je vais donner à mon cheval les bases – toutes les bases – de l'équitation que je veux désormais pratiquer. Plus d'improvisation. Jamais. Je veux être un cavalier réfléchi et structuré. Je pousse ma révolution jusqu'à changer mon style de monte. J'étais jusqu'alors plutôt de l'école Danloux, c'est-à-dire en suspension sur des étriers assez courts, le buste penché en avant ; avec mon mètre quatre-vingts, et compte tenu de la taille de Jappeloup, difficile de se sentir à l'aise dans cette position. Je dois donc m'adapter. Pour ce faire, je vais encore m'inspirer des Allemands, qui pratiquent une équitation assise ou en suspension basse. Je rallonge mes étrivières, relève le haut de mon corps et monte les mains. Cela va tout de suite mieux… même si notre duo est particulièrement disharmonieux – qu'importe l'esthétique, privilégions l'efficacité. D'ailleurs, tout le monde finit par s'habituer à nous voir évoluer ainsi. Cela restera notre singularité.

Outre l'observation, cette maturation s'appuie sur des lectures et des échanges avec d'autres cavaliers. Ainsi, avant de m'engager sur une voie inconnue, je profite de la présence de Michel Robert au jumping de Bordeaux pour valider mes réflexions. J'apprécie alors ce cavalier déjà très expérimenté dont la taille est voisine de la mienne, issu du concours complet et connaissant donc l'importance du dressage. Il incarne une nouvelle génération de compétiteurs qui commencent à se démarquer de leurs glorieux aînés.

À mon invite, Michel Robert accepte de venir voir Jappeloup et de le monter… Mais Michel ne parvient pas à cadencer son galop et à lui faire relever la tête. Je ne veux pas qu'il ait le sentiment d'être venu pour rien, et lui propose de franchir un croisillon d'une hauteur d'environ trente centimètres. Abordant ce petit obstacle à faible allure et en toute décontraction, Jappeloup s'immobilise subitement devant les barres et baisse la tête. Michel passe alors par-dessus son encolure et se retrouve déposé sur le sable. Il aura été le premier cavalier désarçonné par ce satané petit cheval. Un peu vexé, s'interrogeant très probablement sur ma capacité réelle à juger des qualités d'un cheval, Michel repartira sans m'avoir livré les secrets de son art. Au final, et même si je ne tire pas grand profit de sa visite, Jappeloup échappera à sa convoitise.

Les six mois suivants sont dédiés à corriger les défauts détectés dans les attitudes de Jappeloup et ceux de son fichu caractère. Alors que Gilles tente un jour de le tondre, paniqué par le bruit de l'appareil, il déchaîne toute la violence dont il est capable et défonce la porte de son box.

Avec lui, la confiance est à reconstruire chaque jour. Mais ses progrès sont constants. Énigmatique, Jappeloup le restera jusqu'à la fin de sa vie.

– 7 –

Parole donnée

Trop de fois, j'ai vu des carrières de cavaliers, même du meilleur rang, se briser à cause des humeurs et caprices d'un propriétaire. Du jour au lendemain, le cheval qu'on leur avait confié leur échappait pour s'en aller glaner de nouveaux lauriers sous la selle d'un autre. Les rabatteurs, les marchands, les suiveurs en tout genre, et les cavaliers eux-mêmes, sont toujours prompts à distiller le poison de leurs commentaires au terme d'un parcours décevant, et cela peut se révéler suffisant… Le propriétaire, jusqu'alors réfractaire à une offre d'achat, finit par céder, ou alors il trouve subitement toutes les vertus au laudateur qui lui fait miroiter des perspectives éclatantes.

Pour avoir été trop souvent le témoin de ces pratiques douteuses, j'ai compris très tôt que, pour conserver ses chevaux de compétition, il faut en être propriétaire – ou, le cas échéant, copropriétaire. Mais, surtout, ne dépendre de personne et n'avoir de comptes à rendre qu'à soi. Fort de ces convictions et de mon apprentissage du droit, je me suis toujours mis à l'abri de mésaventures qui réduisent à néant des années de travail et, pire encore, vous séparent d'un animal auquel vous êtes attaché…

Par chance, je bénéficie d'atouts non négligeables qui me permettent de suivre la ligne que je me suis fixée, ce sont le soutien financier de mon père et celui de mes grands-parents, ainsi que les conseils de mon mentor, Me Jean-Pierre Dumas. Toujours dans cette optique, j'économise sur les gains réalisés en compétition afin d'acquérir de nouvelles montures : Carrefour, une fois cédé, m'a permis d'acheter Fou de Phénix, dont le capital a été réinvesti ultérieurement dans Jappeloup. La limite de ce raisonnement reste que j'ai toujours vécu douloureusement la vente de mes chevaux, mais n'étant pas fortuné, aucun autre choix ne s'offrait à moi. Plus tard, je veillerai à offrir une retraite dorée à mes partenaires ou je les placerai entre de bonnes mains capables d'accompagner leurs derniers jours. La nuit, il m'arrive de faire des cauchemars à l'idée que certains parmi eux auraient pu être victimes de maltraitances après avoir quitté mes écuries.

À défaut d'un titre de propriété, il convient de ne jamais accepter un cheval dont l'attribution n'est pas ficelée par contrat. C'est donc tout naturellement, après avoir accueilli Jappeloup en 1980, que j'en propose un à Henri Delage. Les termes en sont rédigés en bonne et due forme, tout est consigné avec précision : les intentions des parties et les conditions d'exploitation du cheval, ainsi que celles encadrant une vente éventuelle. Pas plus Henri Delage que moi ne désirons voir partir Jappeloup, mais ce cas de figure ne pouvant être écarté, je tiens à bénéficier d'un droit de préférence. Si je viens à ne pas donner suite à celui-ci, un partage de la plus-value s'imposera alors. Il est encore spécifié que je prendrai à ma charge tous les frais d'entretien dudit cheval, et que ses gains en concours seront partagés pour moitié.

La première offre d'achat pour Jappeloup ne se fait pas attendre. Elle m'est faite à Pâques de l'année suivante, à Pau, lorsqu'un élève d'Alfonso Segovia, cavalier espagnol parmi les plus réputés, se déclare intéressé par *el pequeñito caballo negro* que je viens de monter dans l'épreuve réservée aux chevaux de six ans. Croisé à maintes reprises depuis notre première rencontre huit ans plus tôt en Galice à l'occasion de la tournée d'été, cet homme courtois, bien éduqué, s'approche de moi et me dit : « Je te présente le señor Zambrano. Il cherche un cheval. Jappeloup est-il à vendre ? » Il insiste pour que son client puisse l'essayer dès le lendemain. Je suis en confiance et j'accepte, considérant qu'il est de mon devoir envers Henri Delage de favoriser une proposition pour un cheval dont je ne cerne toujours pas le potentiel. Las ! La morphologie de Jappeloup examinée de plus près les déçoit, ainsi que sa locomotion inhérente à ses origines paternelles. Les sauts effectués en carrière un peu plus tard finissent de doucher leurs intentions. Zambrano, qui n'arrive pas à trouver sa place sur ce petit cheval tant il déporte exagérément son poids vers l'avant, se trouve bientôt sans ressource face à l'ardeur de Jappeloup, accentuée par de gros éperons… « C'est un rasoir dans les mains d'un singe ! » commente mon père. À l'approche d'un double à deux foulées, Jappeloup accélère. Le vertical d'entrée est avalé dans la précipitation et, ne parvenant pas à placer ses deux foulées, affolé, il franchit le second, un oxer, dans le désarroi le plus complet. *« Es un caballo loco ! »* braille Zambrano en descendant illico de sa monture survoltée.

L'essai est terminé… Jappeloup reste avec moi.

Les mois passant, je continue le dressage de Jappeloup sans le brusquer et m'efforce de le familiariser avec les terrains de concours. Fin 1981, je l'inscris à Fontainebleau où se déroule la finale des six ans. Cette année-là, le niveau du championnat est très relevé du fait de l'éclosion d'une fabuleuse génération de sauteurs. Jappeloup y obtient une onzième place pleine de promesses, concluant la dernière journée par un sans-faute remarqué… Le petit cheval de Pierre Durand commence à moins faire rire. Il est désormais au niveau des meilleurs – les Jalisco, Jiva, Jean de la Tour, Janus et d'autres encore… Force est de constater que mon écurie se trouve vivifiée par son arrivée. D'ailleurs, elle avait besoin de voir ses rangs enrichis d'une nouvelle recrue : Laudanum souffre d'une tendinite chronique, Darling – la jument de Nadia, devenue ma femme au cours de l'été – reste difficile à monter, et Fou de Phénix fait de son mieux, sans génie hélas.

Cependant, je suis encore loin d'imaginer Jappeloup en *Deus ex machina*…

Peu après Fontainebleau où il était présent, Henri Delage, embarrassé, me fait part des soucis de trésorerie qu'il rencontre avec sa scierie du Blayais – une de ses nombreuses activités. Il me laisse entendre qu'avec seulement 2 000 francs de gains au total, Jappeloup reste une charge, et que sa vente aurait pour effet de le soulager un peu. En revanche, il vit mal la perspective de devoir se séparer du premier produit de son élevage. C'est un dilemme, mais il n'a pas vraiment le choix… Moi, cela fait un an et demi que je m'investis dans la progression de Jappeloup et je suis loin d'être persuadé qu'il soit le cheval tant attendu pour m'accompagner vers ma destinée olympique… Comment, avec son mètre cinquante-huit au garrot, se comportera-t-il face à des oxers d'un mètre soixante de haut, parfois larges de deux mètres ? Sera-t-il en mesure d'enchaîner les efforts sur un parcours recensant une quinzaine d'obstacles démesurés ? J'en doute. Et, en même temps, il y a cette petite voix intérieure qui me souffle : « Et si c'était lui ? » Oui, ce pourrait être « lui ». De toute façon, je n'ai pas l'argent nécessaire à son acquisition, je ne suis pas encore installé professionnellement et les gains de Laudanum paient tout juste l'avoine de l'écurie. Difficile pour mon père de me suivre en ce moment, puisqu'il connaît, lui aussi, quelques problèmes avec son entreprise. Mais en raclant les fonds de tiroir, en vendant Fou de Phénix et avec l'aide de mon grand-père maternel, je parviens quand même à réunir la somme de

95 000 francs. Et je fixe un rendez-vous à Henri Delage.

Le 19 novembre 1981, à 17 heures. Nous voilà réunis dans mon bureau du château Moulin à vent, propriété de Jean-Pierre Dumas à Lalande-de-Pomerol, où je prépare, dans le calme des vignes, mon examen professionnel de syndic administrateur judiciaire. Question : que vaut vraiment Jappeloup, alors que l'organisateur de la très prestigieuse vente aux enchères de chevaux qui se déroule chaque année à Poitiers a refusé de l'inscrire au catalogue ? En mai 1980, nous l'avons estimé d'un commun accord à 40 000 francs[1]…

Ce point réglé une fois pour toutes, la discussion, cordiale, porte maintenant sur ce que je suis en mesure de mettre sur la table. C'est simple ; je possède 95 000 francs et pas un centime de plus. Du fait de notre convention sur le partage de la plus-value, la valeur de Jappeloup est maintenant évaluée à 150 000 francs[2]. Il suffit d'effectuer un rapide calcul pour arrêter les comptes. Henri Delage tergiverse. Mais il est acculé. Il me confie que se séparer de Jappeloup lui est d'autant plus difficile qu'une voyante lui a dit récemment : « Je vois un grand avenir pour ce petit cheval noir… » Mon interlocuteur craint aussi que je spécule et réalise une substantielle plus-value en cédant rapidement Jappeloup. Cela ne figure pas au nombre de mes intentions. Je

1. Soit l'équivalent aujourd'hui de 18 000 euros, selon la source *france-inflation.com*

2. C'est-à-dire une valeur de 61 000 euros, aujourd'hui.

me montre rassurant et rappelle à Henri Delage que ma seule ambition est d'ordre olympique, et que je ne cherche pas à faire un « coup » sur le dos de Jappeloup. Je ne vois pas l'équitation comme un business mais comme une passion pour les chevaux et la compétition. D'ailleurs, je prends un engagement formel : celui de ne jamais le revendre. Et si, pour une quelconque raison indépendante de ma volonté, je devais un jour céder Jappeloup, je lui verserais alors la moitié de la plus-value effectuée. Henri Delage est attentif à mon propos, il ne dit mot. Sans doute voit-il en moi un homme sincère et loyal puisque nous scellons notre accord. Par simple endos de la carte de propriété, je deviens, ce jour-là, propriétaire de Jappeloup.

Trois jours plus tard, nous remportons à Lille notre première victoire.

À plusieurs reprises ensuite, la destinée de Jappeloup aurait pu se détacher de la mienne.

À l'été 1983, tout d'abord. Nous sommes invités par Douglas Bunn, avocat et par ailleurs organisateur de la coupe des nations, dans sa propriété de Hickstead, à vingt-cinq kilomètres de Brighton. Son domaine s'enorgueillit de cinq terrains avec lac, bois et collines verdoyantes à perte de vue. Un paysage de carte postale. On ne prend part au derby de Hickstead que sur invitation. Dans ce décor *so british* – beaucoup de tweed, de Barbour, de chapeaux melons – où l'on pique-nique au champagne, je me vois approché par Hermann Schridde, le chef de l'équipe allemande. Il me rappelle une offre esquissée quelques semaines plus tôt à Genève, lorsque Jappeloup y a fait sensation. Il m'a alors proposé 400 000 dollars, soit 4 millions de francs à l'époque, pour mon cheval, que j'ai déclinés. Nombre de cavaliers auraient encaissé ce pactole – pas moi. Hermann ne veut pas quitter l'Angleterre sans avoir compris pourquoi. Je lui explique que mes ambitions sont exclusivement d'ordre sportif, concept qui semble lui échapper, et il me lâche, avec assurance, me fixant au fond des yeux : « Un million de dollars ! » Évidemment, la rumeur a tôt fait de colporter cette offre mirobolante ; le seul cheval d'obstacles estimé à ce prix est Calypso, vainqueur de la coupe du monde 1982 sous la selle de Melanie Smith Taylor… Jappeloup, lui, n'est qu'un espoir, au style certes spectaculaire, mais sans la moindre victoire significative à son palmarès. Hubert Bourdy, cavalier de l'équipe de France, dira même : « À ce prix-là, j'aurais donné le licol avec… » Pas moi.

La deuxième proposition a lieu après Los Angeles, en 1984. Jappeloup m'a éjecté de ma selle devant plusieurs millions de téléspectateurs. La situation est dramatique, et la rupture consommée. C'est dans cet état d'esprit-là que j'accepte l'offre d'un milliardaire que m'a transmise Joe Fargis, le champion olympique américain. Mais, Dieu merci, elle n'a pas été suivie d'effet ! Jappeloup était porteur sain de la piroplasmose, une maladie parasitaire qui inquiète les acheteurs…

Enfin, il y a eu cette offre d'un grand marchand belge après ma victoire olympique à Séoul : 8 millions de francs[1] pour céder Jappeloup. J'ai décliné la proposition avec courtoisie. Comment me séparer du partenaire qui m'avait conduit au firmament des sports équestres ?

Et puis, j'avais donné ma parole.

---

1. L'équivalent de 1 930 000 euros aujourd'hui.

– II –

Après le succès, les désillusions

– 8 –

Le faux pas de Longchamp

Je dois à un cheval malade, celui de Patrick Caron, et à la méforme d'un autre, celui de Jean-Marc Nicolas, mon entrée aussi précipitée qu'inattendue au sein de l'équipe de France numéro un, le 2 juillet 1982. Une grande équipe, championne du monde depuis la mi-juin à Dublin. Elle compte alors dans ses rangs Frédéric Cottier sur Flambeau C, aussi régulier qu'un métronome, Gilles de Balanda, en selle sur le facétieux Galoubet, et Michel Robert, aux rênes d'un solide Idéal de la Haye. Sur le papier, cela s'appelle une *« dream team »*. Oui, j'ai beau me pincer, me voilà aux côtés des récents champions du monde au CSIO de Longchamp, montant Jappeloup, à peine âgé de sept ans… C'est Marcel Rozier en personne, l'entraîneur et sélectionneur national, qui m'a invité à les rejoindre. Une telle reconnaissance ne saurait être ignorée, c'est un cadeau qu'il est difficile de refuser.

Mais nos débuts dans l'équipe sont trop hâtifs et cette sélection va se révéler être un piège. Je ne peux alors imaginer combien elle va compliquer notre carrière jusqu'aux Jeux Olympiques de Los Angeles, soit durant deux ans…

À cette époque, Jappeloup n'est pas prêt, tant physiquement que mentalement, à rejoindre les écuries de l'équipe de France. Il ne dispose pas de la maturité nécessaire compte tenu des épreuves qui nous attendent – l'étendue de ses aptitudes techniques est encore trop réduite, son expérience aussi. Moi, je reste un cavalier ambitieux, même si mon capital confiance est fragile. Et puis, il faut en convenir, à Longchamp ce jour-là, devant vingt mille personnes venues applaudir l'équipe championne, rien ne s'est passé comme prévu…

Lors de la première manche, je suis sèchement éliminé. Après avoir essuyé un premier refus sur un double d'oxers sur bidets[1], Jappeloup, affolé, me plante à deux reprises dans le triple. Obstacles aux subtilités desquels il n'est pas encore habitué. Mais ce n'est là qu'un avant-goût de ce qui m'attend.

La faute en incombe ensuite à l'arrivée sur l'hippodrome d'Edwige Avice, ministre déléguée à la Jeunesse et aux Sports sous l'ère mitterrandienne. Au moment précis où je vais prendre le départ de la seconde manche en équipe, Léon Zitrone, commentateur de l'événement, fait l'annonce de sa présence, qui déclenche aussitôt sifflets et invectives dans le public. Puis, quelques instants plus tard,

1. Succession de deux obstacles de type vertical et/ou oxer, construits sur un plan d'eau. Ils sont séparés par une distance de une à deux foulées allant de sept mètres vingt à onze mètres quatre-vingts.

quand il demande le silence, les hurlements redoublent dans les gradins et sur la pelouse. Cela s'éternise. Tout le monde est dépassé – et moi, en attente sur Jappeloup au milieu de la piste depuis de trop longues minutes, je guette dans ce tumulte le son de la cloche qui m'invite à m'élancer. Dans le doute, cependant, je décide de lancer Jappeloup sur le parcours de la coupe des nations. C'est alors que la cloche retentit… pour m'éliminer.

Le jury est inflexible et m'invite à sortir du terrain après le franchissement du premier obstacle. Je suis parti sans son autorisation. Honteux, abattu et en colère, je suis accablé par cette méprise.

Notre sortie est on ne peut plus pitoyable ; l'échec est complet. Infamant. Immonde.

Deux jours plus tard, dans le Grand Prix individuel aux difficultés encore plus corsées, Jappeloup refuse une nouvelle fois de franchir le triple. Je sors de Longchamp broyé. Et inquiet pour mon cheval. Si jeune, saura-t-il surmonter de tels traumatismes ? Rien n'est moins sûr. Alors, durant les semaines qui suivent, je suis désespérément seul. Pas le moindre appel de l'entraîneur national. Pas un coup de téléphone pour me remonter le moral ou essayer de bâtir un programme sportif de réhabilitation. Rien. Silence radio. Un doute s'installe, il est épouvantable : et si Marcel Rozier nous avait embarqués sciemment dans cette galère ? Compte tenu de son expérience de cavalier et de celle acquise en qualité d'entraîneur national, il ne pouvait pas ignorer que Longchamp, comme baptême du feu, c'était nous faire sortir de la tranchée Jappeloup et moi pour nous exposer sans protection à la mitraille. Accès de paranoïa ? À vrai dire, je n'en sais rien.

Oui, je crois que j'y suis : Rozier a peut-être trouvé là le moyen de me faire payer la victoire que je lui ai soufflée à Pau, en 1975. Quand je l'ai vaincu sur Laudanum, j'avais vingt ans à peine. Je l'ai battu à la régulière, certes, mais lui, il était le leader incontesté et incontestable de l'équipe de France, déjà en partance pour les JO de Montréal. Cela a été un énorme camouflet et je pense qu'il ne me l'a jamais vraiment pardonné.

En fait, tout nous a toujours séparés cet homme et moi… D'abord, je surgis de nulle part pour venir contester l'ordre établi. Ensuite, sur le plan social, nous appartenons à deux mondes distincts : j'ai fait des études supérieures et je viens de m'installer comme administrateur judiciaire – c'est un profil atypique dans le milieu où il évolue, essentiellement caractérisé par l'esprit maquignon. Il y a d'autres détails qui me reviennent, cette façon qu'il avait de m'appeler « l'avocat », ou encore de penser que je contestais ses décisions alors que je ne cherchais qu'à en discuter avec lui pour comprendre ce qu'il attendait de moi… Ça l'irritait plus que de raison.

Nous n'avons jamais parlé la même langue.

Il y a encore un paramètre qu'il ne faut pas occulter : tous ceux qui dans ce landernau avaient eu beau jeu de se gausser de Jappeloup, du fait de sa taille et de l'ingratitude de son allure, commençaient à entrevoir l'étendue de ses possibilités. Nous devenions gênants, surtout moi. À Longchamp, j'aurais pu perdre mon âme et Jappeloup son cœur. Nous en sommes sortis renforcés.

– 9 –

Fontainebleau en bleu, blanc, rouge

En octobre 1982, nous sommes inscrits au départ de notre premier championnat de France seniors dont les épreuves se déroulent à Fontainebleau, au sud de Paris. C'est là, sur le terrain du Grand Parquet, que se sont écrites quelques pages parmi les plus belles du saut français, et c'est pour moi le souvenir d'une troisième place remportée lors du championnat de France junior en 1972, sur Velleda. Depuis, j'aborde toujours en confiance ce terrain au relief mouvementé qui met à mal l'équilibre naturel des chevaux. Sur la piste, très exigeante au plan technique, je me sens parfaitement à l'aise – je suis dans mon élément.

En prenant part à ce rendez-vous, mon objectif est double. Je cherche la gloire d'un premier grand titre et je veux, par ma victoire, provoquer un électrochoc chez mon père, toujours en proie au chagrin depuis la disparition accidentelle, début août, de ma nièce Virginie, âgée de six ans. Le détourner de ses idées noires, déceler une lueur de joie et d'espoir dans ses yeux, voilà quelle serait ma plus belle récompense. L'enjeu de cette journée est tant sportif qu'affectif. Difficile d'être plus motivé.

Tous les protagonistes du championnat du monde, témoins de mes déboires à Longchamp, sont là aujourd'hui. J'entends bien leur montrer que les événements survenus en juillet relèvent de l'accident et ne sont en aucun cas le reflet de ce que nous valons, Jappeloup et moi. Car nous valons beaucoup mieux que ça, assurément… J'éprouve une curieuse impression lorsque je monte en selle : je me sens à la fois survolté et très calme. Puis, sur le dos de Jappeloup, je suis attentif, lucide et concentré. Je veux frapper un grand coup. Nous sommes prêts.

Durant l'été, une fois sorti du chaos de Longchamp, j'ai construit à l'intention de Jappeloup un programme de compétitions, l'inscrivant en Dordogne et en Charente dans des épreuves très inférieures à son niveau, dans le but de lui redonner confiance mais aussi de retrouver une assurance commune ; être à nouveau des conquérants. J'ai par ailleurs mis cette période à profit pour tirer quelques enseignements des lacunes de ma monture, et entrepris un travail acharné visant à améliorer son comportement à l'approche de l'obstacle. Jappeloup est un sauteur-né. Sa propulsion est exceptionnelle, cependant, ses trajectoires ne sont pas justes – ce qui pose un problème majeur dans les combinaisons où s'enchaînent plusieurs obstacles. Des exercices appropriés, lors de longues séances de travail, l'ont aidé à exécuter au-dessus des barres des paraboles de plus en plus parfaites. Un programme intensif, rigoureux. Compte tenu des progrès réalisés, je peux à nouveau aborder les parcours avec gourmandise. À Fontainebleau, aujourd'hui, c'est mon honneur que je mets en jeu. Rien de moins…

Une anecdote me revient. J'ai voulu entrer en piste en arborant la veste bleue de l'équipe de France ; un commissaire a eu tôt fait de me rappeler à l'ordre : « Vous ne pouvez pas monter dans cette tenue ! » En catastrophe, je suis allé emprunter celle de Frédéric Cottier, rouge, traditionnelle… En 1974, il m'avait déjà prêté son pantalon après que je fus tombé dans une flaque de boue, au pied de l'escalier de la tribune des cavaliers – j'avais alors obtenu avec Laudanum une très belle deuxième place dans le Grand Prix de Vigo. Étant parfois enclin à lire un signe du destin là où ne réside qu'une banale coïncidence – oui, je suis un tout petit peu superstitieux –, j'ai voulu voir dans le prêt consenti par Frédéric la promesse d'une réussite au moins aussi éclatante que celle connue par le passé en Espagne…

Le premier jour de ce championnat, je pars dans l'épreuve chronométrée de Fontainebleau avec un malus, voilà qui fait la part belle aux cavaliers qui ont su se montrer réguliers tout au long de la saison. A priori, cette marge les met à l'abri de concurrents moins en vue mais aux dents longues, qui peuvent se révéler transcendés par l'enjeu – a priori seulement…

Moi, je suis onzième au classement national et j'ai bien conscience qu'il ne faut pas bousculer la hiérarchie, d'autant que les champions du monde ont bénéficié cette année d'une exposition médiatique inédite dans notre sport. Je sais cela, oui. Mais je sais surtout que si je viens à remporter cette épreuve, je gommerai l'écart avec les leaders, et cela aura pour effet de marquer les esprits. En avant !

Au terme d'un parcours aérien, sur un Jappeloup au mieux de sa forme, débarrassé de toute appréhension, la victoire est remportée, magistrale, sans appel. Mon plan est en marche. Excellent début, mais il convient de ne pas l'oublier, Fontainebleau dure trois jours. C'est donc un marathon où il faut de l'endurance, de la technique et des nerfs. Qu'à cela ne tienne… Nouvelle réussite, le lendemain, saluée par des ovations. Cette fois, en fin connaisseur, le public du Grand Parquet est conquis par ce petit cheval noir dont la fougue n'a d'égal que son enthousiasme sur l'obstacle. Il est au centre de toutes les conversations. Et l'on se presse, le dimanche, pour venir voir le phénomène dans le Grand Prix, point d'orgue de cette manifestation. Devant des tribunes et des parterres bondés, sous les applaudissements, Jappeloup réalise à nouveau deux parcours prodigieux. Rien ni personne ne peut contester notre triomphe. Trois jours de compétition, cinq parcours, soixante-quinze sauts et pas une seule faute. Nous venons de boucler un championnat qui restera dans les annales. Avant nous, aucun concurrent, aucune monture n'a réalisé pareil exploit avec un cheval seulement âgé de sept ans. Et puis, nous venons de griller la politesse à trois cavaliers français classés parmi les dix meilleurs mondiaux ! La légende de Jappeloup vient de naître.

Pour Jappeloup, dont on ne parle plus qu'en ayant recours aux superlatifs, ce n'est pas une revanche, c'est une réhabilitation. Après avoir savouré l'instant de la remise des prix, sacrifié aux obligations de la conférence de presse, je n'ai qu'une hâte : retrouver mon père. C'est une belle étreinte, émouvante, celle de deux hommes qui savent la valeur de cet instant. Nous échangeons quelques mots à voix basse, évoquons Virginie, sa mémoire, mon père me dit combien il a pensé à elle ces derniers jours, alors que nous allions de succès en succès avec Jappeloup. Je lui réponds qu'elle était en selle avec moi. Puis j'embrasse maman, si aimante, je le lis dans son regard avec une extraordinaire acuité. Ma mère qui, par peur de me voir tomber, n'assiste jamais à une compétition, aujourd'hui, elle est là…

À Fontainebleau, ensemble, nous revenons à la vie.

Avec cette réussite, je bascule brusquement dans un autre monde, celui de la haute compétition où il me faudra sans cesse légitimer ma place. C'est un théâtre où s'affrontent des ego surdimensionnés et où s'exacerbent les jalousies. J'en ai d'ailleurs encore eu la démonstration à quelques heures de mon dernier parcours. Nous ne sommes alors que deux à échauffer nos chevaux sur le paddock, Michel Robert et moi. Il me chambre « gentiment » sur l'allure peu conventionnelle de Jappeloup et me rappelle que « Longchamp n'est pas si loin ». Je me force à sourire… Quelques heures plus tard, sa défaite consommée et notre succès acclamé, il ne peut s'empêcher de maugréer, à peine descendu du podium où a également pris place le vice-champion Patrick Caron : « Bravo ! Mais ce n'est pas toi qui as gagné ; c'est moi qui ai perdu… » Puis il prend congé. Après ces salutations lourdes de sous-entendus, dont les mots m'ont blessé, je me méfierai de ce cavalier habile mais par trop narcissique. Cette attitude est aux antipodes de ma conception de la rivalité sportive. Je veux gagner parce que je suis le meilleur. Parce que j'aime me dépasser et être confronté à autrui dans le respect des règles établies. Voilà ma philosophie. En faisant un effort, je suis même prêt à considérer qu'il s'agissait d'un bizutage un peu rugueux.

Pas de grande fête au soir de la victoire remportée à Fontainebleau. Autour de la table, il y a papa, maman, Nadia et moi. Enfin une lueur dans notre quotidien, assombri depuis des mois. Nous n'avons plus l'habitude d'être heureux ; on est presque gênés. Je réalise que Jappeloup est probablement le partenaire que j'attends pour être champion olympique. Cette quête du Graal que j'ai entreprise, je peux enfin en parler ! Le rêve prend forme. Il reste un objectif. Bientôt, il occupera toute la place…

Ce soir-là, je reconnais aussi que, sans la torture endurée à Longchamp, sans la disparition de Virginie, sans toute cette douleur accumulée, il n'y aurait pas eu ce désir exorbitant de victoire.

Sur la terrasse de l'hôtel, dans la nuit froide de l'automne, j'imagine Jappeloup couché sur un épais lit de paille, hôte des confortables écuries de mon ami Hubert Parot, à Arbonne. Authentique homme de cheval, champion reconnu, à chacun de mes passages dans la région il offre l'hospitalité à mes montures. Beau-frère de Marcel Rozier, il a toujours posé sur moi un regard indulgent, ne se privant jamais de me prodiguer un conseil, ne taisant aucun commentaire. J'aime sa franchise. Durant ma carrière, il a été l'un des rares à prendre ma défense. C'est lui qui, agacé par ce rôle de « cavalier d'un cheval » dont m'avait affublé le microcosme, a trouvé les mots pour faire taire ses interlocuteurs.

Mon père me rejoint dehors. Il vient griller une cigarette en compagnie de son grand fils qui ne fume pas. Je nous revois ici, à Fontainebleau, dans ce même hôtel, en 1972, à l'occasion de la finale des juniors. Durant la nuit qui précède l'épreuve, je me dresse sur mon lit en criant : « Je ne les ai pas mises ! » Je viens de me réveiller en sursaut, persuadé que j'ai oublié d'ajuster les bandes de flanelle destinées à soulager les tendons de Velleda. Dans le lit voisin, mon père se tourne vers moi : « Ne t'inquiète pas… Je l'ai fait. Dors ! »

C'était dix ans plus tôt.

– 10 –

Rabat : le complot ?

Accaparé à plein temps par mon étude d'administrateur judiciaire à Libourne – comme convenu quelques années auparavant entre nous, Jean-Pierre Dumas me l'a cédée –, je suis un cavalier au statut original au sein de cet univers agrippé à ses stéréotypes.

Au fil de ma progression, ma passion des chevaux coûte de plus en plus cher – écuries à maintenir toujours propres et en bon état, camion de transport de chevaux à entretenir, soins vétérinaires fréquents, engagements et voyages pour prendre part à des compétitions de plus en plus éloignées, etc. D'autant que l'investissement nécessaire à l'achat de chevaux compétitifs est, lui aussi, en constante augmentation. Mon père, « sponsor officiel » depuis mon adolescence, commence à s'essouffler… Si l'on considère la situation de près, je suis le seul cavalier français qui ne gagne pas sa vie grâce à une activité directement liée au cheval : je ne vis ni de mes gains en compétition, ni du commerce de chevaux, et encore moins des cours d'équitation.

En cet été 1983, après avoir obtenu quelques performances de référence, je peux raisonnablement briguer une place aux JO de Los Angeles qui vont se dérouler dans un an ; je n'ai donc que des raisons d'être optimiste. Cependant, des propos insidieusement relayés dans le cénacle du concours hippique vont subitement venir contrarier le rêve de toute ma jeune vie. Il m'est signifié que, quoi que je fasse, mes efforts resteront vains : il n'y aura pas de billet pour les États-Unis pour mon cheval et moi. En fait, Jappeloup y serait le bienvenu tant son potentiel est maintenant avéré ; le problème, c'est moi : je ne serais pas éligible. Une thèse circule selon laquelle le CIO[1] risque de ne pas me qualifier dans la mesure où il me considère comme un « professionnel ». À cette époque, le texte stipule que « ne peut prendre part aux épreuves olympiques, tout athlète ayant monnayé son image ou reçu une contrepartie financière à sa carrière sportive ». Moi, professionnel ? Pourquoi ? Pour qui connaît mon parcours et ma situation réelle, c'est une évidence, je ne peux être considéré comme « professionnel » au regard du comité olympique.

1. Comité international olympique.

Quelques années plus tôt, en 1978, à la suite du deuxième concours de Bordeaux, j'ai ébauché un contrat avec la société bordelaise de distribution de vins et d'alcools William Pitters. Sur les conseils et par l'entremise de Philippe Giraud, grand cavalier, fils de l'instructeur du prestigieux centre équestre de Saint-Médard-en-Jalles, je prends attache avec Bernard Magrez. Ce jeune dirigeant d'entreprise est réputé pour son ambition et ses méthodes novatrices dans le milieu de la distribution.

À Lormont, près de Bordeaux, après avoir bravé maintes fois son secrétariat, me voilà dans son bureau – j'ai frappé, et je crois bien être entré sans y avoir été convié. Je reste un instant figé sur le pas de la porte. Devant moi, une pièce, tout en longueur, avec une table immense de conseil d'administration que je contourne pour me diriger vers son bureau. Derrière, un homme qui continue de prendre des notes. Sans me regarder, il m'enjoint de m'asseoir en me désignant de la main l'un ou l'autre des deux fauteuils qui lui font face – une fois enfoncé dans mon siège, je me trouve trente centimètres sous la ligne de son regard… Subitement, comme mû par un ressort, Bernard Magrez se lève et m'invite à le suivre. Je n'en mène pas large devant cet homme qui se déplace la mâchoire serrée, archétype du patron autoritaire, redouté de tous ses cadres. Une fois rassis, après avoir tenté de remettre en place une mèche définitivement rebelle, il m'expose sa stratégie d'entreprise et ses objectifs commerciaux : « Voilà, me dit-il, je veux m'imposer dans la grande distribution avec un vin de marque, et être, dans les dix ans, numéro un en France. » Un court silence, puis il me vante les structures « légères » de son entreprise, répétant à l'envi : « La vente, la vente ! Servie par une politique marketing agressive, il n'y a que ça ! Il faut presser les commerciaux, et quand il n'y a plus de jus, on s'en sépare. »

Quand il en a fini, Bernard Magrez m'invite enfin à lui exposer l'objet de ma visite. Je suis très vite interrompu : « Durand, affirme-t-il, vous m'intéressez ! Vous faites du droit, alors vous allez vous exercer à établir un projet de contrat entre nous. Mais je vous avertis d'emblée, je ne vous donnerai pas beaucoup d'argent. » Fort de cette information qui a valeur de mise en garde, j'imagine une entente dont l'objet est de privilégier la visibilité du vin Malesan. En jeune patron, il compte sur l'équitation – le cheval véhicule noblesse, élégance et prestige – pour transcender l'image de son produit. En contrepartie, mon camion sera repeint d'une couleur ivoire. Sur les flancs de celui-ci, seront portés de gros caractères bordeaux formant le nom « Malesan ». Je me hasarde à prévoir une rémunération de 7 000 francs par an et des primes liées à mes performances.

Voilà donc l'accord qui vaut bientôt à mon beau Laudanum de figurer sur chaque bouteille de vin Malesan vendue dans le commerce. Moi, je suis soulagé. Voir mes soucis financiers non pas résolus, mais un tout petit peu atténués va me permettre de poursuivre mon ascension. Cependant, personne ne me met en garde quant à cet arrangement aux limites de l'amateurisme pour une simple et bonne raison : personne ne me voit un destin olympique. Cette menace qui va peser sur moi pourrait revêtir un aspect comique si ses conséquences ne risquaient de se révéler on ne peut plus dévastatrices…

« Vous n'allez pas pouvoir y aller mon gars ! » me dit donc un peu plus tard, Christian Legrez, président de la fédération. Sans détour, il m'explique que le problème est sérieux. Je tente alors de roder auprès de lui les arguments selon lesquels je suis et demeure un cavalier que l'on ne peut considérer comme professionnel, puisque j'ai une activité principale et que j'ai toujours agi dans l'esprit d'un amateur. La question est ensuite abordée dans le cadre de plusieurs réunions auxquelles je participe. Et là, je m'aperçois que les oreilles qui m'écoutent ne sont en rien bienveillantes. L'affaire est mal embarquée pour Los Angeles. Mais il existe une solution pour régler, une bonne fois pour toutes, ce problème d'interprétation.

Et cette solution passe par le Maroc…

Les Jeux méditerranéens de Rabat – dont les épreuves d'équitation se déroulent à Casablanca –, en cet été de l'année 1983, représentent pour moi une opportunité susceptible de bouleverser la donne… Bien que disputée sur un parcours à peine du niveau d'un Grand Prix national, la compétition est régie par les mêmes règles que les Jeux Olympiques. En d'autres termes, si je peux concourir dans la métropole marocaine, je pourrai concourir à Los Angeles. Ma participation ne pourrait être refusée puisqu'il y aurait jurisprudence. Je me porte donc volontaire pour Rabat, espérant mettre un terme définitif au débat sur mon éligibilité. La fédération et Marcel Rozier, l'entraîneur national, trouvent mon idée « intéressante ». Ils décident alors d'envoyer au Maroc les meilleurs représentants de l'année des « J », laquelle s'est avérée exceptionnelle avec des chevaux tels Jalisco, Jiva ou encore Junipérus, tous sélectionnables en vue de Los Angeles. Au-delà de l'intérêt qu'ils ont d'évaluer sur une même compétition ces chevaux prometteurs, mes dirigeants veulent tester mon statut au regard des JO. Pas sûr que nos intérêts se rejoignent cependant : même si l'ambiance entre les cavaliers français reste bonne, il ne m'échappe pas que les conversations cessent sur mon passage ; et il se produit encore foule de petits désagréments à chacune de mes apparitions…

À Casablanca, lors de l'épreuve par équipe, j'entends un spectateur marocain me crier depuis la tribune : « Comme à Longchamp ! » C'est sans équivoque, il tient à me rappeler le fâcheux épisode de 1982. Quelques heures plus tard, alors que nous venons de monter sans gloire sur la deuxième marche du podium au terme d'un barrage contre l'équipe marocaine, nous apprenons qu'une réclamation me visant vient d'être déposée. Elle émane du chef de l'équipe locale, un haut gradé de l'armée qui demande notre disqualification et mon exclusion de la compétition pour professionnalisme incompatible avec la charte olympique.

Nous y voilà ! Immédiatement, le Bordelais Nelson Paillou, président du CNOSF[1], se saisit de l'affaire. Il provoque une réunion de crise avec les grands responsables, qu'il anime avec son talent, sa verve, sa bonhomie habituels. Et sa grande force de conviction. Il affirme être en mesure de « désamorcer provisoirement » l'incident. Je reste perplexe. Comment être persuadé que tout cela n'a pas été orchestré ? Évidemment, je ne trouve pas le sommeil la nuit suivante, et tourne dans mon lit en ressassant sans fin les événements de ces dernières semaines.

Une question fait appel à la logique : quelle raison peuvent avoir les Marocains – aidés par la France dans l'organisation de ces Jeux méditerranéens, tant au plan humain que technique – de m'évincer ? Ils n'ignorent pas les conséquences qui pourraient résulter de leur choix. Maintenant, deux autres questions qui n'ont rien de subsidiaires : d'où vient la machination ? Qui en est l'auteur ? Je commence à imaginer le scénario qui a été élaboré. Une chose est sûre, l'inspiration d'une telle action dirigée contre moi ne peut provenir que de nos rangs.

De deux choses l'une : soit je commence à avoir une vision très précise de la manœuvre ourdie contre moi ; soit, à force d'être le centre de tous les débats, j'ai sombré dans la paranoïa.

---

1. Comité national olympique et sportif français.

Fort heureusement, Nelson Paillou parvient finalement à obtenir ma participation à l'épreuve individuelle, assurant que mon cas – très controversé – sera soumis au CIO par l'intermédiaire de Monique Berlioux, la très influente directrice générale de cette instance internationale. Je suis complètement déstabilisé par ces manœuvres et me classe quatrième dans l'épreuve individuelle, après un barrage raté sur des obstacles d'à peine un mètre quarante. Je n'ai qu'une hâte, rentrer chez moi et constituer un solide dossier prouvant que mon éligibilité olympique ne saurait être entachée d'aucun manquement à l'esprit de Pierre de Coubertin, cet humaniste qui a ressuscité les Jeux en 1896.

Avec l'aide de François Alaphilippe, éminent juriste du Comité olympique français, je réussis enfin à me faire entendre au siège du CIO à Lausanne, au terme d'une attente qui m'a semblé s'éterniser – la convocation m'est parvenue au début de l'année 1984, soit à six mois des Jeux. À l'issue de notre audition, le comité diffuse un communiqué lapidaire, rédigé en ces termes : « M. Durand est éligible au regard des règles d'inscription olympique. » Je suis sauvé ! Mais comment ne pas douter maintenant de la sincérité du soutien des dirigeants de ma propre fédération ? Je crois que mon éviction orchestrée par des organisateurs étrangers ne les aurait pas dérangés. Cela pouvait être une façon de m'écarter des JO de Los Angeles sans en endosser la responsabilité. Les mêmes m'ont supplié un peu plus tard de mettre Jappeloup au service de l'équipe de France… monté par un autre cavalier, plus conforme aux attentes de Marcel Rozier. Jusqu'où peut se nicher le cynisme…

Remis en selle juridiquement, j'ai surmonté cette épreuve et ai pu me focaliser à nouveau sur les Jeux. Mais à Casablanca, au Maroc, ma flamme olympique a failli s'éteindre à jamais.

– 11 –

LA CHUTE DE LOS ANGELES

Avec la remise du costume officiel et des autres tenues vestimentaires de la délégation française, je prends conscience, non sans fierté, que je vais représenter mon pays lors des Jeux Olympiques de Los Angeles. En transit à Paris, je me rends dans un cinéma des Champs-Élysées assister à la projection du film de Hugh Hudson, *Les Chariots de feu*, titulaire de quatre oscars. Il relate l'histoire de deux athlètes britanniques concourant aux JO soixante ans plus tôt, en 1924, les sprinters Harold Abrahams et Eric Liddell – le premier est juif d'extraction modeste, le second, protestant presbytérien. Leur épopée, portée par la musique de Vangelis, pionnier grec de la musique électronique, aborde, outre l'exploit sportif, l'amitié, la foi, l'antisémitisme, l'élitisme et le dépassement de soi. Je sors ébloui de la salle obscure.

D'ici quelques jours, je serai acteur de cet événement dont je ne mesure pas encore la portée considérable…

Le 28 juillet 1984, je me réveille à Los Angeles où je vais prendre part aux Jeux Olympiques, moi, Pierre Durand, le petit gars de Saint-Seurin-sur-l'Isle qui s'est arrêté un jour devant un percheron dans un champ. Oui, tout est possible. Les émotions me submergent, tous mes sens sont en alerte, je veux vivre cet événement avec gourmandise, sans retenue. Je me retrouve avec des athlètes venus de tous les pays. Ils sont de toutes races, de toutes confessions et constituent une communauté à part le temps d'une trêve – à l'origine des Jeux, il y a trois mille ans, tous les combats cessaient le temps de leur déroulement. Regrettable que ce ne soit plus d'actualité. Je croise Carl Lewis, sprinter et sauteur d'Alabama, dix fois récompensé par de l'or, élu « sportif du siècle » par le CIO et « olympien du siècle » par *Sports Illustrated.* C'est le soleil de ces Jeux. Et puis, dans l'ombre, il y a ce Chinois anonyme qui revient à la compétition après l'absence de son pays pendant vingt-huit ans. Je me laisse happer par la ville-pieuvre, grande comme la moitié de la Belgique, où la démesure qu'autorise le trop-plein d'argent côtoie la misère la plus crasse. L'ex-URSS et de nombreux pays de l'Est boudent la fête, rendant à l'Amérique la monnaie de sa pièce : à l'instar d'une cinquantaine de nations, les USA avaient boycotté les Jeux de Moscou quatre ans plus tôt, suite à l'invasion de l'Afghanistan en 1979.

UCLA, l'université de Californie qui accueille le village olympique, se trouve à soixante kilomètres de l'hippodrome de Santa Anita où, dans un site magnifique entre montagne et désert, les chevaux sont arrivés huit jours plus tôt – ils vont passer trois semaines dans des écuries au confort sommaire. J'ai une frustration : celle de ne pas être appelé à concourir dans l'enceinte du stade olympique. Je devrai me contenter d'y pénétrer lors de la cérémonie d'ouverture seulement…

Après avoir attendu quatre heures, en dehors du stade et sous un soleil de plomb, le défilé – j'ai ainsi été privé du spectacle grandiose retraçant la conquête de l'Ouest –, je pénètre dans ce bel ovale baigné de lumière. Devant moi se dresse l'impressionnante silhouette d'Angelo Parisi, porte-drapeau français, détenteur de l'or ramassé à Moscou sur un tatami et leader de notre équipe de judokas. Nous défilons devant quatre-vingt-douze mille spectateurs en liesse et des centaines de millions de téléspectateurs égaillés sur tous les continents. Je suis au paradis, soit à l'endroit précis où j'ai choisi d'être depuis Mexico. Je foule cette piste d'athlétisme où vont tomber les records et les médailles. Comme la plupart des athlètes français, j'ai dû renoncer à mon costume de défilé tant les mesures en étaient approximatives – le prestige de la haute couture française est bien malmené ; comme nombre de participants, j'en suis très contrarié. Ma tenue est certes plus décontractée mais peu flatteuse : débardeur beige agrémenté d'un bleu turquoise du meilleur goût, chemise marine à manches courtes. J'ai tellement envie que ma maman soit fière de moi en me regardant à la télévision…

Ce 28 juillet 1984, je vois des anges partout quand Gina Hemphill, petite-fille de Jesse Owens

– le premier sprinter noir dont la renommée a franchi les frontières et qui a remporté quatre médailles d'or à Berlin en 1936 –, passe à deux mètres de moi, porteuse de la flamme olympique. Je souffre avec Edwin Moses, quatre fois recordman mondial du quatre cents mètres haies, quand, les doigts agrippés à son pupitre, prisonnier de l'émotion, cet immense athlète est incapable de se souvenir des derniers mots du serment olympique qu'il doit prêter au nom de tous les participants. Chaque instant m'est néanmoins pur bonheur ; je ne me suis jamais senti aussi vivant. Je veux me dépasser. Découvrir où se situent mes limites. Savourer la victoire à l'autre bout du rêve et de l'effort. Ma perception du monde est sublimée ; je n'éprouve que fraternité, estime, solidarité, respect… Tout ce qui, a priori, devrait unir les hommes. Je vis cette expérience tel un voyage initiatique.

Le lendemain, arrivé aux écuries, sonne l'heure du retour à la réalité. Il règne une tension de tous les instants. Tous autant que nous sommes, nous n'avons jamais pris part à une olympiade – excepté Frédéric Cottier, qui a participé aux épreuves de remplacement des JO de Moscou, mais il s'agissait là d'ersatz plus qu'autre chose. À la tête de cette équipe de bizuts, Marcel Rozier, notre entraîneur. Il est le seul à avoir une réelle expérience olympique, puisque à trois reprises il a représenté la France. Curieusement, il n'évoque que les premiers Jeux où il a concouru : ceux de Mexico. Rozier se rappelle le gigantisme des obstacles. Il dit même avoir été « effrayé ». Sa mémoire semble avoir fait l'impasse sur sa participation à Montréal, laquelle a pourtant été récompensée par une médaille d'or en équipe. Nous sommes oppressés. Pour tout réconfort, afin de nous mettre dans des conditions psychologiques idéales, il nous promet l'apocalypse – rien de moins. Nous voilà maintenant terrorisés. La mésentente et l'agacement dominent. Nous ne trouvons aucun apaisement puisqu'il nous tient à l'écart de nos proches. Pour tout arranger, il règne en permanence un climat d'improvisation. Ainsi, la dernière séance d'entraînement à l'obstacle, à la veille de l'épreuve par équipe, est prévue par tirage au sort au début de l'après-midi, en plein cagnard. Impossible de changer le planning. Pour apaiser les esprits, Rozier s'engage à nous faire revenir le lendemain matin sur le site, un peu avant 7 heures – « À la fraîche », pour reprendre son expression.

Le lendemain – il est environ 4 heures du matin –, nous voilà dans le minibus filant sur la highway en direction de Santa Anita. Les grooms n'ont pas été avisés de cette initiative et on les trouve en plein sommeil. Étonnés, hébétés, ils se lèvent et sellent les chevaux en toute hâte avant de les conduire jusqu'à la carrière. Il est maintenant 6 heures, aucun officiel n'est encore arrivé. Nous disposons de une heure durant laquelle nous allons enfin pouvoir faire sauter nos chevaux comme nous l'entendons. La carrière est déserte. Le problème, c'est qu'aucun obstacle n'a été dressé au milieu de la piste officielle d'entraînement. Pendant l'échauffement de nos chevaux, Marcel Rozier et les grooms – dont quatre filles – s'emploient, vaille que vaille, à construire dans la précipitation une dizaine d'obstacles. Notre volonté à nous était d'enchaîner des exercices très précis – c'est raté…

Marcel Rozier est persuadé qu'un triple inédit nous attend ; il serait constitué d'une barrière étroite en entrée, suivie de deux oxers sur bidet à une foulée seulement d'intervalle. La mise en place d'une combinaison similaire devient essentielle aux yeux de l'entraîneur national. Le temps passe. Les chevaux sont énervés ; nous sommes dépités. Au moment où le premier d'entre nous va s'élancer, nous sommes interpellés par un juge qui débarque à l'improviste. Aucun de nous n'a sa bombe[1] ! Hubert Bourdy, le remplaçant, part en vitesse jusqu'aux écuries et revient au galop, coiffé de cinq bombes empilées les unes sur les autres. La scène est cocasse. On rit ; c'est nerveux. Encore une séance d'entraînement réduite à néant. C'était la dernière…

Il est alors décidé entre nous que la causerie informelle de la fin d'après-midi, à la veille de l'épreuve par équipe, se focalisera sur un point essentiel : Marcel Rozier doit nous faire confiance. Dans le salon ouvert sur une cuisine, nous l'attendons de pied ferme. Frédéric Cottier, Éric Navet, Philippe Rozier – le fils de Marcel – et moi sommes installés au fond d'un canapé ; Hubert Bourdy a pris place sur un tabouret. Apparaît Marcel Rozier. Il sort de sa

1. Coiffe rigide protégeant la tête du cavalier.

chambre dans une tenue que ne renierait pas Alexandre-Benoît Bérurier, héros grotesque de la série des *San-Antonio* imaginée par Frédéric Dard. On contient mal un fou rire collectif, surtout quand Philippe interpelle son père : « Dis donc Marcel, t'es en tête de quel challenge avec ton brassard ? » Il désigne le haut de son bras droit autour duquel un ruban de sparadrap maintient une plaque métallique. Il s'agit en fait d'un dispositif de soins censé accélérer la cicatrisation du léger déchirement que notre entraîneur s'est infligé le matin même en déplaçant des obstacles. Cette plaisanterie bien anodine fait office de détonateur tant l'ambiance est chargée, et Rozier explose. Il est hors de lui, hurle, vocifère… Avant de partir, en claquant derrière lui la porte de sa chambre. C'est le naufrage. Nous effectuons une expédition jusqu'à la cafétéria du village, histoire de nous changer les idées.

Le soir, je n'ai pas envie de regagner la chambre que je partage avec Éric Navet et Marcel Rozier. J'erre longtemps dans le village et, lorsque je décide d'aller dormir, je perçois en entrant dans la pièce l'atmosphère viciée par l'accumulation de tant de tensions et d'animosité. Je finis par somnoler, visité par mes démons jusqu'au petit matin. Quand je me lève, je me sens totalement désemparé…

7 août. Nos premiers sauts olympiques sont une catastrophe. Aucun de nous n'est à son niveau : Éric Navet sur J't'adore, partis en premiers, totalisent 9,75 points de pénalités ; Philippe Rozier et

Jiva, 20 points ; Frédéric Cottier et Flambeau C cumulent 8 points. Avec Jappeloup, nous sortons de cette première manche avec deux fautes, et ce après avoir pédalé[1] au-dessus d'un gros spa – la chute n'était pas loin !

Dans la seconde manche, Éric et Fred aggravent leur cas ; Philippe, fort de l'insouciance de ses vingt ans, réalise un superbe parcours sans faute redonnant un espoir de podium à l'équipe. Je suis le dernier à entrer en piste. Une responsabilité énorme pour les novices, les *rookies* que nous sommes Jappeloup et moi. Cette responsabilité, je l'assume d'ailleurs depuis un certain temps puisque personne ne veut être le numéro quatre. C'est aussi le choix de l'entraîneur. Je dois impérativement réaliser un sans-faute pour espérer accrocher une médaille de bronze par équipe. À ce stade, on ne recense que cinq parcours sans faute sur quarante-quatre partants, dont deux réalisés par des Américains.

Jappeloup se doit de donner son maximum ; le moindre tutoiement lui est interdit. Au moment où j'entre en piste, Marcel Rozier me dit : « Allez, faut y croire ! » Dès le premier obstacle, j'exige beaucoup de Jappeloup, et je maintiens le tempo sur les suivants. Au milieu du parcours, je le sens fébrile. Il lui arrive même de gémir à l'effort, ce qui est tout à fait inhabituel chez lui. Normal, je le mène en surrégime depuis que la cloche a sonné. Bientôt, il ne galope plus tendu, commence à s'encapuchonner

1. Quand un cheval s'aperçoit qu'il n'arrivera pas à franchir un obstacle, il agite les antérieurs comme un sauteur en longueur.

et tangue sous moi. Comprenant instantanément qu'il me faut le laisser respirer, je profite d'un grand espace entre les obstacles 8 et 9 pour relâcher la pression que je lui ai jusqu'alors imposée. L'emprise de mes jambes se fait moins forte, je relâche la tension exercée sur les rênes et le laisse galoper dans le relâchement. Pour l'instant, nos chances demeurent intactes. Retardant autant que faire se peut la reprise en main de Jappeloup, je prends soudain conscience que nous sommes en phase d'approche de l'étroite barrière – un mètre cinquante-cinq – qui précède de cinq foulées une large rivière. La distance qui nous sépare d'elle n'est pas adéquate, l'appel va être trop grand pour mon cheval qui rechigne souvent sur ce genre d'obstacle. Nous allons à la faute ! Trop tard pour entreprendre une foulée de plus, ce qui est pourtant dans le registre de Jappeloup. En une fraction de seconde, je sais que je n'ai pas d'autre choix : je serre les jambes en même temps que je ferme mes doigts sur les rênes pour qu'il s'engage franchement et produise l'effort demandé. J'anticipe son saut en m'inclinant légèrement vers l'avant pour mieux l'encourager. Ne nous a-t-on pas appris à « jeter notre cœur par-dessus l'obstacle » ? Mais Jappeloup, gagné par le doute, stoppe son élan, s'arc-boute, arrondit son dos et baisse l'encolure en la pliant, c'est l'envolée olympique ! Pendant un quart de seconde qui me paraît une éternité, son refus me propulse dans les airs. L'instant est irréel… Je me dis que le cheval va revenir sous moi. Mais il n'en est rien. J'ai toujours en mains les rênes de la bride, et je retombe, corps à la verticale, tête la première sur la piste brûlante – au risque de me rompre les vertèbres. Je me relève, sonné, hagard. Je suis K.-O. debout. J'ai cinquante mètres à franchir pour regagner la sortie. Le monde entier me découvre maintenant traversant la carrière à pied, tête nue, honteux et dépité alors que Jappeloup, affolé, a entamé une cavalcade en solitaire.

L'affront est à la démesure des espoirs que j'ai portés. Je me hais. J'ai trahi mes coéquipiers. La terre s'ouvre sous mes bottes. Je veux trouver un refuge pour vivre seul cette détresse immonde qui me submerge. Là, dans un recoin herbeux de la piste de galop, à trois cents mètres des paddocks, je pleure.

J'ai envie de mourir.

– 12 –

Le blues de Santa Anita

Mon retour en France me renvoie sans cesse à la poussière de Santa Anita. Pas un jour ne s'écoule sans qu'un passant croisé dans la rue, un commerçant, un avocat, ne me rappelle ma gamelle en mondovision. Pire à endurer encore, les propos compatissants. Après les non-dits du huis clos olympique, j'ai eu droit, en arrivant à Paris, à une véritable cérémonie de condoléances orchestrée par l'encadrement fédéral. Hormis en 1980 où les chevaux sont restés aux écuries pendant les JO de Moscou pour cause de boycott, il faut remonter jusqu'en 1956 pour trouver la trace d'un échec aussi magistral des cavaliers tricolores.

En dépit de quelques sujets de satisfaction, force est de constater que l'aventure de Los Angeles est un échec cuisant. À Los Angeles, personne ne s'est montré à son niveau de performances habituel ; c'est un point passé sous silence. Sans ce traumatisme et le forfait d'Éric Navet que j'ai dû remplacer au pied levé – J't'adore s'est subitement mis à boiter –, je pouvais espérer finir dans les dix premiers de l'épreuve individuelle. Voire mieux…

J'ai évidemment abordé cette épreuve avec une confiance pantelante, redoutant que Jappeloup vienne, sur un refus imparable, à me satelliser une nouvelle fois. Il n'en a rien été. Le soir venu, je suis soulagé. J'ai la confirmation que mon cheval est au niveau sur les parcours les plus ardus : deux fautes – sur les cinq accumulées au cours des deux manches – auraient pu être évitées si nous étions arrivés sur la piste avec un moral intact…

Il fallait une sacrée assurance pour aligner les deux parcours de cette phase individuelle. Vingt-quatre obstacles ont été franchis, nécessitant trente et un sauts du fait de la présence d'un double et d'un triple à chaque manche – des obstacles culminant parfois à un mètre soixante-dix, atteignant deux mètres vingt de largeur ainsi qu'une rivière de quatre mètres soixante-quinze sautée à deux reprises… En terminant ex æquo à la quatorzième place – soit au niveau de mon collègue de « promo » John Whitaker sur Ryan's Son, et celui du Canadien Ian Millar sur Big Ben –, les Jeux de Los Angeles se sont mieux achevés pour moi qu'ils n'avaient débuté. À moi, maintenant, de tirer un enseignement de mes déboires, de faire l'effort de me hisser au niveau d'excellence de Jappeloup. Et de le gérer correctement. Je n'ai pas à lui tenir grief de quoi que ce soit. Mais au final, ce n'est pas ma prestation en individuel qui a marqué les esprits ; quoi que je fasse, chacun de mes interlocuteurs me ramène encore et toujours à cette chute spectaculaire dans l'épreuve par équipe. Sans doute la plus médiatisée et la plus commentée de l'histoire des sports équestres – elle est, en quelque sorte, l'acte fondateur de notre notoriété. D'autres cavaliers, parfois illustres, ont connu pareille mésaventure – je pense à Franke Sloothaak, champion du monde en titre aux JO d'Atlanta en 1996. La chute est inhérente à la pratique de ce sport. Il convient maintenant de réfléchir à tout cela, et en profondeur. Ensuite, il faudra prendre quelques décisions déterminantes quant à mon avenir de cavalier.

De retour mi-août sur mes terres girondines, protégé par ma famille qui m'apporte le réconfort dont j'ai besoin, je prends mes distances avec le milieu équestre et ne rends que quelques visites à Jappeloup, revenu au club une semaine après les Jeux. Survient alors un épisode qui va me détourner quelque temps de mes préoccupations sportives : Nadia, mon épouse, vient de postuler à une charge de commissaire-priseur à Libourne ; or, elle a appris qu'une cabale vise à l'empêcher de récupérer cet office vacant. Il n'en faut pas plus pour réveiller Zorro ; je m'engage totalement pour déjouer cette intrigue, usant de mes relations et remontant jusqu'à la chancellerie afin que soit levée cette opposition inique. Quelques semaines plus tard, nous obtenons gain de cause.

Je me sens de nouveau plus fort, la confiance reprend ses droits. Le bruit des sabots me revient en mémoire lorsque je suis invité à prendre part au célèbre derby d'Hickstead, en Grande-Bretagne. Ce retour à la compétition, sur un parcours aussi périlleux, est bien évidemment prématuré. J'accepte cependant… Je m'en veux d'avoir échoué à Los Angeles et mon estime de soi est si entamée que ce choix a sans doute quelque chose de suicidaire. Rien d'étonnant donc à ce que j'essuie deux refus sur le très impressionnant Devil's Dyke après en avoir dévalé la grande butte ; puis je suis éliminé un peu plus loin sur une nouvelle dérobade. Cette fois, c'est devant un parterre d'Anglais goguenards que je touche le fond…

Curieusement, cette nouvelle humiliation va me débarrasser des démons qui me hantent depuis mon retour de LA. Elle a les effets d'une thérapie de choc et je sors de l'accablement extrême qui s'est abattu sur moi depuis des semaines maintenant. Me voilà à nouveau sur le ring. Ou, plus exactement, me voilà à nouveau « en selle ». Avec les idées claires : il est évident que je ne peux pas en rester là. Je dois continuer – tout simplement parce que j'en suis capable. Il me faut repartir de zéro. Admettre, malgré ma blessure d'orgueil – elle est béante –, que ma défaillance est passagère et qu'elle est une composante incontournable d'une vie de sportif de haut niveau. Elle ne justifie en aucun cas un renoncement, un arrêt brutal de l'aventure dans laquelle je me suis lancé. C'est décidé, je repars à la conquête du Graal. Cette fois, je ferai preuve de patience, de sagesse et d'humilité.

Après les Jeux Olympiques de Los Angeles, les championnats d'Aquitaine disputés à Saint-Médard-en-Jalles – mesurez l'écart – vont me permettre de renouer avec la confiance et un état d'esprit positif. Je suis en quête de sensations susceptibles d'atténuer puis de chasser celles qui polluent encore ma conscience ; je veux réduire à néant l'appréhension qui m'habite et, surtout, m'offrir une réhabilitation en bonne et due forme. Pour retrouver grâce à mes yeux, je dois me prouver que je suis à nouveau capable de m'imposer dans une compétition, même d'un niveau très inférieur à celui que j'ai atteint. Cependant, l'entreprise n'est pas dénuée de risques. Personne n'est disposé à me faire de cadeau…

C'est là, dans ce championnat régional, que j'ai remporté mon premier titre en 1974. Depuis, j'ai tracé mon sillon et été appelé sur d'autres théâtres de compétition, voilà pourquoi, depuis plusieurs années, j'ai renoncé à ce rendez-vous de septembre. Certes, ma participation surprend et réjouit le président Charles Carde, homme chaleureux s'il en est, entièrement dévoué à la Ligue d'Aquitaine des sports équestres. Pas question cependant d'y inscrire Jappeloup – ce ne serait guère glorieux et peu équitable. Je suis donc en selle sur Lyssa, une jeune jument récemment intégrée à mon écurie. Après trois jours de compétition, je suis déclaré vainqueur. À la régulière. Derrière moi, il y a du beau monde : les Bentejac, Coupérie, Giraud et Caumont. Ils ont été des adversaires redoutables ; l'excellence qui les caractérise rend plus éclatant le lustre de ma victoire. Je considère à nouveau comme légitime, quels qu'aient pu être mes déboires, la place que j'ai occupée au sein de l'équipe de France olympique.

L'étape suivante de mon rétablissement passe par Vichy, dans le cadre du championnat de France première catégorie. L'ambition est à nouveau ceinte de l'écharpe tricolore – la première fois, c'était en 1982. Si, par bravade, je me fixe cet objectif, avec Jappeloup maintenant, c'est parce que je veux que ma réhabilitation soit totale et qu'elle s'opère lors d'une confrontation avec les meilleurs duos français. Ce sont alors Frédéric Cottier et Flambeau C – malgré une décevante septième place aux Jeux –, Philippe Rozier – seul sans-faute de l'équipe française –, et les plus fines cravaches hexagonales : Bourdy, Balanda, Cuyer, Bost, Godignon, Caron, Robert… Je suis donc confronté à un objectif ambitieux. Pour l'atteindre, je me surprends à renouer avec les rites qui accompagnent chacune de mes participations aux grandes compétitions : j'enfile la botte gauche avant la droite, je choisis mes pantalons d'équitation selon un ordre curieusement déterminé par l'importance de l'enjeu – j'ai encore quelques autres manies de ce type, tellement proches de la superstition qu'il est inutile de les énumérer ici…

En d'autres circonstances, la pluie ayant détrempé le parcours des bords de l'Allier, j'aurais renoncé, par prudence, à concourir ; il me serait apparu comme une évidence que je ne devais pas prendre le risque de blesser Jappeloup sur un terrain lourd et profond. Mais je suis toujours en quête de *self-esteem*, et le besoin de me rétablir est immédiat et urgent. Donc, pas question de faire l'impasse sur Vichy. « Fais ce que tu dois, advienne que pourra… »

Même un refus le premier jour, dû à la boue dans laquelle s'enfonce Jappeloup, ne parvient pas à me faire douter. S'il panique parfois sur le terrain glissant, il s'accommode fort bien de sa profondeur. Cette disposition, il la doit à une solide prise d'appui sur de longs segments postérieurs, bien écartés au moment de la propulsion. Au final, après une belle empoignade avec Gilles de Balanda, je décroche, un peu exaspéré, une deuxième place. Elle est néanmoins la bienvenue dans la mesure où elle contribue à restaurer quelque peu la confiance.

Reste que mon relationnel avec Marcel Rozier, toujours en charge du destin de l'équipe de France, s'est encore détérioré depuis notre retour. Et sa présence devient un sérieux obstacle à ma progression. Me voilà à nouveau saisi par le doute. Que faire ? Arrêter ? Mais alors, quid de Jappeloup ? Faut-il le garder, le confier, le vendre ? Impossible, j'y suis viscéralement attaché. Et mon rêve olympique ? Il est toujours là, et même plus présent qu'avant. Ne me suis-je pas lancé à la poursuite d'une chimère ? Et ainsi de suite… C'est tempête sous un crâne. Mon débat intérieur est d'autant plus vif qu'il est également subordonné aux projets que je nourris avec mon épouse. Si je fais le point de mon existence, je ne suis professionnellement établi que depuis deux ans, marié depuis trois, et enclin à élargir le cercle de la famille depuis peu. Cette vie qui me conduit de concours en concours manque de stabilité. Elle se révèle donc peu compatible avec les nouvelles bases, conventionnelles, que je suis en train de poser. Dans cette optique, ne disposant d'aucune surface financière, je ne peux négliger la somme considérable que représenterait la vente de Jappeloup. Mais comment m'y résoudre ? Outre les raisons liées à l'attachement que j'ai pour lui, l'intérêt que je porte à l'argent est assez limité. Quelques proches, évoquant ma « vie de saltimbanque » me demandent d'être moins égoïste et de gagner en maturité. Au fond, cela signifie qu'ils doutent, eux aussi, de ma capacité à m'imposer dans ce sport…

Je ne ferme donc pas la porte à d'éventuelles propositions – mais, avant de tirer ma révérence, je voudrais réaliser avec Jappeloup un coup d'éclat au niveau international. Le rendez-vous mondial le plus proche est la finale de la coupe du monde à Berlin, dans un an, plus précisément en avril 1985. Je suis tenté d'y prendre part, d'autant plus que ce serait la première fois. Et, d'ici quelques mois, le Grand Prix international de Bordeaux sera susceptible de m'offrir mes premiers points qualificatifs. C'est alors que, me trouvant déjà en proie à l'ambivalence, ma réflexion va se trouver perturbée par les chiffres que m'avance à mon domicile de Lalande-de-Pomerol un visiteur particulièrement discret. Il s'agit de Joe Fargis, le champion olympique qui, en sa qualité d'émissaire d'un riche Américain désireux d'offrir un cheval à son fils, me propose 400 000 dollars pour Jappeloup !

Le 4 décembre 1984, dans le courant de l'après-midi, Joe Fargis est en selle sur Jappeloup devant mon père, qui ne voulait pas rater la rencontre entre ces deux champions, et un groupe d'écoliers jusqu'alors absorbé par une reprise. Non sans délicatesse, Joe Fargis fait connaissance avec mon cheval. L'essai sera de courte durée et peu intense du fait de l'imminence – dans quelques jours à peine – du concours de Bordeaux où nous sommes engagés. L'Américain repart conquis, il est totalement sous le charme de Jappeloup. Arrive le Jumping international de Bordeaux. Dans le chaudron du parc des expositions, je frôle l'exploit en finissant deuxième derrière mon grand rival du moment, John Whitaker, en selle sur Clonee Temple, et en devançant Thomas Frühmann sur Bandit – seuls rescapés de ce Grand Prix qui, à l'époque, se déroulait en deux tours suivis d'un barrage ! Une performance.

Malgré le secret entourant la venue de Joe Fargis, la vente éventuelle de mon cheval commence à s'ébruiter. Le célèbre présentateur du 13 heures de TF1, Yves Mourousi, toujours en quête d'un scoop, aimerait que je me rende sur son plateau avec Jappeloup. D'abord réticent, je finis par accepter. Débarqué le mardi 11 décembre dans les studios de la rue Cognacq-Jay à Paris – épisode particulièrement rocambolesque –, Jappeloup passe à l'antenne dès l'ouverture de ce journal que regardent des millions de téléspectateurs. À la question du journaliste concernant sa vente, je réponds : « Dans une histoire d'amour, on ne se sépare pas pour une question d'argent. » C'est encore sur la tête de Jappeloup que s'attardent les caméras à la fin de l'édition. En quelques minutes, il est passé à la postérité.

Deux mois plus tard, c'est au tour de Conrad Homfeld, vice-champion olympique à Los Angeles, de venir essayer Jappeloup. Il est accompagné du fils de ce magnat américain qui convoite ma monture ; l'essai se passe bien, alors que je rêve de voir Jappeloup envoyer cet enfant gâté mordre la poussière.

Je me trouve maintenant embarqué dans un processus de vente qui m'échappe, et je consens à un examen vétérinaire. Celui-ci est bientôt pratiqué par un professionnel d'outre-Atlantique qui débarque en Concorde, accompagné d'un avocat. Pendant qu'il procède à un examen particulièrement méticuleux, les termes de la vente sont évoqués avec l'homme de loi. Le contrat sera soumis à des conditions suspensives, dont celle d'un test sanguin négatif à la piroplasmose. Mais l'analyse pratiquée aux États-Unis sur des échantillons de sang et de plasma révèle bientôt une positivité à cette affection parasitaire transmise par les tiques. L'échec de la vente sera consommé après un premier traitement, particulièrement éprouvant, auquel j'ai consenti pour blanchir Jappeloup de sa séropositivité. Comme beaucoup de chevaux au sud de la Loire, il est porteur sain. Et je n'accepterai pas de renouveler ce traitement à risque alors que se profile la finale mondiale de Berlin.

Une main céleste est venue éloigner la menace de notre séparation.

Le circuit de qualification pour la coupe du monde indoor passe par Anvers où Jappeloup renoue avec ses mauvaises habitudes. Lors de la facile épreuve d'ouverture du concours belge, il refuse dans un double anodin. Cette fois, aucune explication ne peut légitimer un tel comportement. Je ne suis pas du genre à me chercher de fausses excuses ou à tout mettre sur le dos de mon cheval – ce dont beaucoup de cavaliers sont coutumiers –, toujours est-il que je ne me sens nullement fautif. Persuadé que Jappeloup se moque de moi, je décide d'avoir avec lui une sérieuse explication après avoir quitté la piste. Arrivé au paddock, je le corrige vigoureusement à l'éperon, usant même de la cravache devant des cavaliers et leurs grooms ébahis. Jappeloup se défend avec la dernière énergie. Il n'est pas dans mes habitudes de sanctionner ainsi mes montures depuis que les grosses colères auxquelles j'ai été sujet durant ma jeunesse se sont heureusement estompées. Mais cette provocation de Jappeloup rouvre ma cicatrice olympique. À tort ou à raison, ce 27 février 1985, je passe mes nerfs sur lui. À dater de ce jour, jamais – je dis bien « jamais » – Jappeloup ne refusera un obstacle.

C'est à Milan, toujours dans le cadre de ce circuit, que j'obtiens in extremis, fin mars, ma qualification pour cette finale. Je mesure l'impact du travail que j'ai accompli sur moi-même depuis mon retour de Los Angeles. Au plan technique, c'est également un révélateur, car une compétition en salle est beaucoup plus exigeante qu'en plein air compte tenu de l'exiguïté de la piste, de la fréquence des enchaînements, et des parcours rendus plus compliqués par des virages fermés. Il faut parvenir à un parfait contrôle du cheval que seul un dressage méthodique permet d'obtenir. Le mot d'ordre est d'être très précis et réactif. Ce type de rendez-vous, en présence des meilleurs mondiaux, ne permet pas seulement de faire ses preuves techniquement, il donne aussi l'occasion de progresser tactiquement et psychologiquement. Le circuit hivernal s'impose comme étant un *must* pour de nombreux professionnels ; sa dotation financière a en outre pour effet de servir d'aiguillon aux ambitions. À chaque Grand Prix qualificatif, le vainqueur repart avec un break Volvo offert par la marque suédoise, principal sponsor du circuit. À cette époque, ce n'est pas rien. Durant ma carrière, j'aurai ainsi, à cinq reprises, le plaisir de clore une compétition par un tour d'honneur à bord de l'un de ces véhicules réputés pour leur solidité. L'administration fiscale, particulièrement tatillonne dans l'Hexagone, considérera d'ailleurs un temps que je devrais adopter le statut de marchand de voitures après les avoir vendues les unes après les autres.

Tous les participants des JO de Los Angeles sont au rendez-vous de Berlin ; parmi eux, en embuscade, les inséparables Joe Fargis et la gracile Touch of Class, ainsi que Conrad Homfeld sur Abdullah ; parmi les Français, je devrai me méfier de Frédéric Cottier, indissociable de Flambeau C, et aussi de Philippe Rozier, associé à Jiva. Les parcours, excessivement techniques, sont dessinés par l'Allemand

Olaf Petersen – architecte de la plupart des grandes compétitions équestres jusqu'aux JO d'Athènes, en 2004. Ce qu'il a imaginé pour ce rendez-vous berlinois va marquer un tournant en matière de complexité. Je me hisse néanmoins sur la troisième place du podium, derrière Conrad Homfeld et Nick Skelton. Pas mal pour une première coupe du monde ! Jappeloup s'est comporté en virtuose confronté aux difficultés issues de la nouvelle veine d'inspiration de Petersen. Huit mois après ma chute à Los Angeles – huit mois de doutes, d'hésitations et de silences –, après avoir même envisagé de renoncer, je touche les dividendes de ma remise en cause et de mon travail. Il a été appliqué et minutieux. J'ai donc fait le bon choix en échafaudant un plan de reconquête dans le silence de la carrière de Saint-Seurin-sur-l'Isle, me fixant pour objectif la récolte de trophées ciblés, des plus modestes aux plus prestigieux. Grâce à cette stratégie, je renais enfin à la compétition après avoir été proche de l'anéantissement. Je peux croire à nouveau en mon futur olympique.

– 13 –

Le clash

Me voilà en position de leader de l'équipe de France, ce statut particulier qui se gagne certes sur le terrain, mais aussi en dehors, par l'influence que vous exercez sur les autres. À Los Angeles, où ce rôle m'avait prématurément été attribué, je n'avais pas la taille patron. Aujourd'hui, mon capital confiance est renforcé au terme du programme de réhabilitation que je me suis imposé ; je crois à nouveau en moi, et je suis sûr de la fiabilité de Jappeloup – en tout cas, autant qu'il est possible de l'être. Les performances s'accumulent en individuel – j'ai obtenu une deuxième place dans le très convoité Grand Prix d'Allemagne, à Aix-la-Chapelle – et l'embellie se prolonge dans les épreuves par équipe, avec le soutien de Frédéric Cottier sur Flambeau C, plus régulier que jamais. Perdure cependant un malaise, souvent évoqué lors de nos conversations avec mes partenaires tricolores. Il est lié au management de Marcel Rozier…

Le constat est flagrant : quand je me prépare seul, quand je gère mes entraînements et mon programme de compétitions – quand je suis maître de ma situation sportive – tout est possible. En revanche, quand je sens que l'on doute de moi, je perds confiance et les résultats ne sont pas au rendez-vous. Le regard et la méthode de Marcel Rozier me dérangent et me nuisent. Le reste de l'équipe le ressent comme moi. Tôt ou tard, même évoquée en filigrane, se posera la question de son départ. En attendant, la proximité des championnats d'Europe, appelés à se dérouler en France, impose une trêve. Nous tenons à y faire bonne figure ; ensuite, nous sommes bien décidés à engager un processus qui nous permettra de poursuivre notre chemin dans le plaisir et non dans la défiance.

Le sport est à mes yeux une quête de sensations fortes et un temps de partage, dans un esprit qui est – et doit rester – celui du jeu. Un divertissement, en somme, duquel le sérieux n'est pas exclu. Avec une telle approche de la compétition, je supporte de moins en moins l'ambiance délétère dans laquelle nous évoluons. Mais voilà, Rozier est un monstre sacré… Il a été un excellent cavalier, cadre de l'équipe de France pendant une quinzaine d'années, et a vu sa carrière consacrée par un titre olympique en équipe à Montréal, en 1976. Personne ne conteste son talent ni son palmarès. Dans son comportement et son relationnel, c'est un charmeur, un beau parleur, capable de flatter autrui. Avec beaucoup de culot, il a su s'attribuer le mérite du succès collectif remporté au Canada. Désireux d'incarner la victoire à lui seul, il n'a pas hésité à reléguer Hubert Parot, son beau-frère, au rang de figurant.

Quant aux deux autres mousquetaires, Michel Roche et Marc Roguet, ils sont apparus, au mieux, comme des faire-valoir. Même le très théâtral entraîneur Jean d'Orgeix était coupé dans ses effets lorsqu'il apparaissait à ses côtés. Rozier, bien qu'encore cavalier en activité, le remplacera dans la fonction d'entraîneur peu de temps après, et se sélectionnera pour les championnats du monde suivants. Cet homme est un intouchable…

À peine élu président de la fédération au printemps 1985, Jean-François Chary le conforte dans son poste d'entraîneur national. Tout le monde sait alors que Rozier fait commerce de chevaux et organise des concours chez lui. Les meilleurs produits achetés par la fédération, il les attribue aux cavaliers qui trouvent grâce à ses yeux. En sa qualité d'unique sélectionneur, il se sait incontournable. Comment l'affronter ? Personne, du côté des cavaliers, n'ose se dresser contre lui, la situation de dépendance est trop grande – et il serait cruel de pousser Philippe Rozier à défier son père. Je suis sans doute le seul à disposer d'une très faible marge de manœuvre dans la mesure où je suis propriétaire de Jappeloup.

Au sein de l'équipe, le mécontentement est général. Pour rééquilibrer un groupe qui lui échappe, il intègre alors, pour les championnats d'Europe à Dinard, Michel Robert, plus compatible, et Gilles de Balanda, son vieux complice, remplaçant à Montréal. Sont de ce fait écartés son fils, dont le cheval est en méforme, et Hubert Bourdy. C'est alors que va se produire à Dinard, avant l'épreuve de vitesse, un événement aggravant et rédhibitoire à mes yeux…

À l'échauffement, je demande à Marcel Rozier d'installer un dispositif d'obstacles que j'ai l'habitude de proposer à Jappeloup afin de canaliser ses trajectoires, le mettre dans ses marques et l'installer dans ses automatismes – il s'agit d'un double à deux foulées, autorisé à l'époque. Un enchaînement familier, donc, d'une hauteur pouvant paraître ridicule compte tenu des capacités de ce cheval. Après avoir franchi le premier obstacle, il ne fait qu'une foulée et, malgré une réaction désespérée, retombe au beau milieu de l'oxer de sortie de combinaison. Empêtré dans les barres, le panache devient inévitable et nous chutons lourdement lui et moi. En se relevant, Jappeloup boite bas d'un antérieur… et il est complètement sonné, à dix minutes d'entrer en piste. Moi, je m'en sors avec une belle frayeur. Vent de panique au paddock. Sylvie Guigan, la jeune et nouvelle vétérinaire de l'équipe, ausculte immédiatement Jappeloup. Miraculeusement, rien de grave n'est diagnostiqué – mais le cheval est toujours groggy. Il serait judicieux de déclarer forfait. Mais voilà, ce sont les championnats d'Europe, nous sommes en France, devant notre public, et je suis l'un des deux piliers de l'équipe…

Sylvie Guigan conseille de faire marcher Jappeloup afin de réchauffer sa musculature. Une fois remis en mouvement, la boiterie disparaît peu à peu et il retrouve une locomotion d'apparence normale. Nous sommes tous interloqués tant ce cheval est dur au mal. Petit mais costaud le Jappeloup ! Maintenant, on est dans l'urgence et se pose toujours cette question : y va-t-on ou pas ? Nous savons que, quelle que soit l'option choisie, l'accident va avoir une incidence sur la performance de l'équipe. Je décide néanmoins de me remettre en selle et de faire abstraction de ce qui vient de se passer – je n'ai pas le choix, si j'entre en piste, il me faut le mener en nous donnant toutes les chances de réussir, pas pour faire de la figuration. Je le teste donc au paddock sur deux obstacles anodins. Au moment de prendre le départ, tout paraît oublié. Le public ignorant l'épisode survenu lors de l'échauffement, nous ne sommes que très peu à mesurer l'ampleur de la tâche à laquelle ma monture va se trouver confrontée…

Arrivé au milieu du terrain, Jappeloup toise les obstacles puis fixe crânement les tribunes tel un gladiateur – une habitude chez lui. Il semble avoir recouvré toutes ses facultés. Je m'engage donc sans réserve dans ce parcours de vitesse avec la volonté de suivre la tactique prévue. Mais après le franchissement des deux premiers obstacles, je sens immédiatement que le cheval n'est pas à son niveau…

Sur le premier, Jappeloup a touché une barre sans la faire tomber. Sur le deuxième, un oxer, il a pédalé de façon inquiétante, en agitant ses antérieurs pour allonger sa trajectoire. Ce n'est pas tout, Jappeloup tangue dans son galop, ce qui n'est pas sans m'inquiéter. Cependant, avec beaucoup de courage, il ne rechigne pas face aux obstacles qui se succèdent devant lui. Pensant l'aider, j'agis plus vigoureusement que d'habitude avec les jambes et mes mains le conduisent fermement. Au fil des sauts, je le sens actionner le turbo. Le relançant après chaque obstacle, puis coupant court, nous terminons le parcours sur un sans-faute. En regardant la pendule, je comprends que nous venons de réaliser le meilleur temps. Nous voilà en tête du classement provisoire. Las ! Nous serons bientôt relégués à la troisième marche du podium. L'exploit de Jappeloup est au demeurant incroyable. Ce cheval force mon admiration par sa bravoure, sa capacité à dépasser sa souffrance. À compter de ce jour, je lui pardonnerai tout, sachant que son cœur est énorme.

Ma joie est de courte durée car, une demi-heure après l'effort, une fois refroidi, Jappeloup est à peine en mesure de mettre un pied devant l'autre. Il va passer la fin de la journée et une grande partie de la nuit à marcher aux côtés de sa *groom*, Bernadette Robin, qui vient de nous rejoindre. Jappeloup présente des œdèmes multiples. Certes, il n'a rien de cassé, ce qui relève du miracle, mais la flamme de ce feu follet est vacillante. Le voir ainsi amoindri, courbatu, mal en point, me bouleverse. Il faut se rendre à l'évidence, Jappeloup est inapte à la compétition. Le lendemain, avant les deux manches de l'épreuve par équipe, je fais néanmoins appel à un célèbre vétérinaire allemand qui lui redonne du punch grâce à un produit que je soupçonne aux frontières de la légalité. Jappeloup prend donc un peu plus tard le départ de la première manche de l'épreuve par équipe, et ne commet qu'une seule faute alors qu'il est loin d'avoir récupéré. Puis, dans la seconde manche, il renverse trois barres. L'équipe que nous rêvions championne d'Europe se trouve reléguée en cinquième position. Tout à notre déception, les commentaires de Marcel Rozier finissent de nous assommer. Il n'a pas même daigné prendre en compte la chute de Jappeloup dont il a pourtant été témoin peu avant le départ de l'épreuve. Ses copains, et notamment Gilles de Balanda, commencent à porter un regard différent sur l'entraîneur national.

Après une journée de repos, Jappeloup parvient avec beaucoup de cran à un résultat correct en finale individuelle. Nous terminons à la neuvième place, deuxièmes des Français engagés, derrière Cottier sur Flambeau C. Quel gâchis ! Le lendemain, du Touquet où je suis installé comme chaque été avec mes chevaux, je reste médusé en lisant dans plusieurs quotidiens les propos de Rozier qui n'épargnent rien ni personne. Selon lui, nous ne sommes pas « des types sérieux ». Nous passons en outre « plus de temps sous la tente des sponsors qu'à nous concentrer sur la compétition ». Bien évidemment, pas le moindre mot pour évoquer l'accident de Jappeloup, lequel explique pourtant son absence du podium. Le journaliste du *Figaro* va jusqu'à écrire que Cottier et moi sommes « de petits bourgeois contestataires qui lisent *Libé* parce que ça fait bien », et qu'après « le raté de Los Angeles, ce nouvel échec est bien la preuve que nous ne sommes pas au niveau ». Je fulmine. Je ronge mon frein…

N'y tenant plus, j'appelle les autres cavaliers – à commencer par Éric Navet qui, s'il n'a pas pris le départ à Dinard, se trouvait à mes côtés durant le championnat. Ceci à mon invite, afin que nous puissions échanger sur le caractère technique des parcours, et pour m'assurer de sa présence lors des échauffements – depuis Los Angeles, je n'ai plus confiance en Rozier. Au cours de notre conversation téléphonique, il me demande : « Tu sais ce qui s'est vraiment passé pour votre chute ? » Je réponds par la négative. L'explication que me donne alors Éric me laisse à la fois pantois et furieux... Alors que nous étions en train de secourir Jappeloup, Éric, étonné qu'un cheval de sa classe ait pu être piégé par un double aussi anodin, est allé mesurer l'écart entre les deux obstacles. Et il m'affirme, sûr de lui : « Il manquait au moins un mètre vingt... » Subitement, cela devient une évidence. Pareille faute professionnelle est inimaginable. Pas intentionnelle, certes, en tout cas, elle est impardonnable à mes yeux.

Je décide également de convoquer la presse et de vider mon sac devant elle dès le mercredi suivant, le 7 août, dans un hôtel de la rue d'Astorg, dans le 8e arrondissement de Paris. Je prends le soin de prévenir mes partenaires de l'équipe de France ; certes, tout le monde adhère, tout le monde m'encourage... Mais je perçois de la gêne, voire une certaine réticence. Par correction, j'avise le président de la fédération et Marcel Rozier en personne de la démarche que j'ai entreprise.

Le jour dit, je me retrouve face à une quinzaine de journalistes et quelques émissaires fédéraux à l'hôtel L'Horset. Mes coéquipiers ? Ils se sont défilés. Je suis seul ! Concernant Frédéric Cottier, je peux l'entendre, il est dans un statut de cavalier quasi fédéral. Les choses deviennent moins compréhensibles lorsqu'il s'agit de Michel Robert, même si sa personnalité complexe le met rarement aux avant-postes. Gilles de Balanda, quant à lui, me téléphone alors que je viens d'entrer dans la salle pour m'expliquer qu'il est « de tout cœur avec moi mais dans l'impossibilité de venir du fait d'un contretemps ».

Qu'importe, je suis lancé. Et convaincu que je ne pourrai poursuivre ma carrière avec Jappeloup que si Rozier vient à prendre le large. C'est simple, ce sera lui ou moi. Je me livre donc à un réquisitoire en bonne et due forme, débitant un texte d'une dizaine de pages – donc trop long – minutieusement élaboré aux fins d'exprimer un malaise collectif. Puis je cède la parole à ceux qui, interloqués, m'ont écouté en silence. Sous le feu des questions insidieuses d'un journaliste, je finis par dire ce que je m'étais bien gardé de formuler par écrit : « Oui, je demande le départ de Marcel Rozier… » J'en conviens, c'est une erreur. Mais il est trop tard, j'ai lâché le morceau.

Le lendemain, je me précipite sur les journaux ; les commentaires que je peux y lire m'affligent au plus haut point. Tout le monde s'offusque des propos tenus, à l'exception du président de la fédération qui, vu l'ampleur que les événements ont pris, se garde bien d'intervenir. Les cavaliers que j'appelle ne me répondent plus. Le constat est édifiant. Il est cruel aussi : je suis isolé. Même si me parviennent encore quelques rares manifestations, ici et là, d'un soutien que je qualifierai de timide. Ne serait-il pas temps de songer, cette fois-ci, à tourner définitivement la page ?

Séances de travail réduites au minimum, verts pâturages, soins attentifs sont le quotidien de Jappeloup depuis son retour de Dinard. Et il en sera ainsi durant les dix semaines qui suivent le pavé lancé dans la mare lors de la conférence de presse. Cependant, quelques-uns parmi mes arguments ont dû être pris en considération puisque le départ de l'entraîneur national est maintenant évoqué en coulisses. Inutile, donc, de vouloir hâter les choses. D'autant que Marcel Rozier va se porter lui-même le coup de grâce… Très précisément le jour où il doit s'expliquer sur la vente de Junipérus, un cheval mis à la disposition de l'équipe de France par un petit club de Forbach. Les arguments lui manquent. Le voilà suspecté d'avoir favorisé la négociation alors que sa fonction fédérale aurait dû le pousser à tout faire pour que ce cheval reste pensionnaire du Centre national de Fontainebleau. Sous la pression grandissante du journal *Libération* et de l'opinion publique, il donne sa démission au moment du concours de Strasbourg, du 25 au 27 octobre 1985.

Subitement, je redeviens fréquentable après une mise au ban d'environ deux mois et demi. Une consultation des membres de l'équipe de France est menée par le vice-président de la fédération, Raymond Brousse, afin que les cavaliers soient une force de proposition dans le choix du successeur de Marcel Rozier. Quelques noms circulent, mais très vite celui de Patrick Caron fait l'unanimité – il a été un coéquipier modèle de l'équipe de France avant de prendre sa retraite, il y a peu. À la suite de sa nomination officielle, il m'incombe une lourde responsabilité : je dois prouver que j'ai eu raison de provoquer cette crise. Et, surtout, démontrer que mon duo avec Jappeloup est capable de prendre son envol…

– III –

Tout pour la victoire

– 14 –

EMBELLIE

L'année s'achève sur un cortège de satisfactions alors que quelques mois plus tôt j'étais totalement désemparé et au bord du renoncement. Mes résultats sont à la hauteur d'une ambition retrouvée, consolidée par un environnement de plus en plus apaisé : depuis le 1er novembre 1985, l'équipe de France a, en la personne de Patrick Caron, un entraîneur plébiscité par tous. Il n'y a plus pour moi la nécessité de prouver à tout instant que je suis digne de confiance. Tout entraîneur tient un rôle clé dans la réussite ou l'échec d'un sportif. Patrick Caron est un homme honnête, crédible, à l'écoute, méthodique, attentif au moindre paramètre de la performance. Il favorise le dialogue et accompagne plus qu'il n'impose. Il reste, à mes yeux, le plus grand entraîneur sélectionneur français.

Troisièmes à Strasbourg, septièmes à Amsterdam puis quatrièmes à Bruxelles en Grand Prix coupe du monde : plus rien ne nous arrête ni ne nous inquiète. Jappeloup et moi, c'est la chevauchée fantastique. Le départ de Marcel Rozier m'a totalement libéré et la seule chose qui compte désormais, c'est de poursuivre la compétition et de me projeter dans une nouvelle voie olympique. Quand arrive le Grand Prix World Cup de Bordeaux, en décembre 1985, je m'imagine de nouveau un destin de champion. Le programme sportif que je me propose de suivre ne devra pas cependant s'exercer au détriment de ma vie sociale ou familiale. D'autant que le 30 juin de cette année charnière, jour de ma victoire dans le derby du Barp sur Lyssa, mon épouse m'a donné une adorable petite fille, Lisa. Je veux être appliqué, méthodique et rivaliser avec l'élite des cavaliers professionnels tout en consacrant moins de temps à l'entraînement et à la compétition – pour y parvenir, il me suffira d'être meilleur. Et puis, quels que soient les autres chevaux de mon écurie, je privilégierai mon entente avec Jappeloup en m'adaptant toujours plus à lui…

L'an dernier, j'ai terminé deuxième dans cette même enceinte, à Bordeaux, et je nous sais attendus, Jappeloup et moi, par un public nombreux – figurent parmi celui-ci des membres de ma famille. La réputation de ce coquin de Jappeloup, assagi mais toujours aussi fantasque, le précède et suscite la curiosité. Avec nous, il se passe toujours quelque chose. Impatient, les spectateurs frappent bruyamment des pieds dans les tribunes avant notre entrée en piste. Jappeloup, un moment paniqué, commence par refuser de s'engager dans le couloir qui conduit jusqu'au parcours. Je parviens à canaliser sa peur et, au son de la cloche, c'est le silence absolu dans ce hall, bas de plafond, qui s'étire en longueur. Jappeloup s'élance…

Cette compétition m'a toujours réussi et elle m'a ouvert les portes du circuit en m'invitant dès 1979, alors que je n'étais qu'un espoir local. Grâce à Émeric Coupérie, créateur de ce concours prestigieux, ce fut pour moi un plaisir et un honneur. Montant avec sa fille Laurie, grande et belle cavalière, il m'observait depuis mes débuts puisque nous disputions les mêmes épreuves. Spontanément, cet homme élégant et communicatif me prodiguait ses conseils, n'hésitant pas à me faire la morale si mon comportement emporté venait à nuire à mon cheval. Il prônait une équitation naturelle, et je le surnommais le « Jean-Jacques Rousseau de l'équitation ». À chaque fois qu'il a été en mesure de le faire, il m'a aidé dans ma progression. Sans doute était-il touché par ma détermination et mon application. Mes performances de l'époque n'imposaient en rien ma présence dans un jumping de cette envergure, et je ne faisais pas partie de la *short list* de la fédération – j'étais sélectionné en qualité de régional de l'étape, et je faisais plutôt bien le job. C'est ce qui m'a valu une invitation permanente ; même si ma crainte était chaque année de ne pas me trouver au départ, les choses finissaient toujours par s'arranger. Plus tard, lorsque je serai président de la Fédération française d'équitation (FFE), je m'évertuerai à sauver le jumping de Bordeaux mis en péril par un gros déficit financier.

En 1985, je veux gagner le Grand Prix. C'est quasiment un devoir. Mais lors de ce concours se révèle un autre cheval charismatique, parfait contraire de Jappeloup, qui va alimenter la chronique pendant de longues années. C'est un grand hongre blanc né en avril 1977 ; sa propriétaire l'a acheté mille livres et, à sa mort, en 1999, il aura rapporté un million de livres de gains. Ce crack que nous allons devoir affronter à Bordeaux a pour nom Milton. J'ai démarré la compétition en même temps que son cavalier, John Whitaker, parfaite incarnation du flegme anglais ; c'était à Olsztyn, en Pologne, dans le cadre de notre première sélection en équipe nationale pour l'un et pour l'autre, lui sur Ryan's Son et moi sur Laudanum. Avec l'arrivée de Milton dans le circuit, nous allons nous livrer des combats homériques et, lorsqu'on demandera lors d'une conférence de presse à John Whitaker, des années plus tard, ce qui différencie son cheval de Jappeloup, il répondra : *« Just the colour ! »*

À Bordeaux, sur mes terres, devant les miens, nous allons essuyer une défaite. Ce jour-là, Milton est imbattable. Je vis mal notre honorable troisième place – c'est un affront. La guerre de Cent Ans n'est jamais très loin dans l'esprit des Aquitains, voilà nos rivaux désignés ! Je comprends que c'est contre eux qu'il va falloir dorénavant guerroyer sur tous les terrains du monde. Pourtant, ce cheval de grande classe est assez indolent sur l'obstacle et son style peu académique. Il est loin d'être un sauteur parfait avec son geste d'antérieurs repliés vers l'avant. Mais il est léger, aérien, et décolle avec aisance.

Docile, il ne manifeste aucune réaction hostile et se montre rarement en opposition avec son cavalier. Ah ! son cavalier… Un personnage et un talent immenses. John Whitaker est un agréable compagnon de concours. D'apparence très calme, voire impassible, peu loquace, il se promène, nonchalant, un léger sourire en coin. Une sorte de clown triste. Notre défaite bordelaise face à ce couple *so british* me chiffonne. Rendez-vous est pris pour la semaine suivante à Londres…

En vue de préparer cet affrontement aux allures de revanche, j'ai pris le soin de rapatrier Jappeloup deux jours à Saint-Seurin afin qu'il puisse se ressourcer ne serait-ce que quelques heures dans le confort de son écurie. Il est d'un tempérament inquiet et brûle beaucoup d'énergie en compétition – sa bonne récupération sera un souci permanent tout au long de sa carrière.

À Londres, les désagréments s'enchaînent. Il n'y a pas de parking pour les camions à proximité de l'Olympia, cet ancien hall de gare victorien transformé en enceinte de compétition où l'on va rester enfermés pendant quatre jours. Il faut donc descendre en vitesse les chevaux dans une petite rue adjacente, et aller stationner le véhicule à deux kilomètres de là. Lorsque Pierrot, mon groom qui ne parle pas un mot d'anglais, arrive à destination, les écuries temporaires ne sont pas encore prêtes et il refuse donc de débarquer sa précieuse cargaison. Occupé quelque temps à suivre l'évolution du montage des box, il a la très mauvaise surprise, en revenant au camion, de constater que celui-ci est immobilisé par la police. Pierrot est autorisé à débarquer les chevaux ; en revanche, il ne peut s'opposer à la mise en fourrière du véhicule. Les tractations visant à le récupérer s'éternisent et il ne m'en faut guère plus pour me sentir agacé. J'évoque ma situation en présence de journalistes et leur affirme que je ne prendrai pas le départ de l'épreuve si mon camion ne m'est pas restitué. L'organisateur ayant compris le bénéfice qu'il y a à tirer de l'émergence de compétiteurs tels que Milton et Jappeloup, intercède en ma faveur auprès des autorités – sans le moindre succès. À la fois contrarié par cet incident que j'interprète comme une provocation de nos hôtes, et stimulé par ce désir revanchard qui m'aiguillonne depuis Bordeaux, je suis survolté au départ de ce Grand Prix coupe du monde, le samedi soir…

Le barrage est incroyablement relevé et je lâche les gaz. Cette victoire, je la veux – et je l'obtiens. Whitaker et Milton finissent septièmes ; voilà lavé mon honneur après le camouflet infligé par la perfide Albion et, par la même occasion, vengée l'occupation subie pendant un siècle par les Aquitains, avant que Charles VII les libère au terme de la fameuse bataille de Castillon. Nos comptes ne sont pas encore tout à fait soldés cependant : je maudis ces personnalités en smoking qui, tout en haut des gradins, dans leur tribune VIP, sont restées assises pendant *La Marseillaise*. Ce soir-là, je suis plus heureux d'avoir gagné mon premier Grand Prix coupe du monde que d'avoir battu Whitaker sur Milton. Maintenant, j'aimerais récupérer mon camion…

Avec la tranquillité d'esprit retrouvée s'imposent bientôt quelques projets d'entraînement, vaguement ébauchés ces dernières années mais jamais explorés comme ils auraient dû l'être. Puisque nous disposons de trois mois de trêve hivernale, période de repos salutaire pour les chevaux, je vais élaborer pour Jappeloup un plan de remise en forme inédit, comparable à celui auquel un sportif pourrait se soumettre. J'ai eu l'occasion de l'évoquer à plusieurs reprises avec un cousin qui évolue dans les milieux de la médecine sportive, et notamment auprès des Girondins de Bordeaux. Comment gérer une période de repos relativement courte entre deux saisons de haute compétition quand il faut à la fois récupérer et se préparer ? Comment effacer les fatigues et se remettre dans le rythme en étant compétitif au plus vite ? Je m'emploie donc à concevoir un plan précis et rationnel, là où tout n'était qu'empirisme. Les Anglais, par exemple, avaient l'habitude de laisser leurs chevaux au pré toute la journée en hiver, avec une couverture sur le dos et un blister[1]. Quelques chasses à courre constituaient à leurs yeux un exercice suffisant. Nelson Pessoa, l'immense cavalier brésilien, les imitait, persuadé qu'en parfaits connaisseurs de la chose équine, les

1. Médicament utilisé en application externe sur les jambes des chevaux pour soigner une tendinite ou resserrer les tissus.

sujets de Sa Gracieuse Majesté savaient ce qu'ils faisaient.

Sans renier cette perception intuitive, j'ai pris le parti d'être plus méthodique en soumettant mes chevaux à une solide préparation hivernale qui privilégiera l'endurance à l'effort. Je leur impose donc de longues sorties aux trois allures – pas, trot, galop des heures durant dans la campagne. Puis au fur et à mesure qu'approche le retour à la compétition, je pousse Jappeloup sur des exercices de fractionnés pour accroître sa résistance et sa tonicité. Je vais bientôt pouvoir mesurer les bienfaits de ma méthode. En dix ans de haute compétition, je n'ai jamais eu à déclarer forfait et Jappeloup n'a jamais connu de sérieux problèmes de santé. Considéré et entraîné comme un véritable athlète, il est devenu un roc. L'autre mérite de cette préparation axée sur la construction d'une condition physique irréprochable est de libérer mon cheval des exercices répétitifs en manège ou en carrière, toujours fastidieux. Son moral n'en est donc que meilleur. Deux fois par semaine est programmé un travail de musculation à la longe avec un enrênement approprié. Il lui permettra de gagner en puissance et se révélera utile lorsqu'il devra affronter des obstacles qui le dépassent par la taille. Lampes à infrarouge, pédiluve, appareils de massage, couverture chauffante, laser, tout un matériel de pointe vient renforcer les effets du travail entrepris. Si mon approche est maintenant scientifique pour sortir de l'à-peu-près du moment, je ne tourne pas totalement le dos aux vieilles recettes. Jappeloup se retrouve au pré chaque jour, durant un laps de temps minimum de deux heures, qu'il pleuve ou qu'il vente. Il nous arrive aussi parfois de prendre part à une chasse à courre dans les Landes voisines, sans pour autant être au cul des chiens, ce qui me vaudra d'être traité de « fou irresponsable ».

À contre-courant, j'ai fait de la récupération et de la préparation physique des priorités. Une initiative qui me permettra, durant un certain temps, d'avoir une longueur d'avance sur mes adversaires. Un soin particulier porté à la nutrition, adaptée et appétissante, complétera ce programme. J'expérimente de nouveaux aliments plus riches et plus équilibrés, en appoint d'une nourriture traditionnelle à base d'avoine et d'orge. Les repas sont allégés mais plus nombreux pour éviter les problèmes de digestion fréquents chez un cheval. Avec Serge Lenormand, vétérinaire équin au diagnostic infaillible, nous décidons d'agir à titre préventif et non plus curatif avec Jappeloup. Des analyses de sang mensuelles vont permettre un suivi biologique adapté à ses besoins et à d'éventuelles carences. Si je suis parmi les premiers à mettre au point pareils protocoles en privilégiant l'approche du « cheval athlète », je ne me détourne pas pour autant du dressage et d'un travail particulièrement technique à l'obstacle. Là encore, je cherche à innover en prenant modèle sur d'autres sports. Je m'inspire aussi de l'expérience d'autrui glanée lors de mes échanges avec le milieu. C'est ainsi que, sur les conseils prodigués par Luís Álvarez Cervera, concurrent espagnol du circuit au physique d'acteur de cinéma, je vais monter

Jappeloup en bride. Normalement, c'est l'embouchure utilisée pour le dressage classique, mais peu de cavaliers y ont recours en compétition de saut d'obstacles. Deux mors dans la bouche du cheval, l'un brisé et l'autre droit, auxquels vient s'adjoindre une gourmette à anneaux, peuvent paraître sévères – mais ils imposent le respect de la main du cavalier. Je franchis un palier décisif avec cette embouchure qui convient très bien à Jappeloup, parvenant enfin à faire disparaître sa tendance à s'encapuchonner et à le rendre plus léger de l'avant-main. J'obtiens le contrôle dans la légèreté, but ultime d'un bon dressage. Son galop devient plus aérien et régulier. Son attitude à l'abord de l'obstacle, au moment de la prise d'appel, améliore son cabré et l'efficacité de sa propulsion par un bon ancrage au sol. Je n'abandonnerai la bride qu'en 1986, après les championnats du monde d'Aix-la-Chapelle, pour un pelham droit, avec une gourmette en cuir. Ces indispensables ajustements pour améliorer la performance n'excluent pas l'effort sans cesse renouvelé sur les fondamentaux.

En constatant la discipline de mise chez les Allemands, je comprends qu'il faut avoir un cheval réceptif aux ordres du cavalier en toutes circonstances. Cela repose sur un dressage parfait. Attentif à la façon dont procèdent les rejoneadors[1], j'assouplis Jappeloup, au physique comme au mental, par toute la gamme des exercices de pas de côté, de pirouettes, de transitions d'allure, et de travail

1. Toreros à cheval.

sur le cercle. Il fonctionnera bientôt telle une horloge suisse, et les cavaliers qui auront l'honneur de le monter lors de tournantes apprécieront cette qualité, souvent à mon détriment.

Méthodique, je ne laisse rien au hasard et m'applique à donner à Jappeloup les automatismes qui vont lui permettre d'améliorer ses trajectoires. J'accentue sa réactivité et sa rapidité réflexe des antérieurs. Jusqu'à la fin de sa carrière, des séances d'entraînement toujours différentes privilégieront les enchaînements courts sur des combinaisons sans cesse plus inventives. D'autres exercices appropriés, visant à améliorer son comportement dans les virages serrés et à la réception des obstacles, constitueront également son quotidien. Les hauteurs et les largeurs des obstacles resteront sages pour ne pas l'éprouver et rallonger son temps de travail.

Toutes les possibilités de progrès de Jappeloup ayant été passées en revue puis exploitées, je me devais de m'astreindre à la même rigueur. Je vais devenir très vigilant sur mon hygiène de vie – nutrition, repos, condition physique. Je me cale littéralement sur son programme avec deux longs footings par semaine, effectue des exercices de musculation spécifiques, et m'offre des séances récréatives utiles en jouant au tennis. En selle, je m'imposerai des heures de travail durant lesquelles je vais améliorer ma précision, l'usage de mes aides, et corriger la position du haut de mon corps. Tout un travail en contrôle pour me fondre en Jappeloup, ne faire plus qu'un avec lui. J'y perdrai en spontanéité, mais le choix de faire l'effort d'aller vers lui est payant. Je pose mon équitation et adopte un style qui nous caractérisera.

Je veux faire de Jappeloup un vrai partenaire. Il doit sentir que je le ménage, que je lui accorde du bien-être, et que je ne suis pas seulement celui qui le pousse à ses limites en compétition. J'essaie d'appréhender sa psychologie en étant avant l'heure un « chuchoteur ». Je veux tout connaître de son fonctionnement, de ses réactions, de ses frayeurs. Entrer dans sa tête. Être son camarade de jeu. Par ce choix, je tourne le dos à ce qui m'a été enseigné jusqu'alors : dominer le cheval par l'autorité, voire la peur. En lieu et place du rapport de forces, je veux susciter son adhésion. Le chemin à parcourir est long, jalonné de concessions. Un cheval ne se livre que s'il est en confiance… L'homme est aussi l'un de ses prédateurs. Cette relation, une fois installée, ne doit jamais être trahie. Alors, votre cheval sera prêt à mourir pour vous.

– 15 –

Jappeloupmania

Le retour aux affaires se fait en 1986 sur le difficile parcours de Dortmund, en Allemagne, où nous décrochons une sixième place dans le Grand Prix ; celle-ci est certes anecdotique, mais j'y vois un signe encourageant. Puis c'est Paris, où nous faisons l'objet d'un accueil auquel je ne m'attendais pas. Je crains toujours que le milieu m'en veuille de ma prise de position contre Marcel Rozier, et je sais que chacun de mes faux pas sera sévèrement commenté. Alors que nous précèdent deux ou trois de nos concurrents sur la piste du palais omnisports de Paris-Bercy, les spectateurs entreprennent de manifester leur impatience en tapant des pieds dans les gradins. Très doucement d'abord. En cadence. Puis de plus en plus fort, jusqu'à notre entrée. Ici, c'est du jamais vu ! Pas encore dans le rythme de la compétition et soucieux de ne pas demander le maximum à Jappeloup si tôt dans la saison, je me vois subitement dans l'obligation de bousculer mes plans… Le public, qui s'est entiché de Jappeloup, veut voir son chouchou triompher. Et nous gagnons, reléguant Milton à la cinquième place. C'est notre première victoire en France dans un Grand Prix coupe du monde. Un doux plaisir que je tente de ne pas trop extérioriser… Mais je jubile, sachant que mes détracteurs m'attendaient embusqués dans les étroits couloirs de Bercy. Nous bouclons une belle série de onze parcours sanctionnés par une seule faute, le public exulte. Jappeloup est bientôt adulé et jamais cet amour ne se démentira.

J'irrite ou je séduis – et dans notre couple, Jappeloup fait consensus là où je suscite la controverse. Il est en fait plus facile de vénérer un cheval privé de la parole que de reconnaître mes mérites, d'aucuns m'estimant par ailleurs « un peu trop bravache » à leur goût. Dans ce milieu, une certaine férocité à l'égard des cavaliers veut que leur participation à la performance soit minimisée au profit du cheval. J'ai été victime de ce dénigrement. Ma consolation aujourd'hui est de constater que même les plus grands peuvent être exposés à des revirements de l'opinion. Autour des terrains, inutile de beaucoup tendre l'oreille pour apprécier le niveau général de médisance, il est élevé. Et puis, nous sommes dans un environnement où, plus qu'ailleurs sans doute, et comme le disait si bien La Bruyère, « les hommes n'aiment point à s'admirer, ils veulent plaire, être goûtés et applaudis ». Même les journalistes contribuent à nourrir cet état d'esprit. Après chaque victoire, on me demande d'évaluer la part de mérite qui me revient et celle qui incombe à

Jappeloup. Comme si dans une relation qui relève davantage de l'alchimie que de l'addition de deux talents, il était possible d'établir un dosage. Maintenant, il faut aussi admettre que pour aller sur la lune, il est préférable d'avoir une fusée. Et pour conquérir les plus beaux titres, il vous faut un partenaire d'exception. Ah ! si les chevaux pouvaient parler... Gageons qu'ils apporteraient un éclairage nouveau à même de résoudre cette énigme. Et tordraient le cou à nombre de médisances.

Une semaine après Bercy, la dernière pièce de l'assemblage structurant mon organisation est mise en place avec la signature d'un contrat me libérant de toute inquiétude matérielle.

La fédération, désireuse de s'assurer la présence de Jappeloup dans ses rangs – et redoutant mes humeurs – me propose, comme pour d'autres chevaux à fort potentiel, un contrat dit de « conservation ». De quoi s'agit-il ? Moyennant une somme d'argent élevée, le propriétaire du cheval pressenti s'engage à ne pas le vendre sur une période couvrant, en général, une échéance olympique. Bien que l'intention et la proposition soient louables, je suis peu enclin à me laisser ligoter par des dirigeants dont je me méfie. Je leur fais comprendre que je ne suis pas intéressé. Affolement général ! Tout est alors mis en œuvre pour me séduire. À l'initiative d'Adeline Bétous-Serrell, organisatrice du concours international de Royan et salariée fédérale, un partenaire va, par mon entremise, venir se joindre à

Écurie France, la structure promotionnelle de la FFE. Bientôt, grâce à Guy Le Bail, secrétaire général du groupe Rémy Martin, avec qui je me suis entretenu lors du concours charentais d'Angeac-Champagne, se présente une occasion de sponsoring. À l'issue d'un dîner dans le célèbre restaurant de Bordeaux La Tupina, au cours duquel je passe un examen digne de Sciences-Po, Mme Dominique Hériard Dubreuil consent à engager l'entreprise familiale qu'elle préside. Parmi les sociétés du groupe, c'est la vieille maison de négoce de Luze, sise sur les quais des Chartrons, le long de la Garonne, qui est choisie pour être associée au nom de Jappeloup. Celui-ci se voit anobli et chargé d'une mission : redorer l'image de l'entreprise.

Sur ma proposition et au terme d'âpres négociations, de Luze acquiert 21 % et Écurie France 20 % de mon cheval, moyennant la somme de 1,8 million de francs. Fiscalement plus intéressante, cette formule a aussi le mérite de me laisser la majorité de la propriété de Jappeloup de Luze, avec le contrôle plein et entier de sa carrière sportive. L'accord entérine aussi à mon bénéfice une promesse de cession des 41 % que je viens de vendre à un prix fixé à l'avance, réalisable après les Jeux Olympiques de Séoul. Qu'on ne s'y trompe pas, je ne veux pas pour autant me séparer de ce partenaire.

Quatre victoires par équipe se succèdent dans quatre coupes des nations consécutives : à Rome – où l'on affronte l'équipe d'Italie dirigée par Marcel

Rozier –, puis à Lucerne, à Hickstead, et enfin, à Fontainebleau. Frédéric Cottier, Philippe Rozier, Hubert Bourdy et moi restons les pivots essentiels de cette équipe française, renforcés depuis peu dans notre action par un cavalier faisant déjà figure d'ancien, Michel Robert, et un nouvel arrivant, Patrice Delaveau, baptisé « El Piccolo » par un speaker italien compte tenu de son jeune âge. À Lucerne, dans le Grand Prix, j'ai même ajouté une victoire individuelle à mon palmarès ; je ne parviendrai d'ailleurs à renouveler pareil doublé qu'une seule fois durant ma carrière, ce sera l'année suivante à La Baule…

Mais 1986 restera pour moi l'année du championnat du monde où, après tant de désillusions accumulées, l'équipe de France va enfin accéder à un podium. J'attends ce rendez-vous disputé dans le temple d'Aix-la-Chapelle avec impatience – mais sans pour autant éprouver la moindre fébrilité. Avec les autres cavaliers tricolores, nous sommes en pleine confiance pour ce qui concerne les épreuves par équipe, les résultats nous y autorisent. Et puis, la préparation concoctée par Patrick Caron à Fontainebleau est bien pensée. Elle est suffisamment individualisée et fait l'unanimité. Notre nouveau coach veille en outre à maintenir une forme d'harmonie entre nous. De mon côté, dans mon camion, j'initie mes coéquipiers aux vertus de la relaxation physique et mentale. Tout cela ne va pas tarder à porter ses fruits…

À Aix, contre toute attente, un épisode surréaliste va révéler à quel point l'enjeu d'une compétition majeure peut déstabiliser les plus solides… À quelques minutes de l'entrée en piste pour la seconde manche de l'épreuve par équipe, lors de l'échauffement, celui que l'on surnomme le *Kaiser* Paul Schockemöhle met délibérément son cheval en difficulté sur un double – il cherche à ainsi accroître sa vigilance. Deister refuse ; il pile brutalement. Paul le présente à nouveau devant le vertical, haut d'un bon mètre cinquante, suivi d'un gros oxer, très large, et aussi très rapproché. Nouveau refus de Deister. C'est le moment précis où le speaker appelle le duo à se présenter au départ. Mais Schockemöhle s'entête sur le double ; il veut obstinément le faire passer à son cheval. Qui refuse une troisième fois. Panique au sein de la *Nationalmannschaft* : cavaliers, grooms et entraîneurs se précipitent pour baisser les barres à un mètre trente. Deister n'en fait qu'à sa tête, il s'immobilise avant de sauter alors que son cavalier fulmine. En désespoir de cause, l'obstacle est ramené à un mètre. Et Deister ne le franchit pas davantage. Avec mes coéquipiers, nous sommes stupéfaits d'assister à pareille débâcle. Le spectacle est pathétique. Le nouvel et dernier appel du speaker contraint le couple allemand à se précipiter en piste. Les voyant si fébriles, je gagne en assurance, je suis persuadé qu'ils ne feront rien de bon…

La cloche vient de retentir ; depuis le couloir d'entrée de piste, j'aperçois Deister qui refuse par trois fois d'approcher le triple. Il s'en tient à une quinzaine de mètres malgré les injonctions de son cavalier. Les voilà éliminés.

C'est l'occasion ici d'aborder un sujet tabou mais pourtant sur toutes les lèvres : l'action de « barrer » un cheval. Le principe consiste à rendre un cheval respectueux de l'obstacle, en lui faisant heurter volontairement une barre. Ce genre d'exercice est strictement interdit en compétition mais libre chez soi, à l'entraînement et se veut rassurant pour le cavalier et le coach. Ce procédé est pratiqué depuis toujours et systématisé aujourd'hui. Il est facile de constater un cheval barré : il fait des sauts exagérés, très au-dessus des obstacles.

Selon moi, il y a deux façons de barrer : l'une punitive parce que douloureuse pour le cheval et l'autre éducative parce que inoffensive. Utilisée le plus souvent de façon sévère, voire barbare (barres ou guêtres à clous, produits révulsifs ou abrasifs, pommades chauffantes, etc.), cette première méthode à proscrire absolument est contre-productive. Le cheval ainsi piégé finira par refuser de franchir l'obstacle, par crainte. Beaucoup de cavaliers l'ont vécu à leurs dépens. L'autre pratique qui appelle à la vigilance du cheval se fait sans traumatisme. Placer à l'entraînement un bambou ou une barre métallique légère au niveau d'un obstacle de faible hauteur, à quelques centimètres devant ou derrière, trompe le cheval qui n'est pas toujours concentré ou se montre négligent. Cette méthode est plus efficace, à la condition d'être pratiquée sans excès et très rarement. Du temps de ma carrière, j'y ai parfois eu recours. J'ai toujours eu la conviction que moins un cheval touche de barres, plus il les respecte. Et puis, cela ne remplacera jamais le travail de dressage et les exercices à l'obstacle qui donnent une véritable intelligence de la barre au cheval.

La troisième place du podium par équipe d'Aix-la-Chapelle se jouait avec les Allemands. Exit Schockemöhle ! Je m'applique donc à réaliser un sans-faute. À nous la médaille de bronze ! C'est le premier podium par équipe pour la France depuis le titre mondial de 1982, à Dublin. À l'exception de Frédéric Cottier et Michel Robert, c'est pour nous une première. En quelques mois, nous nous sommes hissés à un niveau jamais atteint. S'ensuit une soirée de liesse générale…

Le bonheur sera total le lendemain, avec mon double sans-faute dans le Grand Prix – le seul de cette épreuve colossale –, qui me propulse en tête du classement individuel. Pas une seule faute en trois jours de compétition, et qui plus est, à Aix. Du jamais-vu à ce niveau. Mes cinq parcours sans faute feront dire à Schockemöhle, toujours sous le coup de l'affront qu'il vient de subir : « On peut tout arrêter, c'est Durand le champion du monde ! » N'exagérons rien, je ne suis, pour l'instant, que leader au classement provisoire de l'épreuve individuelle. Car pour parachever ce qui a été entrepris, il me reste à tirer mon épingle du jeu dans la finale tournante par échange de chevaux. Une épreuve disputée entre les quatre premiers cavaliers de ce marathon. En fait, je n'aime pas cette formule. Elle est un non-sens à mes yeux et je suis toujours très contrarié de devoir prêter mon cheval. Notre sport est fondé sur la notion de couple. Pourquoi doit-on dissocier la monture de son cavalier pour décerner le titre mondial ? C'est illogique et cruel. Illogique, parce que vous passez des années à forger une complicité avec votre partenaire, à établir un code qui vous permet de communiquer, à installer des automatismes par la répétition de multiples exercices, et vous voilà, bien malgré vous, placé en situation d'improvisation. Exercice cruel et irrespectueux des chevaux, parce que les autres vont faire joujou avec un animal que vous aimez…

Fort heureusement, le championnat du monde est le seul titre international qui se joue sur une finale de ce type. Laquelle, contrairement à ce que l'on veut croire, ne renseigne que peu sur la valeur des cavaliers. À cette loterie, où le tirage au sort de l'ordre d'attribution des chevaux ajoute à l'iniquité, de très grands cavaliers se sont fait piéger. Que ce soit le virtuose brésilien Nelson Pessoa, quatrième en 1966 à Buenos Aires, ou son fils, Rodrigo, à Lexington, en 2008. D'autres encore, tels Alwin Schockemöhle, Ludger Beerbaum, Greg Best ou Willi Melliger sont passés à côté du podium à l'issue de ce jeu qui s'apparente à la roulette russe. En revanche, il aura été bénéfique à quelques cavaliers, malheureusement vite tombés dans l'oubli une fois obtenu leur titre de champion du monde…

Tout à la joie de ma victoire qui n'est encore que virtuelle, j'en oublie de préparer cette tournante. Et le doute s'instille, pernicieux. J'ai bien le souvenir de mon premier titre de champion d'Aquitaine glané en 1974 au terme d'une finale tournante. Je m'étais bien amusé, j'avais dix-neuf ans et faisais preuve d'une grande spontanéité. Cette spontanéité que j'ai précisément choisi de bannir en me structurant – et ce, afin de me hisser au sommet. À Aix-la-Chapelle, je me sais le moins apte à ce type d'épreuve. Montant peu de chevaux différents, très typé dans mon équitation pour être en harmonie avec Jappeloup, je manque d'une diversité d'expériences pour me sentir à l'aise. Il me faudrait visionner en urgence les parcours des trois autres finalistes… Ce sont l'inattendue Gail Greenough, une Canadienne, sur Mr. T. ; le très stylé Conrad Homfeld, de nationalité américaine, sur son entier, Abdullah ; et Nick Skelton, sujet britannique, avec son immense Apollo. Mais impossible de dégoter dans le village des images en cette fin d'après-midi du samedi, même auprès des professionnels de la vidéo, ils ont été pris d'assaut par les spectateurs en quête de souvenirs. Montée d'angoisse. Car si je connais bien le couple anglais et l'Américain – nous formions l'année précédente le podium de la finale de la coupe du monde à Berlin –, je ne sais rien de la Canadienne et de son cheval. Patrick Caron m'affirme qu'il se charge de préparer une compilation de leurs parcours ; nous les visionnerons au calme, demain matin. Ce contretemps va me perturber. Avant de me coucher, je ne parviens pas à entrer dans ma préparation mentale. Impossible de me visualiser avec des chevaux inconnus – et en particulier avec ce Mr. T. Ma confiance est ébranlée. Je ne parviens pas à chasser un mauvais pressentiment. Et ne trouve pas le sommeil…

Le lendemain matin, pour me rassurer, j'essaie de ritualiser ma préparation en allant monter Jappeloup. Puis je pars me réfugier à l'hôtel au lieu de

▲ Laudanum sur le dernier obstacle du Grand Prix du concours international de La Baule, en 1975.

▲ Octobre 1981. Jappeloup lors du critérium des chevaux de six ans, à Fontainebleau.

▲ Portrait de Jappeloup en liberté
à Saint-Seurin-sur-l'Isle, en 1987.

Canter dans les bois. ▶

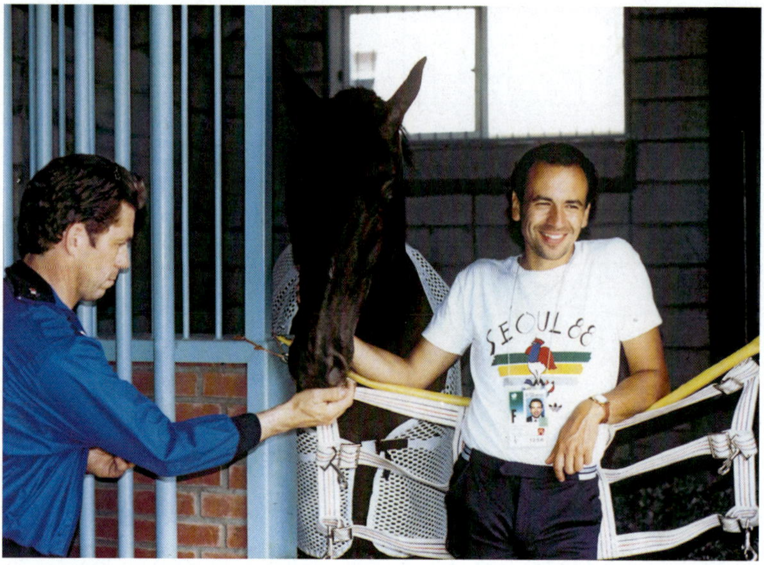

▲ Réunion à trois devant le box de Jappeloup, aux Jeux olympiques de Séoul, avec Patrick Caron.

▲ Saut du premier obstacle de la seconde manche individuelle aux Jeux olympiques de Séoul. Un avant-goût de la victoire.

▲ Saut du dernier obstacle : sur le chemin de la gloire.

▲ Une médaille d'or olympique en pendentif pour Jappeloup.

L'état de grâce.

▲ Stockholm 1990. Sortie de piste,
la victoire par équipe en poche.

La dernière médaille !
Champion du monde
par équipe à Stockholm,
en 1990.

▲ Le jubilé de Jappeloup sous la tour
Eiffel, en septembre 1991.

▲ Narcotique en action au concours international d'Hardelot en 1990.

▲ La fin d'un travail à la longe avec Jappeloup. On rentre au box.

patienter dans l'ambiance survoltée du complexe équestre, au demeurant magnifique, où les places se réservent d'une année sur l'autre. En ce jour de finale mondiale, l'enceinte fermée du terrain d'Aix, avec ses cinquante mille spectateurs, a pris des allures de Colisée romain. C'est à un combat de gladiateurs que le public veut assister et il doit y avoir une victime…

L'épreuve est à 15 heures. Après avoir quitté l'hôtel le plus tard possible, je me retrouve prisonnier de la circulation sur l'immense boulevard qui conduit au stade. Toute l'Allemagne est dans sa voiture pour assister à la finale. La panique. Que faire ? Il y a bien cette voie de dégagement sur la droite… Après quelques minutes d'hésitation, je me résous à l'emprunter. Je remonte tout l'embouteillage jusqu'au carrefour d'accès aux parkings, puis me rabats au dernier moment… Manœuvre qui n'échappe pas aux deux policiers en charge de la circulation à cet endroit stratégique. Ils ont tôt fait de se précipiter devant ma voiture. En s'agitant, ils m'intiment de dégager et de remonter cette file longue de un kilomètre à laquelle je viens d'échapper. Inenvisageable. Je ne veux pas prendre le risque de manquer la tournante. Je fais celui qui ne comprend pas… Puis, au moment où ils s'écartent de l'avant du véhicule pour s'approcher de ma vitre, j'enfonce l'accélérateur – les pneus crissent sur l'asphalte, la voiture fait un bond, heureusement, je suis seul. Les deux flics se précipitent jusqu'à leur moto. Or, l'entrée du parking des cavaliers est située à trois cents mètres. Je m'y engouffre à toute allure et vais chercher refuge au fond de celui-ci. Je m'éjecte de la voiture et me mets à courir comme un forcené jusqu'à l'écurie pour enfiler mes bottes et ma veste bleu de France…

Jappeloup est déjà sellé et marche aux côtés de son groom dans le paddock. Je rassure mon entourage sans l'informer de la péripétie que je viens de vivre, puis m'empresse d'aller découvrir à pied le parcours de la finale. Je me trouve encore sous l'effet de cette brève course-poursuite – donc, pas aussi concentré que j'aimerais l'être. Et toujours en proie au stress lié à cette finale tournante. Mais notre heure a sonné. Jappeloup et moi sommes attendus sur la piste…

Le spectacle commence par un tour d'honneur des quatre finalistes, au pas, botte à botte. Jappeloup est énervé par ce rituel à la fois long et bruyant. La musique et les applaudissements nourris au passage des finalistes ont pour effet de décupler son inquiétude. Une fois la cérémonie terminée, nous rejoignons l'enclos au milieu du terrain ; nous devrons y rester jusqu'à l'issue de la finale. Trois sauts sur deux obstacles sont autorisés en trois minutes pour faire connaissance avec chaque cheval. J'ai brusquement envie de partir. De fuir cette comédie équestre présentée comme une épreuve à même de désigner la vraie valeur d'un cavalier, sur le critère de son aptitude à monter au pied levé tel ou tel cheval et lui faire franchir une dizaine d'obstacles d'un mètre cinquante de haut et pouvant atteindre un mètre quatre-vingts de large. Et puis, je pense aux chevaux qui ne méritent pas ces travaux d'Hercule après tant d'efforts déployés depuis quatre jours. Avec un état d'esprit aussi négatif, je ne vois pas ce qui pourrait m'arriver de bon. Le tirage au sort m'a désigné comme étant le premier cavalier à prendre le départ. Mon premier tour de piste avec Jappeloup va sceller mon destin : je vais commettre avec lui les deux seules fautes de tout notre championnat… Deux fautes sur un parcours bien plus facile que les précédents. En d'autres circonstances, j'aurais pu, comme aux débuts de mon apprentissage équestre, m'en acquitter avec un bandeau sur les yeux. J'ai manqué de vigilance et je ne voulais pas solliciter Jappeloup. Le score est lourd. Rédhibitoire. Il m'est maintenant impossible de gagner. Je ne mise même plus sur une marche du podium… D'autant que les trois autres réalisent un sans-faute. Le cauchemar commence. Je vais vivre un deuxième grand moment de détresse après l'épisode de Los Angeles. Je m'assieds dans l'herbe, dépité. Très vite, je dois remonter en selle, cette fois sur Mr. T., que le sort m'a assigné. Je suis à peine sur son dos que je découvre à quel point il est le contraire de ce que j'attendais. J'ai vu la Canadienne le monter en toute facilité, avec sobriété et délicatesse, enchaînant les obstacles avec fluidité… Pourtant, Mr. T. a une attitude et une locomotion particulières. Son encolure est relevée, telle celle d'un hippocampe, et il me renvoie constamment en arrière, tant et si bien que je peine à trouver mon équilibre. Assis, ça ne va pas ; en suspension, ça ne va pas non plus… Habitué à une cavalière et non à un cavalier, ma main, la pression de mes jambes et ma taille le dérangent. Sur les conseils de Frédéric Cottier, je raccourcis les étriers. Mais, mal à l'aise, n'ayant pu trouver ma place sur son dos sans nuire à son équilibre, je commets trois fautes. Ce n'est plus une tournante, c'est un tourment. Je voudrais que ça s'arrête. Je ne me reconnais plus, moi qui ai toujours rejeté toute idée d'abandon…

Mon calvaire se poursuit avec Apollo, le cheval de Nick Skelton, immense, un mètre quatre-vingts au garrot, même si je m'entends plutôt mieux avec lui, et ne commets qu'une faute. C'est avec Abdullah, l'entier du vice-champion olympique américain, que s'achève cette corvée. Malgré sa légèreté et son dressage impeccable, une faute vient s'ajouter aux précédentes. Je n'ai jamais cassé autant de bois que durant cette heure maudite. Un instant, j'entrevois, malgré cette prestation pitoyable, l'espoir d'une médaille de bronze, quand l'Anglais Nick Skelton évite de peu la chute sur un refus de Mr. T. Abattu, silencieux, la tête baissée, je reste assis dans mon coin de l'enclos, sonné comme un boxeur qui vient d'encaisser un uppercut. De nouveau, je rêve de devenir un animal fouisseur et de disparaître tellement j'ai honte. Pendant ce temps, le public allemand fait un triomphe à Gail Greenough qui, sur Jappeloup, termine un parcours sans faute. Elle devient, à cet instant, la première cavalière sacrée championne du monde. Mais l'histoire, décidément facétieuse, va placer la Canadienne aux côtés de ces champions du monde qui ne pourront plus jamais par la suite accrocher une autre grande performance à leur palmarès.

Pour ma part, je rejoins la cohorte des cavaliers qui auront échoué dans cet exercice singulier. Il ne m'est définitivement pas destiné. Je le trouve malsain – à l'image de notre milieu. Les aléas sont trop nombreux dans une tournante ; le principe en est décrié par une majorité de cavaliers et il reste cependant en vigueur. Bizarre. D'autant que le tirage au sort a une incidence sur le déroulement de l'épreuve : prenez les mêmes concurrents, faites-les passer dans un ordre différent, et le résultat s'en trouvera modifié. Au fil des passages, la fatigue s'installe et les chevaux les moins énergiques pénalisent les cavaliers qui les montent à la fin.

Mon seul réconfort est de voir que Jappeloup est sorti indemne de ce barnum, il s'est même montré brillant sous la selle du virtuose Nick Skelton, et j'en éprouve, d'ailleurs, un peu de dépit ; bien malgré lui, mon partenaire a joué contre moi. Pourquoi n'a-t-il pas jeté à terre au moins l'un de mes adversaires sous l'influence de ses vieux démons ? Je lui en veux un peu. Mais la « Jappeloupmania » vient de voir encore grossir ses rangs.

La conclusion qui me trotte dans la tête lorsque je quitte Aix-la-Chapelle, est que le cheval le mieux dressé devient un allié pour les autres cavaliers. Il donne à autrui les moyens de vous battre. Voilà la morale de la tournante où l'on privilégie l'échangisme au respect du couple. Un peu plus tard, lors de la conférence de presse, j'expliquerai aux journalistes dans l'attente d'une réaction amère de ma part, que « lorsqu'on part à la guerre, on y va avec ses propres armes, pas celles de l'adversaire ». Comment peut-on continuer à bafouer les principes d'un sport basé sur la formation d'un duo solide ? Le sport spectacle a ses exigences qu'il convient de satisfaire. Tant pis si l'équitation n'en sort pas grandie.

– 16 –

Les courtisans

Pourquoi dois-je vivre confronté à des situations extrêmes ? Est-ce ma quête d'absolu, tant dans la victoire que dans la défaite, qui m'écartèle ainsi entre échec et réussite ? Je suis dérouté. Et pourtant incapable de résister à cette tentation de l'ultime. Tout ce que j'entreprends, je le fais sans retenue. Comment expliquer mon championnat du monde, si abouti jusqu'à la finale tournante ? Tour à tour dominateur et vulnérable. Sans vouloir occulter le final catastrophique qui a été le mien, j'ai vraiment le sentiment d'avoir été champion du monde par couple, sur Jappeloup. Mais seul compte le résultat et, bien que la leçon soit une nouvelle fois douloureuse, je comprends qu'il ne m'appartient pas de décider de la finalité d'une compétition. Si je n'aime pas la nature de celle-ci, je ne dois pas y prendre part – voilà. Mais m'y engager à moitié, en relâchant mon effort, ne pourra avoir d'autres conséquences qu'amères.

À Aix-la-Chapelle, je suis passé de la plénitude à la colère, puis à la déception. Ma chute de

Los Angeles, le chemin de croix de Dinard, et là, récemment, ce championnat du monde où je n'ai pas su conclure à mon avantage, doivent m'inciter à réfléchir. La faena était belle, l'estocade ratée. Voilà pour la version de la bouteille « à moitié vide ». Maintenant, pour ce qui concerne la bouteille « à moitié pleine », il y a mon titre de champion de France, mes parcours irréprochables en coupe des nations, mes victoires en coupe du monde et en Grand Prix CSIO, ainsi que quelques parcours effectués avec panache. Il existe bien évidemment quelques explications à ces contrariétés, mais comment les opposer à mes détracteurs, ceux qui pointent du doigt mes résultats en dents de scie ? J'en suis troublé. Et je continue d'alimenter le débat parmi tous les observateurs plus ou moins avisés du circuit. Où se situe mon mérite au regard d'un cheval qui, lui, remporte tous les suffrages ? Les uns me voient volontariste, armé d'un caractère fort et animé d'un désir de grandeur ; les autres ne m'estiment pas à la hauteur de ma monture, géniale j'en conviens, injustement chanceux et arrogant. Ce contraste restera ma marque de fabrique et un sujet de désarroi. Je vais cependant écrire une histoire singulière, comparable à aucune autre…

Le mieux est de me tenir à l'écart des critiques, de suivre la voie dictée par mon désir olympique. Priorité est donc donnée à la récupération au terme de ces championnats du monde éprouvants, tant pour moi que pour Jappeloup, nous sommes éreintés par quatre jours de haute compétition qu'une seule journée de repos est venue interrompre.

Récupération nécessaire, indispensable, trop souvent sacrifiée au profit du spectacle et des retombées – qu'elles soient médiatiques ou financières. Comment s'étonner ensuite que des sportifs subissent la tentation du dopage ou se mettent en danger en concourant amoindris ou blessés ? Le comble de l'hypocrisie est que les instigateurs de ces travaux de force s'érigent en juges pour sanctionner les stakhanovistes du sport pris en défaut de tricherie. La chaîne des complicités conscientes ou inconscientes est longue. Il est temps pour moi de me livrer à une analyse et à l'exploration de nouvelles pistes.

Nous allons nous offrir au Touquet une cure de détente et d'oxygénation à la faveur de longues promenades en bord de mer. En outre, je vais profiter de cette parenthèse pour tester une nouvelle embouchure sur Jappeloup. Cette idée me trotte dans la tête depuis longtemps, mais je n'ai pas voulu la mettre en pratique avant les championnats du monde d'Aix-la-Chapelle. Le moment est venu de franchir un nouveau cap dans notre évolution et d'affiner certains réglages avec le choix du pelham. Le temps de la bride en concours me semble révolu dans la mesure où Jappeloup fait maintenant montre d'un meilleur équilibre. Il a appris à mieux se tenir au galop ; il doit cependant s'alléger encore de l'avant-main. Avec cette embouchure moins encombrante et plus confortable – du fait d'un passage de langue sur la branche droite du mors unique –, je peux désormais moduler à souhait l'effet de levier ; j'ai le choix entre des rênes double attache et une seule, montée sur alliance. Un mors pour poney repéré dans l'une des innombrables selleries du concours d'Hickstead en Angleterre a arrêté mon choix. Certes, ce mors est plus ferme et suppose que le cavalier ait une main très experte… D'autant qu'une gourmette en cuir viendra compléter ce dispositif. En jouant davantage dans la nuance, je devrais améliorer mon contrôle de la légèreté et gagner en précision – c'est-à-dire, sans que Jappeloup s'appuie sur le mors pour mieux résister à l'action de mes mains. Selon la doctrine française, le contrôle dans la légèreté est l'aboutissement d'un dressage réussi.

Jappeloup va d'emblée accepter ce nouveau mors, c'est un pas de plus en avant sur le chemin de notre complicité. Le pelham a pour effet de modifier immédiatement son attitude. La nuque est plus relevée, et le déplacement de la tête vers le haut libère son avant-main de l'encolure jusqu'aux épaules. En reculant son centre de gravité, Jappeloup va gagner de l'aisance au niveau du passage de ses antérieurs dans le franchissement des obstacles, notamment sur les verticaux. Cette simple évolution technique va aussi me permettre de mieux gérer la locomotion de ce fils de trotteur, pour qui le galop n'est pas une allure naturelle. Au-delà de trois foulées, il faut corriger un déséquilibre vers l'avant qu'accentuent des jarrets éloignés de la masse du corps. C'est la raison pour laquelle on me verra souvent rassembler Jappeloup à l'abord des obstacles. À partir de cet été 1986, mon cheval ne quittera plus cette embouchure si bénéfique à nos échanges.

Mais cette « Formule 1 », comme il me plaît d'évoquer parfois Jappeloup, n'est pas encore parfaitement au point. Nous disposons d'une marge de progrès considérable, ce qui permet de nourrir de gros espoirs. En tout cas, l'amélioration est patente dès le retour à la compétition mi-août : troisième du Grand Prix de Rotterdam, double sans-faute réalisé dans la facilité en coupe des nations à Donaueschingen, puis quatrième à Calgary dans le Grand Prix le plus richement doté du circuit. Dans la foulée, nous remportons un deuxième titre de champion de France – le précédent ayant été acquis en 1982, suivi de deux podiums, en 1984 et 1985. Grâce à cette victoire, je compte bien asseoir ma domination sur le saut d'obstacles français. D'autant que certains de mes propos ont été mal interprétés. Lorsque j'ai confié à un journaliste que je me considérais comme « mon principal adversaire », je ne remettais pas pour autant en cause le niveau des autres compétiteurs. J'ai simplement voulu, par cette formule, lui signifier que je devais avant tout régler mes problèmes de motivation.

La belle et grande année que je viens de vivre m'a extirpé de toutes mes galères. Même si je reste hanté par l'incendie du camion de Frédéric Cottier qui ramenait nos chevaux de Francfort (en provenance de Calgary) et où Jappeloup et Flambeau auraient pu mourir dans les flammes. Je savoure d'être mieux considéré et me grise de l'intérêt que l'on me porte. Un nouveau danger me guette cependant, celui auquel s'expose tout individu dès lors qu'il se trouve placé dans la lumière des projecteurs. Vous imaginez être aimé et vous faites entrer dans votre vie, sans y prendre garde, des personnes qui éprouvent le désir d'y tenir un rôle déterminant, voire principal, quitte à bouleverser votre équilibre… Pris de vertige, je ne suis plus tout à fait moi-même, et le jumping de Bordeaux survient dans ce contexte d'euphorie. Je veux décrocher le Grand Prix. Je veux gagner à Bordeaux au moins une fois. Cette année, tout est réuni pour y parvenir, si je fais abstraction des plaisirs multiples susceptibles de mettre à mal ma parfaite entente avec Jappeloup.

Le jour de la compétition, je suis partagé entre la certitude et le doute – je suis comme tous les compétiteurs, je cherche en permanence à tenir mon équilibre entre excès de confiance et peur de l'échec. Devant ce public énorme, bruyant, impatient, qui frappe des pieds sur les gradins du hall de la foire exposition en attendant Jappeloup, je me dis que je ne peux pas décevoir. Et toujours cette chape de silence qui m'écrase sitôt que la sonnerie du jury a retenti. Aujourd'hui, les images du parcours, si bien rangées d'ordinaire dans mon esprit, se mélangent. Le nombre de foulées se brouille. Le rythme régulier à imposer se saccade… Tout s'emmêle. Vais-je y arriver ? Par un effort de concentration, je parviens à retrouver mes repères et à me rassurer en pensant à tous ces obstacles survolés, plus que sautés, depuis dix mois. Mais à Bordeaux, l'émotion pourrait me jouer un mauvais tour…

Si les deux manches initiales se négocient sans encombre, le final promet d'être monstrueux ! Sélectionné pour le barrage, je vais devoir affronter John Whitaker en selle sur Milton, Schockemöhle sur Deister, et d'autres stars, dont Lisa Tarnopol, une sémillante cavalière américaine. Il me faut coûte que coûte occulter la qualité de l'adversaire. Et gagner. Je passe parmi les premiers cavaliers de ce barrage et prends tous les risques pour réussir un temps suffisamment impressionnant pour contraindre mes concurrents, s'ils veulent faire mieux, à aller jusqu'aux limites de la rupture. Et donc de la faute. Ravi d'avoir réussi mon coup, je m'éclipse jusqu'à la salle de presse pour suivre sur un écran la suite des événements. Je suis persuadé que seul le couple britannique peut nous rattraper. À côté de moi, à l'écart de la clameur du public, les organisateurs se régalent de ce grand moment de sport. Milton est le dernier à entrer en piste. Mais, trop audacieux, il va commettre une faute sur le dernier vertical.

Oui, c'est gagné ! Dix ans d'attente, d'efforts, d'encouragements et de soutiens… Et enfin la récompense : nous gagnons à Bordeaux ! Lors de la remise des prix, je prends le micro que me tend le speaker pour dire quelques mots simples, des mots du cœur : « Cette victoire est avant tout la vôtre. » L'émotion me gagne puis me submerge. Je suis emporté par la vague. J'embrasse tout et tout le monde…

Je ne prends pas « la grosse tête » pour autant, je sais que je reviens de loin. Durant ces cinq dernières années, j'en ai tellement vu, entendu et supporté ! Je ne refuse donc rien de ce « bonheur différé », si bien décrit par René Char. Avec Jappeloup, nous entrons dans le grand livre de notre sport, au terme d'une année époustouflante qui nous a vus gagner à Bercy, Lucerne, Bordeaux – mais aussi être les piliers autour desquels se sont construites quatre victoires consécutives en coupe des nations. Des épreuves auxquelles il convient d'ajouter, évidemment, notre énorme championnat du monde.

Je ne suis plus maître de ce que j'ai généré et je deviens vulnérable. L'entourage, pourtant si précieux durant ces années de tumulte, reste sur le bord de la route. Moi, cette période bénie, je veux la vivre pleinement. Je suis heureux, je suis gourmand, je veux en profiter. Je me dis qu'il sera toujours temps de préparer la finale de la coupe du monde – à Bercy, en mars 1987 – et d'établir une stratégie en prévision des championnats d'Europe à Saint-Gall.

Tout cela n'est pourtant pas si loin…

– 17 –

EMPORTÉ PAR LA VAGUE

C'est en salle, à Genève, que s'effectue mon retour sur Terre. Nous sommes en mars 1987. Jappeloup, surpris par ma passivité, s'éteint dans le triple du Grand Prix jusqu'à se défiler devant l'obstacle. Rien à voir, cependant, avec ses refus violents d'antan. Mais cet épisode survient dix jours avant la finale de la coupe du monde 1987 à Bercy. Voilà notre belle confiance lézardée. Une gestion de crise semble s'imposer, d'autant que l'encadrement fédéral et le milieu s'interrogent sur les réels bénéfices du travail entrepris cet hiver avec le grand Nelson Pessoa.

La cinquantaine bien engagée, surnommé « Le Sorcier brésilien », ce cavalier virtuose me fascine depuis mes jeunes années, j'aime comparer son génie créatif à celui de Mozart. Son style, servi par une taille moyenne, est parfait. Il est racé. Techniquement sans faille. Son talent fait le reste sur les parcours. Toutefois, sa longue carrière est vide de tout titre individuel en grand championnat comme aux JO, alors qu'il a pris part à tous les grands moments équestres depuis 1956 – quelques années plus tard, son fils Rodrigo corrigera cette anomalie en trustant tous les titres possibles ; chapeau l'artiste ! Affichant une assurance sans faille mâtinée de beaucoup de malice, Nelson Pessoa est cependant un grand émotif. Écrasé par l'enjeu, il a souvent balbutié son équitation dans les moments de vérité – hormis quand il fut déclaré champion d'Europe avec Huipil, en 1966, à Lucerne. Mais ce titre reste une misère au regard de l'immensité de son registre équestre. Dans une période de franche domination allemande, basée sur de puissants et grands chevaux que les cavaliers d'outre-Rhin plient à leur autorité, le style avant-gardiste de Pessoa est révolutionnaire. Un style qu'il adopta après avoir été humilié par une vieille cavalière anglaise de chasse à courre qui le distançait régulièrement sur les obstacles naturels. Comme quoi, la révélation peut surgir des situations les plus improbables.

Pour la première fois, je décide de prendre un coach. Je veux m'inspirer de la fluidité de son équitation intemporelle. Pessoa impose à ses parcours un tempo rapide de samba. Moi, dont le style est plus heurté du fait de mon tempérament accrocheur et de la locomotion de Jappeloup, je pense qu'évoluer dans ce sens ménagera les forces de mon cheval. Et puis, sur les grands terrains extérieurs moins favorables à ma monture, je pourrai sans doute améliorer mes chronos…

Tout m'incite donc à aller vers le Brésilien qui a quitté son pays à l'âge de vingt-huit ans pour s'installer un temps en Suisse, puis à Chantilly avant de s'établir définitivement, en famille, à Bruxelles. Mon choix n'est pas lié à une quelconque défiance envers Patrick Caron. Ses conseils sont toujours judicieux, mais sa disponibilité limitée du fait de ses fonctions d'entraîneur national.

Ma collaboration avec Pessoa commence donc en janvier 1987. Il est exigeant, se montre inflexible sur la position du cavalier qui lui a été enseignée au Brésil par un ancien maître de manège français. Il me repositionne en me demandant d'avoir un meilleur maintien du dos. M'imposant un travail sans les étriers, Pessoa n'hésite pas à me renvoyer aux premières heures de mon initiation équestre. J'ai la conviction de ne pas m'être trompé en faisant appel à ce professeur respecté et en me soumettant à sa discipline. Il est fin observateur et brillant conseiller. Mais Nelson Pessoa ne tarde pas à me montrer sa gêne. Je suis arrivé à un niveau tel, qu'il a peur de perturber le bel ordonnancement mis en place avec Jappeloup. Le maître brésilien hésite à revenir sur les automatismes installés de longue date ; il est convaincu de pouvoir m'apporter beaucoup, mais pas avec un cheval aussi atypique. Pessoa ne peut pas me transformer radicalement et il a trop peur de tout dérégler. Le coaching dont je rêvais en compétition, avec des consignes brèves et claires au moment d'entrer en piste, sera donc pour plus tard. Ou jamais…

Comme beaucoup de Sud-Américains, Nelson Pessoa a une notion du temps très élastique. C'est ainsi qu'il va rater notre rendez-vous du premier jour de la finale de Bercy, et notamment l'épreuve de vitesse, toujours décisive. « Neco » – tel est son surnom – débarque le lendemain sans manifester le moindre embarras, soulignant que « tout s'est très bien passé » et que « j'ai très bien su faire sans lui ». J'ai trop d'estime envers Pessoa pour lui adresser des reproches, et je ne veux surtout pas me fâcher avec ce personnage attachant, bien que trop fantasque à mes yeux. Mais c'est ainsi que cette expérience prend fin sur-le-champ. Nous sommes cependant restés amis, et cette brève collaboration m'a ouvert les yeux sur des horizons nouveaux que je n'aurais pas su explorer seul. Je suis maintenant capable d'oser ce qui me faisait hésiter par le passé. Pessoa aura été un déclencheur plus qu'un aboyeur dans un paddock ou au bord d'une piste. Peut-être n'aurais-je jamais dû demander à un tel seigneur de fouler de ses bottes le sable des carrières d'entraînement ? Toujours est-il que ma conviction est faite : la meilleure garantie de ma réussite reste l'autonomie. Les harangues des coachs ne nous sont plus d'aucun secours lorsque nous sommes seuls au milieu de la piste. C'est en soi qu'il faut trouver les forces et les ressources mentales pour surmonter l'adversité. Je devrai donc poursuivre mon chemin comme je l'ai commencé, en autodidacte. Je resterai tel que je me suis construit et que Jappeloup m'a façonné.

Pour la suite de la compétition parisienne à Bercy, je m'en remets donc à Patrick Caron qui a toujours eu toute ma confiance. Les deux premiers actes de la finale me mettent au coude à coude avec la cavalière américaine Katharine Burdsall, montant The Natural, et Philippe Rozier, sur Jiva. J'aborde cette finale avec un potentiel de podium, conforté par un sans-faute dans la première manche, quand se produit un incident rare… Longeant les tribunes légèrement surélevées par rapport à la piste, entre un oxer et le vertical qui le suit, Jappeloup fait un brusque écart et sort de l'axe de sa trajectoire. Il a été surpris par le mouchoir blanc qu'un spectateur, penché vers nous, a agité sous son nez. Je parviens in extremis à rétablir le cheval, mais casser du bois sur le droit d'un mètre soixante devient inévitable. Nous voilà privés d'un double sans-faute que seuls réussiront John Whitaker et Milton – et nous nous trouvons relégués à la septième place. J'ai du mal à cacher ma déception. Je suis persuadé que j'aurais pu faire mieux sans ce spectateur irresponsable entre les mains duquel les organisateurs avaient placé, à l'instar de tout le public, un mouchoir blanc censé encourager les deux derniers Français en lice. Je conçois que les spectateurs puissent manifester soutien et enthousiasme, mais pas au point de perturber ainsi la compétition. Habitué aux victoires et aux accessits, me reste alors le rêve d'inscrire mon nom au panthéon d'Aix-la-Chapelle, dont les épreuves se profilent à brève échéance.

Aix, c'est la référence. L'Allemagne, la nation qui domine ce sport. Et l'Arena, ce lieu maudit où, l'année précédente, j'ai manqué de peu le titre mondial. Curieusement, je m'y sens à l'aise alors que Jappeloup ne présente aucune des qualités pour y triompher.

Je viens d'accomplir deux parcours sans faute dans la coupe des nations, et l'état de grâce semble vouloir se poursuivre en Allemagne… Après un nouveau double sans-faute dans le Grand Prix, je me retrouve sélectionné pour le barrage face à six cavaliers, dont John Whitaker sur Milton. Dernier à partir du fait de mon classement mondial, les circonstances deviennent de plus en plus favorables au fil des passages, tous les protagonistes à la victoire commettant une ou plusieurs fautes. Nick Skelton s'élance avant moi sur Apollo. Ils bouclent le premier sans-faute du barrage – mais dans un temps de cinquante secondes et sept centièmes. Une performance tout à fait accessible.

Quand j'entre en piste, je constate qu'une fois encore la rigueur allemande est prise en défaut à Aix-la-Chapelle, c'est une habitude qui n'a cours qu'ici, sur ce très vaste terrain où une bonne cinquantaine de personnes – cavaliers, entraîneurs et grooms – envahissent la piste sous l'œil étrangement tolérant des membres du jury. Je porte cependant toute mon attention sur le tracé de ce barrage qui va me permettre de mesurer les effets de mon travail en compagnie de Nelson Pessoa; il s'agit en effet d'assurer un chrono rapide dans la maîtrise. Le parcours est plus resserré qu'à l'accoutumée. Les virages sont courts, il y a moins de longues foulées entre les obstacles et je comprends que, sans prendre trop de risques, je peux enfin gagner ici…

Le début est conforme à mon plan et à mes espérances. Toutefois, en passant devant le groupe des Français stationnés debout avec d'autres concurrents à l'intérieur du terrain, j'entends Hubert Bourdy crier : « T'es pas dans les temps ! » S'ensuit un terrible instant de doute. Il semble que je sois en retard par rapport à Skelton, alors que je suis convaincu d'avoir suivi le bon tempo. Tout en avalant les espaces entre les obstacles, je révise ma tactique et me dis qu'il faut prendre un risque en tournant au plus court devant le double, qui se trouve être l'avant-dernier obstacle. Jappeloup, docile à mes ordres, fait admirer sa vélocité à un public ébahi. Manquant d'élan, il ne peut cependant éviter de toucher des antérieurs le deuxième plan de l'oxer d'entrée de double, large d'un mètre soixante-dix – et la barre tombe. Le dernier vertical, d'une hauteur d'un mètre soixante-cinq, est, lui, avalé sans problème. Je passe le poteau en quarante-cinq secondes et vingt-trois centièmes – soit avec plus de quatre secondes d'avance sur Skelton. Le risque pris – à l'origine de ma faute – m'a peut-être fait gagner une seconde, une seconde et demie. Cela signifie que, sans l'intervention d'Hubert Bourdy m'incitant à tout jouer sur le virage du double, je gagnais avec au moins deux secondes d'avance… Aix m'échappe à tout jamais.

Marcel Rozier reste le seul Français à y avoir décroché une victoire ex æquo – c'était avant les JO de 1972 à Munich, soit à l'époque où le barrage était en réalité un concours de puissance sur un mur. Bien sûr, avoir entrevu l'espace d'un instant « la coupe sur la cheminée » pour, au final, me retrouver cinquième, juste devant Milton pénalisé de deux fautes, m'a d'abord plongé dans un abîme de colère. Mais je ne tiendrai pas durablement rigueur à Bourdy de son intervention, son intention était amicale. Et puis, à l'instar de John Whitaker, son idole, il incarne une équitation festive. Faire équipe avec Bourdy, c'est la garantie de passer de bons moments. Franche rigolade assurée tant il sait faire le pitre et nous amuser de ses bons mots. Cavalier méthodique et inspiré, il a toujours été précieux en sélection. Hélas pour moi, une si belle occasion ne se présentera plus jamais : je finirai sixième à Aix en 1988, et cinquième, encore, l'année suivante. Ma frustration est énorme. Bien que ne rêvant plus de compétitions équestres depuis l'arrêt de ma carrière en 1992, il m'arrive encore de faire un cauchemar dont le théâtre est ce Grand Prix d'Aix-la-Chapelle. Ce maudit souvenir se ravive aussi lorsque je me rends dans l'enceinte de ce concours et que je ne vois pas mon nom accolé à celui de Jappeloup parmi tous ceux qui s'y sont imposés. Ma consolation reste de nous voir inscrits à deux reprises, dans lc cadre de victoires remportées par équipe, en 1988 et 1990. En plus de cent ans, la France ne s'est imposée à Aachen qu'à cinq reprises…

Comme après chacune de mes déceptions, je me réfugie dans l'isolement. C'est là que je trouve le ressort nécessaire à la réalisation de mes objectifs. J'ai appris à gérer ces traumatismes et à repartir encore plus fort. Je me projette donc immédiatement à Saint-Gall, en Suisse alémanique, à la croisée des frontières allemande et autrichienne, pour les championnats d'Europe qui doivent s'y dérouler à la fin du mois d'août de cette année 1987. J'en fais un passage obligé sur le chemin des Jeux de Séoul. Comment prétendre devenir champion olympique si l'on n'est pas capable de s'imposer auparavant à l'échelon européen ?

Bien que sans repère sur ce lieu de compétition qui s'est doté d'un stade rénové, je me sens à l'aise en Suisse. J'aime les paysages montagneux et les lacs de ce petit pays, ses villages bien tenus, le civisme de ses habitants et leur sens de l'hospitalité. Ici, tout est net, sans surprise, et l'esprit est plus champêtre qu'en Allemagne. Je garde le souvenir de vacances heureuses passées dans ces contrées helvètes avec mes parents ; je tendais l'oreille pour capter le son des cloches pendues au cou de vaches débonnaires occupées à paître. Une image de carte postale que mon imaginaire associe à mon premier doublé : coupe des nations et Grand Prix obtenus non loin de là, à Lucerne, l'année précédente. J'aborde ce rendez-vous majeur de Saint-Gall dans les meilleures dispositions mentales possibles.

Seule fausse note : l'hébergement. J'occupe une chambre d'angle dans un hôtel près de la gare. Elle surplombe un carrefour. Une première nuit sans sommeil me convainc de la nécessité de changer d'établissement. En fouinant à proximité du terrain de concours, je repère un hôtel récent dans un environnement des plus calmes. Par chance, une chambre est libre. Je m'y installe à mes frais ; là, je vais pouvoir m'isoler et m'adonner sereinement à mes exercices de concentration.

Cette décision ne fait pas l'unanimité au sein de l'équipe. Je suis perçu comme un individualiste farouche qui prend le risque de rompre la cohésion de notre groupe. Être solitaire n'est pourtant pas incompatible avec le fait d'être solidaire. Et puis, si je suis à mon meilleur niveau sportif, cela profitera à mes coéquipiers. Je romps donc avec le rituel de la vie collective. Je suis venu pour gagner – et je l'exprime clairement lorsqu'il me faut argumenter devant des journalistes alertés de ce qu'ils considèrent comme étant un caprice d'enfant gâté. D'aucuns affirment cependant que je suis « dans une phase d'embellie » depuis quelque temps, et que je n'ai jamais été pris en flagrant délit d'un manquement quelconque vis-à-vis de l'équipe. En d'autres termes, qu'il faut me faire confiance. Toujours est-il que je fais débat avant même le début du championnat…

Après une nuit de forte pluie, le terrain en herbe de Saint-Gall est un bourbier. Selon une stratégie dorénavant bien rodée, je suis toujours le dernier de l'équipe à partir. Cette fois, je suis aussi celui qui fermera le ban de cette compétition puisque, par la grâce du tirage au sort, il a été décidé que la France clôturerait les réjouissances. Mais, dans ce cloaque, le défilé de quatre-vingt-dix chevaux va considérablement dégrader le parcours. À certains endroits, les montures s'enfoncent de dix à quinze centimètres. L'avantage lié à mon ordre de départ devient subitement un énorme handicap. Je vais cependant m'efforcer de tirer le meilleur parti du très intelligent parcours imaginé par le chef de piste suisse Paul Weier. Avec sept obstacles dont deux doubles offrant des alternatives quant à leur ordre d'emprunt, tous les cavaliers ne vont pas suivre le même chemin. Face à des Anglais redoutables et à des Allemands toujours solides dans ces grands rendez-vous, je dois m'imposer dès le premier jour. Et marquer les esprits…

Analyses et conciliabules s'éternisent lors de la reconnaissance. Comme toujours dans ces circonstances où l'enjeu se fait plus lourd, je perçois la frilosité de quelques cavaliers pourtant réputés. Patrick Caron en bon Beauceron soucieux de ménager ses montures et de garantir le résultat de l'équipe, ne voit pas d'un œil très favorable ma stratégie qui consiste à vouloir prendre toutes les sept options courtes. Au final, nous convenons qu'il est inutile d'arrêter d'ores et déjà la tactique qui sera la nôtre, voyons comment se déroule la compétition, et adaptons nos choix en conséquence. Comme prévu, le terrain spongieux ne résiste pas au passage des chevaux. Et la situation se complique pour moi assez rapidement… Tour à tour, les Suisses Willi Melliger et Markus Fuchs, l'Autrichien Frühmann, l'Allemand Paul Schockemöhle – triple tenant du titre –, ainsi que les Anglais John Whitaker et Nick Skelton vont réussir le sans-faute. Côté français, c'est Michel Robert qui s'en tire le mieux avec La Fayette ; Frédéric Cottier n'est pas loin, de même que Philippe Rozier. Tout incite donc à la sagesse pour assurer un bon classement par équipe. Appelé à prendre le départ peu avant moi, John Whitaker réalise sur Milton le deuxième temps derrière son compatriote Nick Skelton. Ce seront là nos rivaux directs, ils viennent de poser une sérieuse option sur le titre européen que je convoite…

Malgré le scepticisme de Patrick Caron et des autres cavaliers français, je décide de m'engouffrer dans un trou de souris : je vais tenter le tout pour le tout en prenant les sept options – ce qu'aucun cavalier n'a accompli jusqu'alors. En agissant ainsi, j'ai une chance d'abaisser le meilleur chrono. Judicieusement, Patrick Caron m'incite à passer à l'intérieur de la trace laissée par les autres. Elle dessine un chemin boueux sur le gazon. Respirant profondément, je m'élance avec détermination pour creuser l'écart dans ce championnat. J'avale les sept premiers obstacles à un tempo très soutenu. Jappeloup fait notamment admirer son agilité en passant avec aisance le cinquième obstacle, rustique et surplombant un trou. Se présente alors la seule option du parcours qui n'a encore été retenue par personne… À la réception du double numéro 8, constitué d'un spa de deux mètres de large suivi à deux foulées d'un vertical haut d'un mètre cinquante, il y a la possibilité de virer à droite devant la rivière, afin de franchir, dans un fort biais, un vertical de barres naturelles. Puis, à la réception de cet obstacle numéro 9, également haut d'un bon mètre cinquante, il faudra négocier un virage à main gauche pour aller franchir la rivière large de quatre mètres. La contourner aurait pour effet de rallonger le temps, il s'agit de décrire une sorte de S autour du vertical.

Jappeloup est dans un grand jour. Survolté par mon audace, il virevolte entre les obstacles devant un public retenant son souffle. La rivière est franchie avec seulement deux foulées d'élan. Je viens de prendre l'avantage. Je gère le reste du parcours sans me laisser gagner par l'euphorie, en négociant une dernière option difficile devant le troisième double, le numéro 12, une succession de deux oxers – Jappeloup se mettra même au trot avant cet obstacle, piochant dans le bourbier du terrain en quête d'équilibre. Une fois sauté le quatorzième obstacle, un gros oxer sur lequel les fautes se sont succédé – je me suis présenté sur sa moitié gauche, là où le sol est encore relativement intact –, je fonds sur la ligne d'arrivée, buste en avant. La tentative était périlleuse. Elle est couronnée de succès… Le chrono indique quatre-vingt-six secondes et soixante-quatorze centièmes. Trente-quatre centièmes de seconde d'avance sur Skelton. Et qui relègue John Whitaker à près de deux secondes. Je suis aux anges, j'exulte. Conscient aussi d'avoir réalisé un parcours qui fera date et d'avoir pris un sérieux ascendant psychologique sur mes rivaux. Eux n'ont pas osé le courageux pari de la rivière. Je m'installe donc en tête de la première épreuve et du classement provisoire du championnat. Jappeloup a mis comme jamais ses qualités à mon service. Je me dis que c'en est fini des hostilités entre nous. Mon cheval s'est donné à moi. Sa chevauchée a été éblouissante – et l'apport de Nelson Pessoa, même de courte durée, se trouve révélé.

Le soir même, bien que les conditions climatiques soient en voie d'amélioration, l'état du terrain reste préoccupant. Philippe Rozier suggère que soit modifié l'ordre habituel de départ des cavaliers au sein de notre équipe. Jiva, son cheval, souffre sur ce sol qui n'offre aucun rebond. Il propose de passer en premier. Il suggère aussi que je passe immédiatement après lui – pour le bien de l'équipe, et afin de préserver toutes mes chances en individuel. Frédéric Cottier s'élancerait alors en troisième position, suivi de Michel Robert, en dernier de cordée. Je ne dis rien. Cette proposition, qui bouscule nos habitudes, comporte pour moi de sérieux avantages ; mais si elle venait à être appliquée, elle pénaliserait Frédéric et Michel. L'union et l'efficacité d'une équipe procède de plusieurs facteurs – l'ordre de départ de chacun d'entre nous en est un. Ce choix arrêté par l'entraîneur, auquel nous nous sommes toujours pliés, est réfléchi, il a pour but de créer une dynamique vertueuse. Il tient compte de la fiabilité de chaque couple, de l'état de forme de chaque cheval, de l'expérience et de la capacité des cavaliers à assumer divers niveaux de responsabilités. L'ouvreur doit engager l'équipe sur la bonne voie ; le dernier a pour mission d'améliorer le score provisoire de l'ensemble – voire, la plupart du temps, de réaliser le sans-faute qui apportera la victoire. Revenir sur cet ordonnancement qui a fait ses preuves n'est pas sans soulever le débat…

À chaque fois que je questionne Patrick Caron sur la marge de manœuvre qui est la mienne, sa réponse est immuable : « Comme d'habitude ! »

Cela signifie que je n'ai pas le droit à l'erreur. Le sans-faute est obligatoire. Quand on occupe la position de quatrième, les nerfs sont mis à rude épreuve. Certains des plus grands cavaliers refusent d'ailleurs cette position dans l'ordre de passage. Sur la cinquantaine d'épreuves disputées en équipe, que ce soit en coupe des nations, en championnat ou lors des JO, j'ai toujours, ou presque, occupé ce poste. La suggestion émise par Philippe Rozier n'est donc pas au goût des autres cavaliers. Patrick Caron, toujours équitable et désireux d'assurer la bonne marche de l'équipe, a du mal à les convaincre du bien-fondé de cette idée innovante. Frédéric Cottier plaide sa cause en mettant en avant les seize ans de Flambeau C ; Michel Robert se perd dans des explications confuses sans affirmer ce qu'il pense vraiment… Puis nos épouses respectives, intriguées par ce long conciliabule, s'approchent du groupe, inquiètes, et entreprennent de donner leur avis. Je m'y oppose vigoureusement, considérant que c'est là notre affaire, et que la solution doit émaner de nous cinq. Pour l'exemple, j'invite donc Nadia, ma femme, à ne surtout pas se mêler de notre débat interne, même si son avis m'importe toujours. Il semble que la solidarité de notre belle équipe soit en train de se fissurer quand vient le moment où Patrick Caron va déposer ses engagements auprès du jury. Sans un mot. Son choix est fait. C'est celui que suggère Philippe.

Le lendemain, malgré les mines boudeuses – la tension est palpable entre Frédéric Cottier et Michel Robert d'un côté, Philippe Rozier et moi de l'autre –, nous sommes vice-champions d'Europe par équipe, derrière les Anglais, un podium que la France n'a jamais obtenu depuis la création, il y a vingt ans, de ce championnat. En individuel, je conserve ma place au classement provisoire grâce à mes deux parcours sans faute – j'ai toutefois les deux Britanniques accrochés à mes basques. Dans nos rangs, il n'y a que Frédéric Cottier pour s'afficher parmi les dix premiers. Le soir, au milieu de nos fidèles supporters du club Écurie France qu'anime Hubert Parot, champion par équipe à Montréal en 1976 et oncle de Philippe Rozier, la fête sera de courte durée. À cause du bouleversement de l'ordre de départ, survient une fracture dans l'équipe.

Je décide alors de rompre avec cette ambiance lourde et de m'offrir le jour suivant, quelques heures de décompression, en bateau, sur le lac de Constance. C'est jour de relâche avant la grande finale de dimanche, annonciatrice d'un combat de titans. Après cet agréable moment de détente passé en compagnie de mon épouse, de Christine, secrétaire générale et de Marc Delmon, le jeune vétérinaire de l'équipe de France, j'entreprends de passer par les écuries afin de rendre une petite visite à Jappeloup. Je veux aussi donner mes dernières consignes à Bernadette.

Je la trouve occupée à soigner l'œil droit du cheval – celui qu'il s'est abîmé, poulain, en s'égratignant la paupière sur du fil barbelé. Depuis, cette dernière est dépourvue de cils ; l'œil est moins protégé de la poussière, pleure souvent, et il faut le traiter avec force applications de collyre. Là, il est pratiquement fermé. Vitreux. Marc s'aventure à diagnostiquer une lésion superficielle de la cornée. Elle est vraisemblablement due, selon lui, à une aspérité du bois dans le box de Jappeloup contre laquelle il se serait frotté. Bernadette va passer la nuit à lui appliquer des compresses toutes les deux heures. Une malédiction planerait-elle au-dessus de nos têtes ? Je m'efforce de faire abstraction de ce souci, persuadé que, le lendemain, Jappeloup aura pleinement recouvré l'usage de son œil.

Au réveil, les informations sont rassurantes. L'infection persiste mais Jappeloup de Luze ne semble pas s'en trouver trop affecté. Il réagit parfaitement malgré le voile blanc qui entoure son œil. Aucune nervosité apparente. Le temps est radieux, la piste asséchée. La compétition ne sera donc pas faussée par la nature du terrain. Avec le redoutable tandem que constituent Whitaker et Milton, je vais devoir sortir le grand jeu. Le couple vainqueur sera le meilleur des trois jours. Le plus audacieux, le plus régulier et, au bout du compte, le plus fiable… Je veux que ce soit le nôtre.

Sur deux parcours sévères, Nick Skelton est le premier à abdiquer en concédant quatre points pour une faute dans la première manche, auxquels viendront s'ajouter huit autres points dans la seconde. Maintenant, place au *mano a mano* ! À l'issue du premier tour, nous sommes toujours dans un mouchoir de poche avec Whitaker, aux commandes d'un Milton au sommet de son art. Et l'on compte quatre parcours sans faute ! Comme dans un mélodrame, la dernière manche va nous départager devant trente mille spectateurs accourus pour assister à notre empoignade. Ils ont eu raison de se presser ainsi. Car, ce jour-là, s'écrit l'une des plus belles pages de l'histoire de notre sport. Le duel entamé entre le grand blanc et le petit noir, l'Anglais flegmatique et le Français ardent, va toucher à son paroxysme. Ce sera un authentique chef-d'œuvre…

L'ultime parcours qui nous est proposé fait peur. Les cotes des obstacles sont à leur maximum et un double portail blanc d'un mètre soixante-cinq, surmonté de deux barres étroites de deux mètres cinquante, placées de front, va s'avérer le véritable « juge de paix » ; c'est là que le très félin Milton va commettre son unique faute. Jappeloup, lui, a fait des progrès sur ce type d'obstacle – qui n'est pas sans évoquer le tristement célèbre portail de Los Angeles. Mais mon cheval le trouvera-t-il aujourd'hui à son goût ? Lors de la reconnaissance, je m'applique avec Patrick Caron à étudier les séquences techniques et à scruter l'endroit de la meilleure prise d'appel. Je ne suis pas vraiment rassuré quand Nick Skelton, authentique *bad boy* britannique, me glisse au contour d'un obstacle cet encouragement très particulier : « C'est trop gros pour Jappeloup. Il va s'arrêter… » Je voudrais oublier ces mots instantanément. Et aussi que mon cheval a un œil tuméfié.

Passant en dernier, je suis soulagé par la faute de Milton qui m'offre une marge de quatre points. Mais le clan anglais ne va pas me lâcher pour autant. Nick Skelton, toujours lui, retarde mon entrée en piste en bloquant la barrière activée par un préposé ; il a encore quelques amabilités du même calibre à me glisser dans l'oreille. Mais je ne tombe pas dans le panneau. Je suis plus motivé et reste serein. C'est tout au moins ce que je pense. Car, par manque de vigilance, après avoir franchi le premier obstacle, je me fais piéger par le suivant. Je viens d'utiliser mon joker et n'ai plus droit à la moindre erreur alors que se profile le quatrième obstacle, cette fameuse barrière en deux éléments. Sortant du virage à droite, je relance Jappeloup ; je lui donne beaucoup d'élan tout en bandant au maximum par la résistance de mes mains les muscles qui vont le propulser. Sans hésitation, il s'enroule autour de l'obstacle et le franchit, comme il a survolé les cinquante-neuf autres qui se sont dressés devant lui depuis trois jours.

La fin du parcours s'effectue facilement, dans un état second. Nous sommes sacrés champions d'Europe ! Devant ce public singulier, hésitant un temps à porter sa préférence vers le cheval blanc ou le cheval noir, bien qu'il manifestât souvent un faible à l'endroit de celui qui avait crânement mené les opérations depuis le début. Je ressens la griserie d'un premier titre international. C'est aussi le premier pour la France depuis la création de ce championnat européen. Les d'Oriola, d'Orgeix, de Fombelle, Rozier, Parot, Balanda et Cottier n'y sont jamais parvenus ! Pour ajouter à cette victoire conquise de haute lutte, je suis heureux, devant ma mère exceptionnellement présente, d'y avoir mis à la fois de l'élégance et du panache. Tant spirituellement que sportivement. Je viens de me placer dans la trajectoire idéale pour les Jeux Olympiques qui se dérouleront dans un an à Séoul. Ils sont si proches désormais. J'ai dominé les deux derniers grands rendez-vous internationaux, les championnats du monde d'Aix-la-Chapelle, et celui, européen, de Saint-Gall. Et maintenant, à nous l'olympe ?

– 18 –

Cap sur la Corée

Les festivités se prolongent. Dans ma tête, à vrai dire, bien plus que dans les soirées. J'ai toujours à l'esprit l'ovation du public de Saint-Gall, les accolades de mes proches, les poignées de main échangées avec mes illustres aînés – ils ont été un temps mes idoles : Pierre Jonquères d'Oriola, David Broome, Bill Steinkraus, Hans Günter Winkler et Alwin Schockemöhle. Je savoure l'euphorie de ces instants de grande victoire qui marquent la vie d'un homme. La télévision, si prompte hier à diffuser mes culbutes, m'invite pour la deuxième fois sur le plateau du 13 heures d'Yves Mourousi ainsi qu'au 20 heures d'Antenne 2. Mais je ne reçois pas les invitations. Dommage pour moi. Dommage pour l'équitation. Les deux chaînes se contenteront des images d'un Canadien, auteur, le jour de mon titre à Saint-Gall, d'un record du monde supersonique, il vient de franchir, lors des mondiaux de Rome, le cent mètres en neuf secondes et quatre-vingt-trois centièmes. Son nom : Ben Johnson. Un héros éphémère, qui sera plus tard rattrapé par la patrouille antidopage.

Faute de caméras et de projecteurs, va pour la tournée des mairies. À Bordeaux, Jacques Chaban-Delmas, député-maire de 1947 à 1995, trois fois président de l'Assemblée nationale et Premier ministre trois ans durant, m'accueille par ces mots : « Mon cher champion ! » À Libourne, c'est Gilbert Mitterrand, le fils du président de la République, qui me congratule. Enfin, à Saint-Seurin, huit cents personnes, près de la moitié de la population, se pressent au foyer rural où le maire, Marcel Berthomé, revendique un peu de ce titre européen. La société hippique va profiter de cette liesse générale. Les murs délabrés du vieux corps de ferme sont restaurés, la maison du moniteur et le club-house rénovés grâce à des crédits municipaux. Jappeloup est désormais installé, par mes soins et sur mes deniers personnels, dans une écurie de style ancien, au confort douillet. Mes partenaires sont aussi les bénéficiaires de ce succès attendu de longue date. Certains parmi les membres de la famille de Luze, qui avaient renâclé à voir leur illustre patronyme associé à celui d'un cheval turbulent, n'y voient subitement plus aucun inconvénient. Jappeloup, en devenant de Luze, ne s'est-il pas racheté une conduite ?

À Paris aussi, notre couple fait un tabac. Jacques Chirac, alors Premier ministre, salue notre succès avec, dans la voix, des trémolos jusqu'alors réservés aux plus beaux taureaux primés dans un comice agricole de Corrèze. M'est remise lors de cet événement une invitation à accompagner – ainsi que d'autres champions français – Christian Bergelin, secrétaire d'État à la Jeunesse et aux Sports, en Guadeloupe et à la Martinique. C'est au cours de ce séjour dans les Antilles françaises que se nouera une amitié durable entre Thierry Rey, champion olympique à Moscou en 1980, et moi. Partageant la même chambre d'hôtel, nous ne manquons pas de débattre de la première ère de cohabitation entreprise sous la Ve République. Je défends Chirac dans le difficile exercice qui est le sien ; Thierry affiche ses convictions en faveur du stratège qu'est Mitterrand. Ces discussions sans fin nous permettent de découvrir que nous partageons nombre de valeurs communes aux sportifs. L'ironie de l'histoire voudra que, quelques années plus tard, ce soit à Chirac que Thierry donnera un petit-fils.

Nouveau chef de file des cavaliers français, je prends fièrement le témoin virtuel que me tend Pierre Jonquères d'Oriola, mon modèle. Cette notoriété nouvelle et les sympathies qu'elle occasionne ne m'écartent pas de l'essentiel : organiser consciencieusement ma vie professionnelle et forger l'or olympique. En tenant mieux les rênes de ma vie et en maintenant le cap sur la Corée, les succès ne tardent pas à s'accumuler avec régularité. Notre couple est accepté et respecté du fait de nos différences, mais surtout de nos performances. Je finis troisième à Calgary, deuxième à Stuttgart, et remporte trois victoires successives, à Amsterdam,

Vienne et Bruxelles. Jappeloup de Luze atteint maintenant, sur tous les terrains du monde et en toutes circonstances, une forme de plénitude. Les organisateurs de concours nous font les yeux doux, ils sont prêts à nous accorder toutes les faveurs. Pas question, toutefois, de se perdre dans la facilité. Tout engagement en compétition n'est arrêté qu'en fonction de son intérêt sportif, et ne tend que vers un seul but, le titre olympique.

Le chemin pour y accéder passe par une alternance d'épreuves en salle ou en plein air, et des choix, soit techniques soit tactiques, qui se révéleront déterminants dans le stade de Séoul. La préparation spécifique de cette année olympique suppose un premier pic de forme au moment de la finale de la coupe du monde, en avril, à Göteborg. Comme la moisson de points qualificatifs a été bonne sur le circuit automnal, je n'ai plus à courir derrière une qualification, elle m'est déjà acquise. C'est donc une préparation dans le confort qui se profile pour Jappeloup cet hiver. Il est inenvisageable, toutefois, de ne pas passer par le parc des expositions de Bordeaux. Pour commencer à ménager un peu mon cheval, je décide de ne pas le mettre en piste tous les jours, je vais donc faire l'impasse sur l'épreuve du samedi, et préserver toute son énergie en vue du Grand Prix…

C'est en arrivant sur le site, le jeudi, que m'est apportée une précision d'importance : notre sponsor, la maison de Luze, engagé dans l'opération du Téléthon, parraine l'épreuve du samedi, il est donc hors de question que Jappeloup et moi ne soyons pas au départ de celle-ci. Devoir oblige, il nous faut participer. Qu'à cela ne tienne, les invités du négociant ne seront pas déçus…

Dans un barrage à sept, nous sommes les derniers à partir. Le leader au classement provisoire est le Suisse Willi Melliger, sponsorisé par les vins Malesan. Je n'imagine pas la maison de Luze récompenser la concurrence ; la victoire ne doit donc pas nous échapper – sous aucun prétexte. En outre, s'offre à moi l'occasion d'adresser un pied de nez à un ancien partenaire qui n'a pas cru en nous. Jappeloup de Luze va survoler le parcours. Une fois encore, il se montre admirable, répondant instantanément à la moindre sollicitation. C'est dans une ambiance de liesse que j'abandonne au Téléthon les 25 000 francs de gains générés par ma victoire – c'est ma contribution personnelle au combat mené contre la myopathie.

La folle course contre le temps et l'apesanteur se poursuivent. Les manches et le Grand Prix coupe du monde du dimanche sont avalés. Une nouvelle fois, nous réalisons le meilleur temps – cependant, une faute a été commise. Un rappel judicieux à l'humilité et à la vigilance. Et aussi, qu'il convient de ne pas soumettre son cheval à des travaux de force par trop répétés. Je me promets de ne plus rentrer dans le jeu de mon sponsor si cela peut se révéler contraire à la bonne santé de mon Jap. S'annonce enfin pour lui le temps d'un repos bien mérité. Plus tard, il nous faudra entreprendre un minutieux travail de préparation. Je termine cette exceptionnelle année 1987 épuisé. Elle est marquée par le titre européen ; c'est, à mes yeux, ma plus belle performance…

Chaque jour, j'entreprends avec Jappeloup de longues sorties à travers la campagne de Saint-Seurin. Il connaît parfaitement, dans un rayon de cinq kilomètres autour du club, forêt, chemins de terre et graves qui serpentent au milieu des vallons. J'emprunte aux trois allures différents itinéraires où Jappeloup a pour habitude de faire des écarts, apeuré par quelque danger imaginaire. Pas de sauts, pas de dressage inscrits au programme, seulement des promenades. Le plus souvent au trot. Deux fois par semaine, la séance de trotting s'effectue sur un terrain plus mouvementé. Bernadette – une véritable nounou tant elle est présente à ses côtés –, le monte à ces occasions. Nadia, ma femme, la relaie…

Pour ma part, je me contente de deux séances par semaine d'un travail récréatif destiné à entretenir le code qui nous lie intimement. Je tiens aussi à limiter mon temps d'exigence pour qu'il continue de m'accepter avec plaisir. Qu'il pleuve ou qu'il vente, Jappeloup est au pré tous les jours, bien emmitouflé dans une couverture à la fois imperméable et chaude. Je ne veux pas qu'il coupe avec son milieu naturel. Les contraintes et la rigueur nécessaires à la haute compétition, ce sera pour plus tard. Totalement engagé dans ma démarche d'homme de cheval, j'essaie de me mettre à sa place, quitte à tomber dans l'anthropomorphisme. Je fais en sorte d'anticiper ses désirs. Après tout, ne sommes-nous pas semblables ? Notre période d'incompréhension n'était-elle pas l'expression de la confrontation de deux caractères identiques ? N'est-il pas rebelle, colérique, insoumis et libre comme je le suis ? N'a-t-il pas besoin d'affection, d'amour et de confiance pour donner le meilleur de lui-même ? Et ne préfère-t-il pas être invité plutôt que contraint ? Son portrait est le calque du mien. Et vice versa. Tout ce que je pense bon pour moi, je le pense bon pour lui. Nos personnalités se superposent au point de se fondre.

Pour rester dans le bain olympique, je décide, à l'occasion de vacances programmées en janvier 1988 à Bangkok, Phuket et Bali, de faire un crochet par Séoul. Avec Jean-François Chary, président de la fédération mais aussi chef de la délégation française aux JO, de la ravissante Margit Otto-Crépin, sérieux espoir de podium pour le dressage, et de Patrick Caron, nous retrouvons Jean Poczobut dans la capitale coréenne. Il est alors directeur de la préparation olympique et entreprend de nous arranger une découverte complète de la ville et des installations. Il fait un froid glacial malgré le soleil accroché en continu au bleu d'un ciel sans nuages. M. Han, du COJO[1], ne nous refuse rien tant il est ravi de nous voir émerveillés devant ces installations aussi fonctionnelles que spectaculaires. Le stade olympique, où se déroulera la compétition individuelle, évoque un coquillage posé au milieu d'un parc

1. Comité d'organisation des Jeux Olympiques.

verdoyant. Nous explorons dans ses moindres recoins le complexe équestre de Kwachon, à une quinzaine de kilomètres du centre de la ville. Nous découvrons les écuries dont les box s'assemblent tel un jeu de Lego, foulons les chemins autorisés à la circulation des chevaux, nous attardons sur les carrières d'entraînement. Leurs dimensions sont soigneusement examinées, ainsi que la nature du sol de la piste principale où se déroulera l'épreuve par équipe. Rien ne doit m'être étranger. Je veux tout enregistrer. Puis je demande, pour finir, à découvrir le stade olympique où battra le cœur des Jeux dans neuf mois – ce sera le théâtre de la compétition individuelle…

Pénétrer dans l'enceinte de l'arène olympique est un choc. La piste d'athlétisme vient d'être tracée et, dans ce désert ouvert à la froidure, je reste assis, sans dire un mot, prostré, durant une bonne vingtaine de minutes. Je reste sciemment à l'écart du groupe pour m'imprégner de l'endroit, embrasser du regard chaque détail de cette vaste amphore en ciment. Puis mes yeux s'attardent sur les mâts aux sommets desquels seront hissés les drapeaux. Je visualise le nôtre, tricolore, s'élevant dans l'air vif. Je me projette mentalement dans la compétition. J'entends le bruit des sabots qui résonnent dans le couloir conduisant jusqu'à l'enceinte… Est-elle pleine ? Vide ? Bruyante ? Impossible d'apprécier la souplesse de la pelouse, elle est gelée. Je me sens petit. Tout petit. Tétanisé au milieu de ces travées à même d'accueillir cent mille personnes. Et Jappeloup ? Lui si craintif, si méfiant, comment va-t-il réagir ? Jamais nous ne nous sommes produits dans un stade aussi vaste. Un sujet de réflexion intéressant à l'occasion de ces quelques jours à venir sur les plages asiatiques…

À mon retour, Jappeloup est en pleine forme, l'œil aux aguets et le poil luisant. Ce que confirment une batterie d'examens vétérinaires et de tests sanguins. Deux mois sans voir une barre, sans le joug de ma présence permanente, lui ont rendu son insouciance de poulain. Il part en sauts de mouton dans son enclos au moindre craquement de branche et s'offre des sprints effrénés au ras des clôtures. Plus solitaire que jamais, il semble narguer ses voisins d'écurie. Puis, en trois semaines d'un travail progressif de dressage sur le plat, il retrouve sa souplesse et ses automatismes. Tout se passe au mieux entre nous.

Bercy, premier concours de la seconde partie du circuit qualificatif de la coupe du monde, arrive un peu trop vite en ce début du mois de mars. Nous sommes champions d'Europe, nous avons pratiquement tout gagné lors de la saison précédente, et Jacinte Giscard d'Estaing – que Jean-François Chary a installée aux manettes du seul concours parisien – mise beaucoup sur une tête d'affiche qui n'est autre que Jappeloup. Nos principaux opposants seront, comme à l'accoutumée, Milton et John Whitaker. Voilà pour le spectacle. Pas question de nous dérober, même si j'ai un temps envisagé de ne pas redémarrer avec Jappeloup sur un concours aussi relevé. J'ai tant voulu retarder sa reprise que je ne le fais sauter sérieusement que depuis une dizaine de jours. J'arrive donc à Paris un peu contrarié. Et je prends alors conscience des dangers d'une année passée exclusivement à honorer notre titre et préparer les JO d'octobre.

Comment satisfaire les exigences de tous et répondre aux attentes du public, alléché par une communication essentiellement basée sur la rivalité sportive qui nous oppose à Milton et John Whitaker ? C'est, indubitablement, l'affiche du moment. Ce à quoi les *aficionados* veulent assister à tout prix. La première épreuve du samedi étant d'un niveau trop exigeant, je ne souhaite pas y participer ; je décide donc d'entrer dans la compétition par une petite épreuve de mise en jambes. Mais mon plan est contrarié : je pique une colère noire lorsque j'apprends que de Luze est le sponsor de l'épreuve à laquelle je refuse de m'inscrire. Personne ne m'en a averti. Me voilà une nouvelle fois pris au piège par des organisateurs qui ont flairé le bon coup. Je leur en fais le reproche. Et leur signifie que, puisque je suis contraint de partir samedi soir, en cas de qualification pour le barrage, je ne m'alignerai pas au départ de celui-ci. Tout cela n'est pas sans générer quelques crispations…

Un peu plus tard, ce qui a été annoncé à mes partenaires est appliqué, bien que sélectionné pour le barrage, je me défile. Le public, qui n'a pas été prévenu de notre forfait, commence donc, comme il en a l'habitude, à taper des pieds, marquant son impatience au moment de retrouver son idole.

Aussi, l'annonce de notre défection par le speaker génère-t-elle de la frustration – beaucoup de frustration. Les spectateurs, incrédules, protestent bruyamment et avec la dernière énergie. Le calme revenu, les choses auraient pu en rester là… Mais le soir même doit être remis le prix *L'Éperon* du meilleur cheval français de l'année 1987, dont Jappeloup de Luze est l'heureux bénéficiaire. Je me vois donc obligé de revenir sur la piste. J'y entre en selle sur mon fidèle destrier, enveloppé d'un faisceau de lumière qui nous accompagne jusqu'à la tribune où le prix va nous être décerné. La traversée sous les cris et les sifflets de quatorze mille spectateurs va être pour moi un nouveau calvaire. Je suis hué. Conspué. C'est l'hallali. Que la déception soit à l'origine de pareil comportement, je peux l'entendre. Il n'en est pas moins choquant. Le public se montre ingrat et je regrette de ne pouvoir m'expliquer devant lui du choix qui a été le mien en cette soirée. Cette foule versatile, capable de porter aux nues un champion pour les émotions et la fierté qu'il génère, sait aussi se montrer prompte à le descendre en flammes à la moindre défaillance. Je perçois l'égoïsme d'une assemblée populaire. Et ce soir-là se produit une fracture entre elle et moi.

Mon divorce d'avec le public est prononcé, irréversible – et si, par la suite, je continuerai de l'enchanter grâce à ce cheval extraordinaire qu'est Jappeloup, je ne me laisserai plus dicter aucun choix en fonction de ses attentes. Ma prudence dans la gestion de mon champion vient de se retourner contre moi. Et je comprends à cette occasion que, dans notre couple, je serai toujours celui que l'on n'aime pas. Dans la salle de presse, les échanges s'enveniment. J'entends des « scandaleux ! », « inadmissible ! », « lâcheur ! » et autres invectives du même acabit. Les journalistes sont au diapason de la foule, et ils apportent, bien évidemment, leur soutien à l'organisatrice qui a attisé les braises en coulisses. Le rédacteur en chef du magazine *L'Éperon* et pigiste au journal *L'Équipe* se montre le plus véhément. Mais il en faudrait davantage pour m'écarter de mon projet. Et je soumets ma version des événements, sans aucune gêne. Avant de donner, par bravade, rendez-vous en Corée à tous ces détracteurs que je viens de me découvrir.

Le soir même, j'en appelle à un travail de sophrologie entrepris de façon structurée en janvier avec Jean-François Morin, pétri de culture japonaise et adepte d'arts martiaux. Il m'amène sur la voie de la sagesse par l'adaptation de l'esprit aux circonstances. Il m'apprend encore la maîtrise de la respiration, pour parvenir à une relaxation complète, et l'abandon du corps, m'invitant à recourir à des exercices très particuliers qui permettent de placer l'esprit au-dessus de l'enveloppe corporelle. Cela facilite une visualisation positive des situations. La finalité de tout cela étant de maîtriser l'envahissement négatif des émotions. L'objectif, une fois défini avec précision, est atteint après une succession de passages intermédiaires, qui ont tous un caractère obligé. La recherche de cet état s'appuie sur une discipline quotidienne où s'impose la nécessité de s'interroger sur ses propres motivations et la stratégie utilisée pour parvenir là où on a choisi d'aller. Les différentes étapes sont consignées régulièrement dans un cahier d'écolier. Je compte sur cette démarche pour m'aider à gommer ce triste épisode de notre première soirée parisienne.

Et le dimanche, force est de constater qu'il ne subsiste plus rien des désagréments de la veille. Deux manches se succèdent, pas une faute. Vient le final attendu de tous. Se retrouvent face à face, pour le plus grand bonheur du public, l'ange blanc, Milton, et l'ange noir, Jappeloup de Luze. Un affrontement au sommet qui ne compte qu'un seul arbitre potentiel, le Suisse Markus Fuchs sur Shandor. Il amuse la galerie avec ce commentaire non dénué d'humour : « Me voilà figurant dans un film d'horreur ! Je n'ai rien à faire là. » En effet : l'Helvète nous libère le terrain après avoir accumulé quatre fautes. Les choses sérieuses peuvent commencer…

Nous sommes à six mois des JO et rien n'est anodin. Milton, entre les mains d'un John Whitaker inspiré, réalise un parcours fabuleux. L'Anglais va jusqu'à inventer une option inimaginable pour qui se pique d'avoir un esprit lucide : à la réception du premier obstacle, Whitaker fait demi-tour, se retrouvant dans un couloir large d'un mètre vingt entre deux obstacles, et propulse la masse de son cheval à plus d'un mètre cinquante sur des barres d'oxer que le bon sens ordonnait d'aborder de face et non dans un angle fermé. L'assistance, stupéfaite, reste sans voix. Avec Jappeloup, petit et véloce, je prends souvent des raccourcis difficiles – mais celui-ci force respect et admiration. Dubitatif, je regarde Patrick Caron : « Qu'est-ce que je fais ? » Il m'adresse pour toute réponse une mimique d'impuissance. L'équipage anglais termine son barrage sans faute dans un temps supersonique. Que faire ? J'entre en piste sans avoir répondu à cette question. Le public est déchaîné. Après mon salut adressé au jury, le timbre de la cloche retentit – immédiatement suivi d'un silence de plomb. Angoissant. Je ne sais toujours pas comment je vais résoudre le problème auquel je suis confronté. Je suis désorienté mais pas question de capituler. Je prends le galop, en proie au doute ; et à trois foulées de l'obstacle, je décide de relever le défi. Il l'a fait, je dois le faire. Si je ne tente pas, je perds la face. Impensable. Ce raccourci, c'est une seconde – peut-être une seconde et demie – de gain de temps. Il n'existe pas d'autre solution pour gagner. Je m'encourage mentalement : « On va le faire, on va le faire… » Je romps le rythme en ralentissant le saut de Jappeloup sur l'obstacle numéro un afin qu'il soit quasiment à l'arrêt à la réception de celui-ci ; puis tout s'enchaîne très vite, dans la plus parfaite harmonie, avec grâce et vivacité. On a tellement de codes depuis tant d'années que Jappeloup a compris mon intention, il effectue une énergique pirouette sur les hanches, manquant me déséquilibrer, puis s'engouffre dans le couloir sans la moindre hésitation. Le parcours est avalé à une vitesse confondante. Je savais les réactions de mon cheval plus vives que celles de Milton ; j'ai pris un pari, il est gagné ! À bluffeur, bluffeur et demi, mon cher Whitaker... Pour assurer le chrono, je balance alors Jappeloup à l'intérieur du dernier virage – hélas trop près du premier plan de l'ultime oxer, il commet une faute des antérieurs, la barre tombe. Bien que plus rapides de quelques dixièmes, nous nous résignons à la défaite. Qu'importe ! Nous n'avons pas reculé devant le défi que nous a lancé l'Anglais. Je le remercie de m'avoir poussé à exécuter cette prouesse technique que je ne supposais pas dans mes cordes. Mon estime pour cet adversaire qui m'a encouragé à l'excellence n'en est que renforcée.

À Göteborg, la finale de la coupe du monde, début avril 1988 – c'est le dernier rassemblement de l'élite mondiale avant Séoul – est propice à bien des tracas. Deux ans plus tôt, il avait fallu quatre jours de voyage, en camion et bateau, pour rallier le port suédois où siège Volvo, sponsor officiel de l'épreuve. Beaucoup de chevaux avaient souffert de coliques, des troubles dont les conséquences se révèlent parfois mortelles. C'est pourquoi, dans un premier temps, il a été convenu entre plusieurs cavaliers de transporter les chevaux au moyen d'un charter spécialement affrété à cet effet. Puis le projet a été abandonné. Après dix jours de démarches, de négociations et d'interventions multiples, je décide que ma monture se rendra seule par la voie des airs en Suède. Les 45 000 francs investis dans ce voyage « en première » depuis Francfort, offriront à Jappeloup le confort que mérite un cheval de sa classe. Il n'est pas de détail à négliger… Toutefois, malgré ce luxe de précautions, Ian Millar, cavalier canadien de l'immense Big Ben, prend le devant dès la première épreuve et n'en bougera plus. Conséquence : je suis privé d'une coupe du monde à ma portée. J'ai fini troisième en 1985, deuxième en 1988 et en 1990. Mais ce déplacement se révélera, j'en suis sûr, riche d'enseignements…

Assuré, sauf ennuis de santé, de ma sélection aux JO, confiant dans les possibilités d'un cheval qui a prouvé cet hiver pouvoir revenir au premier plan sans être trop sollicité, je veille à éliminer toute situation à risque. Le stade olympique en comporte, et pas des moindres. Comment va réagir Jappeloup en présence de trente, quarante, voire quatre-vingt-dix mille spectateurs ? Grâce à Gilles Estay, attaché de presse du club de foot des Girondins de Bordeaux, alors présidé par Claude Bez, nous sommes autorisés à effectuer un tour du stade Lescure en ouverture du dernier match de la saison qui voit s'affronter Bordelais et joueurs du Matra Racing pour une place européenne. Mais bien plus que du résultat, je suis curieux de savoir quelle sera la réaction de Jappeloup dans cet environnement susceptible de lui paraître hostile. Entrés par le côté opposé à la tribune d'honneur, nous effectuons un tour du stade. Tout se passe pour le mieux. Il n'est pas perturbé par les cris, les mouvements de la foule ou les fumigènes du virage sud, assez inhabituels dans la discipline qui est la nôtre. Nous restons sur la pelouse où le coup d'envoi est donné par mon cheval, alors que son stress va croissant. Je reste au contrôle ; il se montre à nouveau confiant, et se laisse mener comme un cheval de guerre. Ce frein psychologique étant levé, je vais pouvoir me concentrer sur l'essentiel…

Durant les mois suivants, je ne cesse de craindre la blessure. Cette perspective me hante. Je maintiens cependant la nécessaire présence en compétition afin de garder le rythme et de préserver la fraîcheur de Jappeloup. Le souvenir d'un conseil prodigué par Pierre Jonquères d'Oriola me revient en mémoire : « Il faut que ton cheval soit frais ! » Dans la mesure où je suis totalement maître de ma préparation, je compte bien mettre à profit cette recommandation d'un double champion olympique. Il est toujours bénéfique de tirer un enseignement de ceux qui ont réussi. Parce qu'il n'y a pas de hasard dans la victoire. L'attente de Séoul est rythmée par des participations aux concours de Rome, Dublin et Aix-la-Chapelle, où notre victoire dans la très convoitée coupe des nations conforte la force de notre collectif.

Les prétendants à un titre olympique, quel que soit celui-ci, sont sollicités de toutes parts à l'approche des Jeux. J'enchaîne donc radios, télévisions et interviews destinées aux magazines. Je suis présent lors de grands événements sportifs tels la finale de la coupe de France de football ou encore les internationaux de Roland-Garros. C'est la tournée des *« All Stars »* en partance pour l'olympe. Lors de ces déplacements, je suis la plupart du temps en compagnie de Joël Bouzou, champion gersois de pentathlon moderne, de Fabien Canu, le judoka qui perdra tout espoir d'or à la suite d'une bronchite, et de Jean-François Lamour, en route pour son deuxième titre au sabre.

Je trouve le moyen de m'arracher à ce tourbillon à l'occasion de ce qui sera, à Dinard, ma dernière compétition avant Séoul. Je redoute tellement une blessure qui viendrait tout compromettre que je reste sur ma réserve. Et jamais de ma vie je ne vais accumuler autant de fautes dans une coupe des nations. Ma première manche est bouclée avec un score si lourd qu'il en est presque risible. Voulant encore ménager Jappeloup dans l'épreuve par équipe, je l'expose à six fautes et un dépassement du temps imparti. Je redresse la barre dans la seconde manche avec un sans-faute, puis une troisième place rassurante dans le Grand Prix. Notre objectif est atteint : Jappeloup n'a eu à subir aucune blessure ; il est « sain et sauf » quand il part pour l'isolement sanitaire imposé par les Coréens qui redoutent les effets de l'encéphalite porcine. Avant que celui-ci se déroule pour moitié à Séoul, il passe par Fontainebleau. J'y suis souvent de permanence le week-end, puisque je monte les quatre chevaux de mes coéquipiers appelés à disputer des concours ici et là.

Cette parenthèse me permet de parfaire ma préparation mentale. Plus que jamais, je suis convaincu qu'à niveau équivalent c'est l'aptitude à conserver la totalité de ses moyens sous la pression de l'enjeu qui fait la différence. J'ai été défaillant sur ce point lors des Jeux précédents et, en outre, j'ai vu tellement de grands cavaliers s'effondrer dans les moments ultimes que je veux être d'une solidité sans faille. J'aime le parfum de ces grands rendez-vous où les meilleurs sont là, et dans l'impossibilité de se dérober. Jappeloup est prêt ; les résultats l'attestent. Après avoir su gérer sa montée en puissance, il me reste à être à la hauteur de l'événement qui nous attend…

– 19 –

Olympiade

En 1988, la route de l'Europe vers la Corée et le Japon passe par l'Alaska puisque le survol de l'URSS est interdit à Air France, entre autres compagnies. Appuyé contre le hublot du Boeing 747, le visage caressé par les rayons du soleil qui ne brille que quelques heures en été pour disparaître des mois durant dès la fin de l'automne, je laisse vagabonder mes pensées, le regard perdu sur des espaces infinis de neige et de glace. Le long voyage tant attendu ne sera interrompu qu'à une seule reprise, à Anchorage, avant de s'achever à Séoul, au cœur de la frénésie olympique. Je me remémore mon départ pour Los Angeles quatre ans plus tôt ; dans mon petit cinéma intérieur, c'était la musique de Vangelis Papathanassiou, celle des *Chariots de feu*, qui l'accompagnait – j'étais alors porté par un élan romantique, je voulais sentir le souffle de l'épopée. Cette fois, je suis plus sûr de moi parce que plus aguerri, à l'instar de mes coéquipiers : Hubert Bourdy, Frédéric Cottier et Philippe Rozier étaient mes compagnons d'infortune en Californie ; Michel Robert avait, quand il nous a rejoints un peu plus tard, l'expérience des JO acquise à Munich en 1972. L'aventure se présente donc sous de bien meilleurs auspices…

Ce voyage, parfaitement préparé, en parfaite concertation cette fois avec l'entraîneur national, Patrick Caron, suscite au demeurant quelques interrogations. La première d'entre elles concerne les chevaux. Vingt-deux heures d'avion, c'est pour eux une première. Jamais trajet aussi long ne leur a été imposé. Heureusement, à l'arrivée, les nouvelles sont bonnes : pas le moindre bobo à déclarer, pas le moindre comportement anormal à la suite d'un isolement aussi prolongé dans le ventre de l'avion-cargo. Un container recélant les aliments et préparations habituels les attendait à leur arrivée, donc RAS. Concernant les autres questions, il en est qui sont directement liées au pays. La Corée est pour nous une contrée plus que lointaine, et je n'ai rapporté de mon séjour à Séoul en janvier dernier que quelques vagues impressions. Autant dire que nous nous risquons en terre inconnue. Et que notre survie va dépendre de nos capacités d'adaptation…

Dans un univers olympique très sécurisé, les autorités locales disent avoir tout prévu devant les risques récurrents de ces dernières années : action de l'Armée rouge japonaise, nouveaux débordements estudiantins – lesquels sont toujours réfrénés avec une violence insoutenable –, énième provocation du Nord. Elles se targuent d'avoir mobilisé cent mille policiers pour veiller sur treize mille sportifs, officiels et dirigeants débarqués de cent soixante et une contrées diverses, environ dix mille journalistes et techniciens de télévision, et aussi quelque trente mille touristes. La tension a encore grimpé d'un cran depuis que l'on a appris la découverte d'un tunnel permettant d'acheminer hommes et matériel lourd depuis le Nord communiste jusqu'à une trentaine de kilomètres de la capitale. Mais dans la bulle olympique, rien ne filtre. Courtoisie, sourires et révérences accompagnent nos allées et venues sous le ciel orageux de ce début septembre. Arrivés le 12 septembre, c'est-à-dire une dizaine de jours avant le début de la compétition, il va maintenant falloir s'acclimater à cette chaleur poisseuse et se remettre du décalage horaire. Puis trouver nos repères dans cette ville tentaculaire de dix millions d'habitants.

Des centaines de bateaux bleus et blancs – ils symbolisent l'Orient et l'Occident –, suivis d'embarcations peintes aux couleurs de l'olympisme surgissent d'un brouillard artificiel. Puis apparaît un vaisseau portant tambour et dragon, cette créature étant pour les Asiatiques promesse d'abondance. Ainsi s'ouvre le premier tableau du spectacle d'ouverture donné le 17 septembre 1988. Une fête grandiose que les organisateurs ont voulue « sans soleil ni lune, où tout est harmonie et silence vers la route de l'aurore qui conduit à la création du monde ». Elle s'achèvera lorsque le dragon, soutenu par cinquante figurants, fera entendre à deux milliards de téléspectateurs les battements de son cœur à l'approche de « l'Arbre de Vie », planté au milieu du stade. Un pylône en jaillit. Puis une vasque qui s'ouvre sur la flamme olympique. C'est un homme de soixante-seize ans qui est venu l'allumer. Il s'appelle Kee-Chung Sohn. En 1936, il a remporté le titre de champion olympique du marathon. À cette époque, il s'appelait encore Kitei Son[1] et avait été contraint de courir sous les couleurs de l'envahisseur japonais…

Le village des athlètes est constitué d'immeubles de cinq étages, dont les appartements offrent au moins deux chambres. Il est situé en lisière de la capitale, soit à une quinzaine de kilomètres de Kwachon. Il nous faut une vingtaine de minutes pour rallier les écuries lorsque notre chauffeur attitré, M. Kim, qui ne parle ni français ni anglais, ne s'égare pas trop. La bonne humeur est générale. Patrick Caron prendra pour habitude de pointer sur une carte la destination de notre choix, l'heure du rendez-vous, et les choses rentreront dans l'ordre.

Le quartier qui fait l'unanimité, là où se retrouvent tous les athlètes, s'appelle Itaewon. C'est un haut lieu de la contrefaçon, où alternent échoppes de barbiers et restaurants, boîtes de nuit, étals proposant serpents, singes, chiens, ou toute autre bête comestible pouvant être conservée dans un bocal. C'est encore dans ce quartier que M. Kim est le plus à l'aise. Il y navigue à merveille, connaît ici le tailleur qui coupera en vingt-quatre heures un merveilleux smoking pour 1 000 francs, et là, celui qui propose des chemises de la meilleure étoffe. Le soir

1. Transcription japonaise de son nom.

venu, Kim nous conduit avec une rare maestria jusqu'à l'hôtel Riviera, établissement dont le quinzième étage est investi par le Club France (première initiative du genre) qui fête ses premières médailles. C'est dans cet immeuble, planté au milieu d'une forêt de tours de verre et d'acier, que circulent toutes les informations, que se font et se défont les pronostics. C'est là que courent les rumeurs de forfait et celles de dopage. Là que se croisent les dirigeants du sport, les journalistes, les politiques et les hommes d'affaires. On y parle de performances et d'équipements. Et aussi de contrats et de management. L'activité physique est devenue un commerce comme un autre, et l'olympisme s'éloigne de ses valeurs originelles comme un iceberg détaché de la banquise. Cela m'attriste, et me conforte dans le choix que j'ai fait, même s'il est à contre-courant : celui d'incarner une pratique humaniste du sport de compétition.

Dans ce petit coin de France où nous rejoignent nos proches, s'installe une atmosphère décontractée et conviviale. C'est un îlot de réconfort dans cet univers de joutes permanentes. Ainsi, lorsque se présente, dans le cadre d'une interview sur Radio France, l'occasion de dialoguer avec un numérologue, je me plais à jouer le jeu. L'homme me demande de lui indiquer ma date de naissance, celle de Jappeloup, ainsi que le jour des deux épreuves qui nous attendent…

Je lui réponds tout de go : « 16-02-55 pour le cavalier ; 13-04-75 pour le cheval. 29 septembre et

2 octobre pour les épreuves par équipe et en individuel… »

Un silence.

« Le 29, c'est bien, m'affirme-t-il. Quant au 2, ce sera un très grand jour pour vous… Je n'en doute pas. Je suis prêt à mettre en jeu ma crédibilité sur ce point ! »

Ma détermination est entière. D'autant que mes rencontres avec la presse – durant lesquelles certains ont jugé bon d'émettre à mon encontre les soupçons d'un orgueil démesuré – n'ont fait que la renforcer, et je l'assène brutalement : « Je suis ici pour l'or ! » C'est sans doute un peu maladroit, mais je poursuis : « Avec Jappeloup, je suis à mon meilleur niveau, je bénéficie de la plénitude de mes moyens et je ne crains personne. » Des propos qui appelleront cette réflexion de Jean-Michel Oprendek, membre de l'encadrement de la délégation française : « Ton visage affiche ton assurance. Tu vas être dur à battre ! » Tant mieux si c'est visible. Surtout si mes adversaires le voient…

Le pire, aux Jeux Olympiques, ce sont ces nombreux temps morts propices à la gamberge. Alors, je m'intéresse à toutes les compétitions, à commencer par celles du concours complet et du dressage. Je vais soutenir les autres cavaliers, dont Margit Otto-Crépin avec qui j'ai beaucoup d'affinités. N'est-elle pas Verseau, comme moi – et aussi comme Frédéric Cottier et Philippe Rozier ? L'intérêt que nous portons à l'astrologie nous rapproche. Et il se trouve que notre thème astral est à son zénith, ça tombe bien. Cette femme installée en

Allemagne est dotée d'une élégance naturelle ; elle est aussi une cavalière intelligente et méthodique. Aux rênes de Corlandus, son Holstein bai harmonieux et puissant, elle va remporter une magnifique médaille d'argent dans l'épreuve de dressage. Cette deuxième place vient effacer des années de disette dans une discipline où la France devrait exceller puisqu'elle est la patrie des grands écuyers du Cadre Noir de Saumur. Mais dépassés par une évolution germanique du dressage, plutôt que de s'adapter, nos cavaliers se sont arc-boutés sur une certitude, celle que la vision qu'ils ont de leur art prévaut sur toute autre. Ce manque d'ouverture et cette absence de remise en cause ont plongé le dressage français dans une phase d'hibernation. Je l'interromprai un temps, durant ma présidence de la fédération. Mais, malheureusement, elle se réinstallera durablement – au point de nous rendre quasiment absents des JO depuis Atlanta.

Pour passer le temps, et aussi afin de garder une excellente condition physique, je m'adonne à d'interminables parties de tennis. Tantôt avec les copains, tantôt avec les Allemands, et notamment avec le *Kaiser*, Paul Schockemöhle. Il est devenu entraîneur national et je veux garder sur lui un ascendant. Tous les moyens sont bons pour impressionner l'adversaire. Une raclée en deux sets, deux jours avant l'épreuve par équipe, sanctionnera notre dernière partie…

– 20 –

L'or de Séoul

Jappeloup est en grande forme. Et il est beau : Bernadette lui a fait une coupe d'été à la tondeuse, révélant des muscles saillants. Il est gai et nos séances de travail s'inscrivent dans un esprit ludique. Je maintiens son humeur au beau fixe en le baladant le long des chemins qui bordent le champ de courses. Quant aux exercices à l'obstacle, axés sur la gestuelle du saut, ils visent à atteindre la parabole parfaite, la maîtrise de l'amplitude de la foulée, et la montée réflexe des antérieurs. Rien qui soit éprouvant à vrai dire – il s'agit de la répétition de fondamentaux techniques sur de petits obstacles. Une façon de revisiter les gammes, en quelque sorte.

Je me projette cette image déjà visualisée des milliers de fois au cours de mes séances de sophrologie : sur les mâts d'acier érigés en bord de piste, face aux tribunes du grand stade, trois drapeaux s'élèvent vers l'azur. Je ne me concentre cependant que sur le tricolore. Et je me surprends à fredonner *La Marseillaise*. Je veux être champion olympique.

« *Go for the gold* » est ma devise. Plus rien ni personne ne pourra m'en empêcher. Pourtant, une angoisse sourde ne me quitte pas. Avant d'en découdre pour l'or individuel, je dois être à la hauteur de ce qui m'attend dans l'épreuve par équipe. Je sais d'expérience qu'une place sur le podium, ce dont notre équipe a le potentiel, va se jouer sur l'obligation pour moi d'un parcours sans faute en seconde manche.

Le 28 septembre, les conditions sont idéales. Il fait beau, et le thermomètre affiche une chaleur agréable. La journée va être longue. Très longue : seize nations sont au départ de la compétition olympique par équipe ; chacun de leur quatre représentants devra effectuer deux manches sur un parcours identique. Du côté des écuries, ça se bouscule. Grooms, cavaliers, entraîneurs, vétérinaires, kinésithérapeutes et membres du staff fédéral tournent en rond, l'air grave. L'issue de ces Jeux concerne chacun. Ils ont été choisis pour créer les conditions de la performance. En cas d'échec, ce sera sans doute la fin de leur mission. Tout cet argent public investi en aides et en subventions se doit de financer la réussite. C'est une filière professionnelle dans son ensemble, du moniteur d'équitation au dirigeant de club, sans oublier l'éleveur de chevaux de sport, qui attend d'être valorisé par la bonne tenue des concurrents français. Nous savons aussi que nos proches, qu'ils soient assis dans les tribunes ou devant leur poste de télévision, croient en nous…

Nous autres cavaliers éprouvons le poids de ces responsabilités ; ce qui accentue encore l'enjeu de cette épreuve si particulière. L'homogénéité de l'équipe, la force du collectif, le droit à l'erreur par l'effacement à chaque manche du plus mauvais score réalisé par l'un des quatre cavaliers, nous ouvrent d'autant plus de possibilités que nous figurons au nombre des nations les plus fortes. Et puis, il y a ce serment qui nous lie les uns aux autres. Nous ne sommes pas forcément des amis, mais nous sommes intimes et convaincus que le destin des uns dépend de celui des autres. Forcément, cela crée un lien fort qu'aucun d'entre nous ne veut rompre par sa défaillance. Or, à Los Angeles, en faisant perdre tout espoir de médaille de bronze par ma chute, j'ai trahi la confiance qui m'avait été accordée. Ce sentiment m'habite autant que la quête personnelle du Graal olympique. Aujourd'hui, je dois me débarrasser de ce remords. Je ne peux plus décevoir. Le mieux est d'oublier… Je vais exclusivement me focaliser sur les difficultés du parcours qui comporte treize obstacles. Me recentrer sur le geste juste, sur la technique pure.

Septième nation à l'issue de la première manche que j'ai bouclée avec le meilleur score de l'équipe – 4,25 points –, je sais que nous allons devoir effectuer une remontée spectaculaire pour espérer un podium. Celui-ci reste cependant à notre portée. Mes partenaires en sont, comme moi, convaincus. Chacun d'entre nous doit maintenant améliorer son premier passage sur un parcours très technique et ne pas épargner les efforts de son cheval. Cela se solde par deux fautes pour Hubert Bourdy, une seule pour Frédéric Cottier et notre « Papé » Michel Robert. Le redressement est en marche. D'autant que les autres nations, à l'exception de l'Allemagne qui exerce une domination surnaturelle, n'ont pas fait mieux…

Je suis resté aux écuries tout au long de cette seconde manche pour mieux me préparer mentalement à assumer cette responsabilité qui pèse sur le dernier à s'élancer. Je m'enivre de musique tonifiante, tout en me faisant masser dans une pièce sombre par le kiné. Être relâché dans son corps tout en étant en prise avec la réalité. Lucide. Voilà dans quelles dispositions je dois me présenter pour achever la partition collective entamée par notre équipe.

La réalité me rattrape en cette fin d'après-midi du 28 septembre quand, par talkie-walkie, Patrick Caron me demande de monter en selle et de rejoindre le paddock. Je me doute bien que s'il ne m'a pas donné le classement provisoire de l'épreuve, ce n'est pas par oubli, mais plutôt par choix. Inquiet, je le rappelle. Je veux savoir ce qui m'attend. Il conclut notre conversation par un laconique « Comme d'habitude ! » C'est donc un sans-faute que je dois accomplir et rien d'autre. D'un bond, je monte sur Jappeloup qui lui aussi a été longuement préparé et massé. L'heure de vérité a sonné. Si j'ai des comptes à régler avec moi-même, avec mes détracteurs, avec la prestigieuse histoire de l'équitation française, c'est maintenant. Je ne veux pas renvoyer mes partenaires à cette détresse qu'ils ont connue il y a quatre ans… Je rassemble mes forces. Je vais chasser mes vieux démons et clore aujourd'hui le pire chapitre de ma vie, après la disparition accidentelle de Virginie. Je veux pouvoir continuer en paix. Je suis mieux armé et Jappeloup plus expérimenté. Le couple de 1988 n'a plus rien à voir avec celui de 1984. Cette fois-ci, le costume n'est pas trop grand. En avant !

Devant un public coréen vaguement intéressé par ce sport qu'il découvre, mais aussi devant le parterre de spécialistes qui attendaient ce moment, je claque un parcours sans faute à quelques dixièmes du temps imparti. Le bronze est pour nous. Je revis. Je quitte la piste sans euphorie excessive, m'excusant encore de cette faiblesse survenue en 1984 qui nous avait tant meurtris, et je m'accorde cinq minutes de dialogue intérieur tandis que Jappeloup récupère. Ensuite, je rejoins mes copains cavaliers pour savourer avec eux les joies d'une médaille remportée par équipe. La France n'en avait pas décroché depuis Montréal. Ma dette est réglée. Sur un podium où nous devancent Allemands et Américains, aux côtés de mes frères d'armes, je me sens enfin libre.

C'est le moment que je choisis pour couper avec l'atmosphère fraternelle du village olympique. Je rejoins Nadia à l'hôtel New World. Durant les cinq jours à venir, qui seront entrecoupés par une dernière épreuve qualificative en vue de l'individuelle, je veux vivre tel le navigateur solitaire. Maintenant que je me suis racheté aux yeux de mes camarades, je tiens à plonger seul dans les « quarantièmes rugissants » de la grande finale. Et puis, nous sommes en deuxième semaine de ces Jeux, et l'esprit du village est plus festif. Les flonflons, ce sera pour plus tard. Le soir, dans la chambre 730 de mon hôtel, je rédige méticuleusement, comme je le fais depuis dix mois, sur un bloc à l'intérieur duquel sont glissées deux photos de ma fille Lisa, mes impressions, sensations et commentaires…

En cette veillée olympique, alors que je feuillette mon « livre de bord », je tombe sur quelques notes consignées en avril qui auraient pu me priver de mon rêve. Lors de la finale de la coupe du monde, à Göteborg, Jappeloup a été déclaré positif à l'issue d'un contrôle antidopage – réaction supposément liée à l'utilisation d'un anti-inflammatoire, la dexaméthasone. Je suis resté abasourdi. Bientôt, la fédération m'a sommé de m'expliquer. Une cellule de crise a été mise en place pour assurer ma défense, car je risquais gros : plusieurs mois de mise à pied pouvaient compromettre ma participation aux JO. Moi, le défenseur des valeurs de Pierre de Coubertin, réduit à l'infamie ? Jean-François Chary, président de la Fédération française d'équitation mais aussi professeur vétérinaire, nous assura de l'innocuité du produit. En d'autres termes, si l'intention de doper Jappeloup avait été manifeste, il aurait alors mieux valu recourir à un produit efficace. Qui avait administré quoi ? Quand et comment ? N'étaient en Suède que Bernadette, Patrick Caron, Marc Delmon, et moi. Autour d'une table de fidèles, l'idée d'un dopage malveillant commence à nous traverser l'esprit. Et si l'un d'entre nous était un menteur ? Par chance, plusieurs vices de forme vont annuler la procédure. Le prélèvement a été effectué en mon absence, alors que je prenais part à une conférence de presse. En outre, le contrôleur qui s'en est chargé n'a pas procédé à la prise d'urines préalable. Enfin, c'est ma groom qui, alors qu'elle n'était pas habilitée à le faire, a signé à ma place la feuille de contrôle. Or, le cavalier est seul responsable de son cheval.

La commission juridique de la FEI[1] a prononcé la relaxe. L'incident aurait dû rester secret puisqu'il a débouché sur un abandon des poursuites, mais un journaliste vint à relater l'affaire. Non sans quelques sous-entendus, d'ailleurs. Je devais agir. Je décidai de placer Jappeloup sous surveillance permanente à dater de ce jour. Mon père conçut un bloc alarme placé la nuit, lorsque nous étions en compétition, à l'intérieur de son box, contre sa porte. À son ouverture, une sirène se déclenchait ; on devait bien l'entendre à des kilomètres… Évidemment, je n'ai pas mis ce dispositif dans mes bagages en venant à Séoul. Je sais que la sécurité y est maximale. Les bâtiments, sous surveillance militaire, sont modernes, suréquipés. Ici une maréchalerie rutilante, là une clinique dotée d'une piscine pour les chevaux, là encore, un complexe pouvant en accueillir un millier…

1. Fédération équestre internationale.

Le 30 septembre, deux jours avant notre grand rendez-vous dans l'enceinte du stade olympique, je suis avisé par Olivier Lepage, le vétérinaire officiel arrivé dans notre équipe en remplacement de Marc, de diarrhées dont Jappeloup est l'objet. Il se vide littéralement. En l'absence de toute autre explication plausible, l'eau, bien que déjà consommée depuis plusieurs semaines, est mise en cause. Seule objection à ce diagnostic, mon cheval est le seul malade. Par précaution plus que par conviction, il est décidé de recourir aux stocks d'eau de Vittel n'ayant pas été entièrement consommés par l'ensemble de la délégation française. Deux palettes sont expédiées à l'écurie sur intervention du chef de la délégation, Jean-François Chary. Il n'en faut pas moins cependant pour que ressurgisse le spectre de la malveillance. Quitte à passer une fois de plus pour paranoïaque, je demande à Bernadette de ne plus laisser Jappeloup seul ; je l'invite donc à dormir sur un lit de camp, en travers de la porte de son box, durant les deux nuits restantes. Les Jeux incitent les êtres humains que nous sommes à plonger dans l'irrationnel. Je sais aussi les actes ignobles dont les hommes sont capables. Et pour gagner, il ne faut rien exclure…

La santé de Jappeloup s'améliore en vingt-quatre heures, son transit semble revenir à la normale. Ayant dû ménager mon cheval à l'entraînement, je lui impose, la veille de l'épreuve individuelle, une dernière séance sur obstacles avec, au programme, quelques exercices familiers. Je lui fais franchir de courts enchaînements. Des espaces de trois mètres vingt, cinq mètres soixante, neuf mètres quatre-vingts, sept mètres et dix mètres vingt séparent une succession de verticaux et d'oxers aux dimensions raisonnables. Les passages de Jappeloup sur ce dispositif conçu pour lui sont bientôt scrutés à la loupe par Frank Chapot, le très sombre chef de l'équipe américaine, entouré de ses cavaliers. Parmi eux, Greg Best, qui forme un duo exceptionnel avec Gem Twist. Ils sont intrigués. Quel est l'intérêt de pareille pratique ? La plupart des cavaliers, angoissés par les parcours qui les attendent, se rassurent en faisant franchir à leurs chevaux, la veille, d'énormes obstacles.

Cette façon de surveiller les méthodes d'entraînement des concurrents, qui relève de l'espionnage, a aussi pour objet de bénéficier de fuites éventuelles sur les obstacles qui nous seront imposés. Les plus épiés sont les Allemands, dès lors que le chef de piste est leur compatriote Olaf Petersen : d'aucuns s'interrogent sur l'aisance insolente avec laquelle ils ont gagné par équipe, sans même avoir eu besoin de faire appel à leur dernier cavalier, Franke Sloothaak.

L'après-midi, je rejoins l'enceinte olympique pour m'imprégner de son atmosphère une dernière fois. Je veux m'y fondre. Et me régaler du spectacle des courses disputées sur quinze cents et cinq mille mètres remportées par Peter Rono et John Ngugi, deux Kényans. Un dernier coup d'œil sur la piste où la finale du cent mètres a été courue, et je rejoins Frédéric Cottier, Hubert Bourdy et Michel Robert pour un succulent dîner au restaurant gastronomique du New World. Tout est parfait, la carte dédiée à la cuisine française, la vue panoramique sur la ville, le coucher de soleil. Je me dis cependant que le moment est surréaliste. Nous sommes à la veille de la finale olympique et l'on goûte des plaisirs a priori peu recommandés aux sportifs de haut niveau. Mais cette pause se révèle nécessaire, elle nous permet de gérer un moment anxiogène avant de nous retrouver dans l'isolement de notre chambre.

Après avoir pris connaissance d'un message d'encouragements de Jean-Pierre Dumas, mon père spirituel, et d'un autre, plus tendre, de maman qui veille dans la maison familiale sur notre petite Lisa, nous nous séparons…

Je m'endors sur mon calepin secret, noirci de mes dernières pensées. J'y ai dressé la check-list de ce que je dois faire le lendemain. Et aussi écrit ces mots : « Se transcender pour Marc. » Marc Delmon, l'ami véto arraché à la vie quelques semaines auparavant, alors qu'il se rendait à Fontainebleau. C'est avec lui que j'avais pour habitude d'occuper les longs moments d'attente en compétition. Nous parlions littérature, et souvent d'Oscar Wilde, l'un de ses écrivains préférés. Marc était un confident des bons et des mauvais jours. Son humour faisait du bien. Un salon du Club France porte aujourd'hui son nom, à sa mémoire. Il sera présent, en moi, tout au long de la matinée du 2 octobre 1988.

Je n'ai pas passé une nuit calme. À 3 heures du matin, le concierge de l'hôtel a jugé indispensable de me réveiller et le téléphone a sonné : *« Hello Sir,*

I have an urgent message for you », m'a-t-il annoncé. Même ensommeillé, j'ai tout de suite pensé à ma fille. De quoi s'agissait-il ? Je n'en avais pas la moindre idée et, dans le doute, je lui ai dit de monter. Il a traversé des enfilades de couloirs déserts avant de frapper à la porte de ma chambre pour me remettre un Télex qui, une fois déroulé, devait atteindre les cinq mètres de long. J'ai alors mieux compris l'empressement de cet homme. En fait, il s'agissait d'un message d'encouragements adressé par notre sponsor, la maison de Luze, qui l'avait fait signer par plusieurs centaines de supporters girondins. Cela aurait en effet pu attendre l'heure du petit déjeuner… Surtout que tous ces soutiens rappelaient l'attente que je suscite.

Je me suis à nouveau glissé dans les bras de Morphée, pour quelques heures seulement, car il faisait encore nuit à mon réveil. J'ai maintenu la chambre dans une relative obscurité quand j'ai entamé ma séance quotidienne de méditation, toujours allongé dans mon lit. Je sais que rien ne peut aboutir sans la puissance du mental, sans cette volonté, cette détermination, ce désir de vaincre qui m'habitent et que je m'efforce de t'insuffler, mon Jap, lorsque je suis sur ton dos, face à des obstacles plus hauts et plus gros que toi.

Une fois un pied hors du lit et la certitude que tout se passerait bien, j'ai pris une douche froide – comme toujours avant une épreuve décisive. Je me suis habillé tranquillement, j'ai avalé un thé. Puis j'ai quitté la chambre non sans avoir glissé dans ma poche mon brassard. Je tenais mes vieilles bottes noires dont la tige est prolongée par un parement de cuir bordeaux. Appliquées avec un art consommé et beaucoup d'énergie, de fines pellicules de cirage les avaient impeccablement patinées au fil du temps.

Accompagné de Nadia, j'ai gagné la réception sans croiser âme qui vive, salué le réceptionniste à qui j'ai remis ma clé, traversé un hall de marbre un peu moins vaste qu'une gare. Quand je suis sorti, il faisait froid ; un minibus aux vitres teintées m'attendait avec mes amis cavaliers à l'intérieur, son moteur tournait au ralenti. J'ai pris place sur l'une des banquettes à l'arrière…

Nous avons traversé la ville assoupie. Après avoir filé à bonne allure sur des artères qui seront paralysées dans deux heures – des millions de bagnoles encombrent chaque jour les artères de Séoul –, être passé au pied de tours et d'immeubles noyés dans la brume, avoir longé des parcs et des temples déserts, puis le palais présidentiel, le chauffeur a emprunté un pont qui enjambe le fleuve Han. Son lit dessine un W au cœur de la mégapole adossée aux montagnes. J'ai aperçu quelques bidonvilles à sa périphérie et puis, un peu plus tard, alors que l'on roulait en direction de Songpa-gu, j'ai vu, tapi dans le lointain, le stade olympique dessiné par Kim Swoo Geun – il a trouvé son inspiration en contemplant les vases d'une très ancienne dynastie. C'est un honneur sans pareil d'y concourir, les autres épreuves équestres se déroulant sur l'hippodrome de Kwachon, dans un cadre agréable, certes, situé au milieu de collines boisées, mais à une quinzaine de kilomètres du centre.

Ce stade, Jappeloup, sera celui de notre sacre…

Les obstacles qui, à l'exception d'un seul, se veulent un reflet des traditions et de la culture coréennes, sont monumentaux et montés sous le contrôle du chef de piste ; leur disposition est une succession de difficultés techniques que devront surmonter les cavaliers et leurs montures. Pagodes et dragons menaçants côtoient maintenant éventails de tissu rose et lampions. Les chevaux vont-ils être impressionnés par leur aspect inhabituel ? Par ailleurs, leurs cotes sont monumentales : tous les oxers font un mètre quatre-vingts de large et leur hauteur avoisine un mètre cinquante-cinq. C'est énorme.

Hier encore, ce sont deux équipes de foot qui s'affrontaient ici, et le sol, tassé depuis peu, donc dur comme du béton, n'est pas particulièrement adapté au type d'exploit que nous nous proposons de réaliser. L'organisation a d'ailleurs dû recourir aux marteaux piqueurs pour creuser le bidet et la rivière. Arroser cette terre pour la rendre plus souple n'est pas envisageable à quelques heures de l'entrée en lice des cavaliers, car elle deviendrait glissante et les risques d'accident en seraient décuplés.

Avec les autres engagés, tout aussi circonspects que je le suis, nous effectuons à pied une reconnaissance du parcours aux premières lueurs du jour.

La découverte du terrain olympique est un instant inoubliable. Olaf Petersen s'est laissé aller à son délire créatif. Seize obstacles inspirés de la culture coréenne, très imposants, devront être franchis. Des tons pastel adoucissent l'expression menaçante des dragons disposés de part et d'autre des barres. Tout le reste n'est que couleurs vives. Sont réunies dans cette enceinte les différents obstacles que l'on peut sauter un peu partout dans le monde. Des palanques aux couleurs de la Corée, en forme de vagues, inquiètent du fait de leur étroitesse. Le chef de piste allemand, qui a travaillé deux ans à son projet, nous propose un parcours à son image... grandiose. Originalité et élégance se conjuguent pour marquer les esprits. Durant la nuit, aidé de plus de cent personnes, dont des soldats, il a travaillé d'arrache-pied, allant jusqu'à creuser une rivière de cinq mètres cinquante par quatre mètres cinquante dans le sacro-saint gazon du stade. Un revêtement de caoutchouc, lourd de deux tonnes et demie, est venu en tapisser le fond.

Les problèmes posés ne sont pas tant liés au volume des obstacles ou aux distances qui les séparent, qu'à la répétition des efforts éprouvants qui seront à fournir. Les combinaisons ont été minutieusement étudiées. Le décor est planté pour une finale individuelle palpitante. Je ne suis pas étonné. Seulement heureux que tout cela ne soit pas banal. Olaf Petersen, avec qui j'ai parié sur ma victoire quelques jours auparavant, a su se montrer à la hauteur de l'événement...

La semaine a été éprouvante pour les organismes de nos chevaux. Se sont succédé un *warm up,* une qualificative en vue de l'épreuve disputée par équipe, en deux manches, puis encore une qualificative, en prévision, cette fois, de la finale en individuel… Les montures les plus solides, celles qui ne souffrent de nulle part, prendront le départ avec un net avantage sur leurs adversaires. Pour le reste, c'est la détermination du cavalier qui fera la différence…

Ce matin du 2 octobre, il fait beau. Frais. Malgré un transport en pleine nuit, depuis les écuries de l'hippodrome de Kwachon jusqu'au stade olympique, Jappeloup à l'œil vif. Il est fringant. Détendu mais en éveil – comme à l'affût. Il se tourne vers moi spontanément. Veut-il me faire comprendre qu'il est prêt ? Je caresse doucement avec la paume de ma main son œil droit toujours un peu larmoyant et l'embrasse sur le soyeux de sa peau, juste au-dessus de la commissure de ses lèvres. Il adore. Moi qui redoutais le stress lié à ce transfert, me voilà rassuré. Ce jour va être le nôtre. De toute façon, les oracles nous sont favorables : tous les douze ans, l'équitation française se pare d'or. Il en est ainsi depuis 1952, à Helsinki. Il y a eu ensuite Tokyo, en 1964, puis Montréal en 1976. Nous devons nous inscrire dans cette continuité. Ne sommes-nous pas en 1988 ?

J'entre en concentration en cirant soigneusement ma vieille paire de bottes – ce sont mes fétiches, en quelque sorte. Je dois m'occuper pour ne pas être préoccupé. Mais pas de trac cette fois, contrairement à ce que j'ai ressenti avant l'épreuve par équipe. Lors de la reconnaissance du parcours à l'aube naissante, j'ai accepté le *lucky dollar* que m'a glissé dans la main Bill Steinkraus, champion olympique en 1968 à Mexico. L'Américain m'a assuré qu'il me porterait bonheur. J'en ferai le cadeau à Rodrigo Pessoa avec le même rituel, aux JO d'Athènes, en 2004. Au paddock, en voyant accroché à la ceinture de Bernadette un petit chapeau en laine écarlate tricoté par une fidèle supportrice suisse, je me suis dit que rien ne pourra nous arrêter…

J'enfile ma veste bleu roi aux parements amarante. Autour du bras gauche, mon brassard vert au numéro 283. Une constatation s'est vite imposée à moi et ma stratégie est bâtie depuis longtemps : en m'intéressant aux performances réalisées depuis que le concours hippique est inscrit au programme des JO, l'auteur d'un double parcours sans faute est assuré de remporter la victoire. C'est sur ce principe que je vais arrêter ma tactique de course, quitte à encourir des points de pénalité en dépassant le temps imparti. Ils seront de toute façon inférieurs à ceux qu'occasionne un refus – à savoir trois points[1]. Je sais ma stratégie risquée, mais je suis convaincu de son efficacité.

À l'enjeu sportif qui stresse même les cavaliers les plus solides, s'ajoute l'appréhension de multiples inconnues. À commencer par l'enceinte oppressante dans laquelle les chevaux vont pénétrer pour la première fois. Vient ensuite la nature du sol, différente

1. Quatre points aujourd'hui.

de celui foulé sur le stade équestre de Kwachon : il s'agit ici de la pelouse d'un terrain de football, et non plus de ce mélange de sable et de terre auquel les chevaux se sont habitués lors des cinq parcours précédents. Le public, si peu connaisseur, va-t-il être bruyant ? Autant de paramètres sur lesquels il n'est pas possible d'avoir la moindre emprise ; ils vont cependant influencer le cours de la compétition…

Pour avoir compilé depuis deux saisons les parcours imaginés par Olaf Petersen, aucun des enchaînements prévus dans le cadre de la première manche ne me prend au dépourvu. J'aurais pu parier sur l'existence de ces séquences techniques ; je les ai visionnées au cours de ma préparation mentale et Jappeloup s'est entraîné dessus. Je suis en terrain connu et je me sens comme chez moi. De plus, je vais partir en vingt et unième position, mon chiffre porte-bonheur…

Au paddock, sur le terrain adjacent au stade, Jappeloup est plein d'énergie. Son entrain me stimule. La détente se déroule idéalement et les obstacles d'échauffement, dont les dimensions sont raisonnables, sont franchis avec justesse. Pas question, toutefois, de me rassurer en sautant les mêmes obstacles que ceux disposés sur la piste. Les forces vives de Jappeloup ne doivent être sollicitées qu'à bon escient ; il faut en garder sous le pied, la compétition va être longue et épuisante.

*
**

8 heures du matin. Deux mille spectateurs seulement ont pris place dans les gradins du stade olympique lorsque le concurrent belge, Jean-Claude Van Geenberghe, désigné pour ouvrir les hostilités, présente son cheval Piquet face au premier obstacle. Moins d'une heure plus tard, quand je monte en selle, les travées sont à peine moins clairsemées. Il me semble ressentir à cet instant précis une accélération de mon rythme cardiaque. Comme à mon habitude, après avoir salué le jury, je fais reculer Jappeloup pour rassembler ses forces. Puis il s'élance à la pression de mes jambes. Petit galop souple, onctueux, bien en équilibre. Il arrondit l'encolure, déploie de petites foulées, bien léger sur son mors. C'est parti...

Le premier obstacle est un vertical de un mètre quarante que Jappeloup franchit allègrement. Il se réceptionne avec aisance et s'inscrit docilement dans le virage à main gauche pour aborder un oxer qu'encadrent deux beaux éventails roses ; pour le passer, il faut déjà sauter haut et large. Dès que je le sollicite, propulsé par une arrière-main phénoménale, il s'élance sur l'obstacle et se détend comme un ressort trop longtemps comprimé. Passe bien au-dessus des barres. Sans encombre... Il ne renâcle pas. Devant nous, un mur au toit en pagode de un mètre soixante ; je laisse Jappeloup se déployer sur des foulées régulières. Puis je canalise son ardeur, je le rassemble à quelques mètres de l'obstacle et, au moment de la prise d'appel, je libère, subitement, face aux barres, toute la puissance que ses muscles ont accumulée. Un virage à main gauche assez fermé, et, dans ma ligne de mire, après avoir contourné un massif fleuri, un oxer monstrueux, bien plus encore que le précédent, que gardent quatre dragons. Jappeloup l'avale. Puis il survole, avec l'agilité d'un chat, sur une légère inflexion de courbe, un oxer étroit bien carré. Un large virage, piste à main gauche, pour aborder une ligne de cinq obstacles, dont deux doubles, en enfilade. À la difficulté de cet enchaînement, Jappeloup répond par une générosité et une énergie exceptionnelles. Une petite frayeur cependant : il a tutoyé des postérieurs l'un des oxers, placé juste en sortie de virage… La barre a vibré, s'est légèrement soulevée mais est restée en place sur ses taquets. Le pire vient d'être évité… Il faut dire qu'avec une distance de huit mètres, entre le vertical en entrée et l'oxer, l'effort à produire sur une foulée est considérable.

À la réception, je suis gêné par ma bombe, et je l'évacue volontairement d'un mouvement de tête. Nous sommes à mi-parcours. Tout s'est jusque-là déroulé comme prévu, il ne faut pas se relâcher, et être en anticipation permanente. Il en faut si peu parfois à Jappeloup pour partir en vrille : c'est lui que je monte, je ne dois pas l'oublier. Je contourne le massif de fleurs à droite pour aborder plus loin un nouvel oxer avec des haies qu'il passe sans faillir. Puis c'est la rivière, large comme le Danube pour un petit cheval comme Jappeloup ; il s'étire largement au-dessus de l'eau. Je le récupère sitôt ses sabots au contact du sol, pour le rassembler en un minimum de temps et lui permettre de franchir un vertical d'un mètre soixante qui arrive très vite… Les chefs de piste aiment bien ce genre de traquenard. Oui, ça passe facilement ! Encore une difficulté, une seule, le double : ce spa de deux mètres de large et de un mètre cinquante-cinq de haut, suivi d'un vertical de un mètre soixante très rapproché, à une distance de sept mètres quarante… Une nouvelle « touchette » sur la barre de spa et le vertical de sortie est franchi sans peine. Souffle Jappeloup !

C'est un sans-faute, mais il est encore trop tôt pour exulter. Toujours au galop, je flatte l'encolure de mon Jap. Un filet de sueur ruisselle sur ses veines saillantes, je sens son sang affluer en surabondance, il a encore du jus, le petit cheval. Et pourtant, les efforts qu'il vient de fournir dépassent l'entendement. Bernadette se précipite pour passer sur sa croupe sa couverture rouge vif de champion d'Europe, lui refile au passage une petite friandise, alors que Patrick Caron, l'entraîneur national, nous rejoint, le visage radieux. Je sais qu'il a déjà élaboré une stratégie et que nous allons en discuter sitôt descendu de ma selle.

Le temps imparti pour effectuer ce parcours était de cent sept secondes ; le chrono réalisé est de cent sept secondes et quinze centièmes. Cela me coûte un quart de point de pénalité, autant dire : rien. Tout est conforme à mon plan de route. Il faut savoir qu'à ce niveau de compétition, les sans-faute sont très rares. Mais je ne suis à l'abri de rien. D'ailleurs, moins d'une demi-heure plus tard, un Allemand, Karsten Huck, sur Nepomuk VIII, va venir nous déloger de la première place avec une aisance et un brio incroyables, en réalisant un sans-faute parfait. Et Ian Millar, le Canadien, est dans mes talons, seulement pénalisé de trois quarts de point de temps dépassé. Parce que même si nombre de favoris, anglais et américains notamment, ont échoué, la bataille va être rude entre les survivants.

Le scénario est idéal : en l'absence de John Whitaker et de Milton, je devance mon rival désigné et me tiens en embuscade derrière l'Allemand – tout surpris d'être arrivé là, lui qui faisait office de remplaçant au sein de son équipe. Il sera le dernier à s'élancer dans la seconde manche. Jusqu'alors, mon plan fonctionne parfaitement, mais rien n'est gagné. Car à la moindre faute, il en sera fini du podium. Vers le milieu de la matinée, pendant le montage de la piste de la seconde manche, je vais m'isoler à côté du paddock sur le matelas de réception du saut à la perche. Je croque quelques barres de céréales car le lever à 5 heures est déjà loin. Je pratique des exercices de sophrologie. Muni de mon cahier d'écolier et d'un stylo, j'analyse par écrit mon parcours de la première manche, et reconstruis ma stratégie en consignant les motivations qui me poussent au dépassement. Cela donne : « Médaille d'or. Je suis heureux. J'ai une femme, une fille et des parents merveilleux. Je veux offrir une reconnaissance universelle à Jap. » Tout est dit. Et, les écouteurs dans les oreilles, je passe en boucle *Sailing* de Christopher Cross et le répertoire poétique de Jean Ferrat.

Patrick Caron me rejoint et nous allons reconnaître le parcours de la seconde manche. Pour avoir déjà participé à une finale olympique en individuel, où seuls les vingt meilleurs de la première manche se retrouvent, je sais à quoi m'attendre. C'est le temps de la démesure. Les seize obstacles de la première manche, dont la rivière de quatre mètres cinquante, sont gravés dans mes rétines. Jappeloup y a mis tout son cœur pour les franchir. Malgré sa petite taille, son tempérament explosif le propulsera à nouveau sur la bonne trajectoire au-dessus de ces monstres. Je veux m'en persuader. Et nous les vaincrons l'un après l'autre…

De la partie des gradins réservée aux cavaliers, je constate avec Frédéric Cottier, non qualifié pour ce round final, que si le triple et le double sont fautifs, ainsi que la palanque numéro 5 en forme de vagues, le « juge de paix » est bel et bien l'oxer dénommé, avec un brin de narcissisme par le chef de piste lui-même, « la porte du jardin de Petersen ». Il s'agit de l'avant-dernier obstacle ; les chevaux percutent fortement le premier plan qu'ils apprécient mal, du fait d'une grosse haie placée à l'intérieur. Ces fautes répétées ont une autre explication. La plupart des cavaliers considèrent que le deuxième plan de cet oxer, qui culmine à un mètre soixante-dix pour une largeur identique, est celui qu'il faut franchir coûte que coûte. Ils en oublient le premier plan d'un mètre soixante et c'est contre celui-ci qu'ils vont se fracasser. Pour déjouer le piège de cet obstacle rustique, nous comprenons Frédéric et moi qu'il faut l'aborder avec beaucoup de rythme, sans accélérer dans les deux dernières foulées, et en éloignant un peu l'appel du premier plan. La vitesse acquise au sommet de la trajectoire donnera l'amplitude suffisante pour couvrir la largeur.

Pensant avoir décelé toutes les subtilités du parcours, je pars rejoindre Jappeloup. Toujours fringant, il m'attend au bout d'une longe tenue par Bernadette. Son œil est bagarreur, je sens qu'il veut en découdre. J'ai bien perçu lors de la manche initiale qu'il est au zénith de sa forme. En ce jour si important, j'ai même l'impression qu'il a pris la mesure de l'enjeu. Sans doute ai-je dû, par osmose, lui faire comprendre qu'on jouait là une partition qui resterait la plus importante de notre carrière.

Nous sommes enfin en harmonie après huit années passées à se chercher, à se chamailler, à se provoquer. Cela relève de l'alchimie ; nous nous déclarons aujourd'hui notre amour comme s'il avait fallu attendre ce moment de vérité pour nous affranchir de notre pudeur et de notre orgueil. Avant, nous étions trop fiers et trop libres pour vouloir nous aliéner. Jappeloup est mon alter ego. À moins que ce ne soit l'inverse. Portés par la félicité, nous oublions les autres. Nous voulons, ensemble, et rien que pour nous, réussir là où nos dispositions naturelles n'auraient jamais dû nous emmener.

Dix obstacles sont à franchir dans le cadre de la seconde manche ; soit treize efforts, mais ils sont encore plus impressionnants. Les cavaliers et leurs montures doivent être confrontés à un summum de difficultés, un cap dans l'excès est franchi à chaque olympiade, projetant toujours notre sport vers de nouvelles limites. Mais n'est-ce pas l'esprit de cet événement : « Plus vite, plus haut, plus fort » ? Les chevaux les plus âgés, mis à mal par un premier parcours à la fois long et galopant, sur un terrain très dur, sont fourbus. Flambeau C, dix-sept ans, vétéran des Jeux – il était déjà à Moscou en 1980 – a renversé quatre barres, c'est dire le niveau d'exigence. Ce crack qui a pris part à cinquante-huit coupes des nations, quarante-cinq Grands Prix CSIO, cinq championnats d'Europe et deux championnats du monde, ne sera hélas jamais médaillé à titre individuel aux Jeux. Sa meilleure chance s'est enfuie quatre ans auparavant à Los Angeles. Michel Robert, lui, a franchi le cap de la première manche avec seulement une faute avec La Fayette et peut donc encore prétendre à un podium... Dans les rangs français, Jappeloup et moi sommes donc les derniers à chercher de l'or. Du côté de nos adversaires, Joe Fargis, qui a récolté deux médailles d'or à Los Angeles sur Touch of Class, figurait au nombre des concurrents les plus redoutables avec Broome, Skelton et Sloothaak, mais il vient de faire une faute avec Mill Pearl. Bien qu'en embuscade, il est derrière nous et je ne vais pas m'en plaindre. Les chances de Ian Millar, gagnant de la coupe du monde en début d'année, à quarante et un ans, restent considérables après son sans-faute sur Big Ben, même si le temps imparti a été dépassé de soixante-quinze centièmes de secondes. Avec l'Allemand

Karsten Huck, le seul cavalier à avoir inscrit un sans-faute dans le temps, il sera mon compétiteur le plus sérieux. Derrière, à quatre points, s'étire la ribambelle des cavaliers qui ont commis une faute. Ils ne sont pas loin, à l'affût. Oui, j'en suis sûr, sur les vingt et un engagés de cette seconde manche, c'est entre nous trois que cela va se jouer. Il y a trois chevaux pour trois médailles. Mais une seule est en or…

Les cavaliers vont se succéder selon l'ordre inverse des résultats de la première manche ; j'entrerai donc en piste avant Karsten Huck et son bai brun, qui ont terminé en tête du classement provisoire. Il va falloir oublier le chrono et jouer à fond la carte du sans-faute. Prendre le risque d'être pénalisé au temps mais ne pas même effleurer une barre. Si tout se passe bien, seul un sans-faute plus rapide sera alors en mesure de nous battre Jappeloup et moi – et là, statistiquement, il n'y a plus grand monde pour y parvenir. Oui, c'est ainsi qu'il faut procéder…

Je suis alors, bien malgré moi, témoin de la fébrilité de Ian Millar qui s'obstine à faire sauter un oxer gigantesque à Big Ben avant d'entrer en piste ; à chaque franchissement, le cheval se punit sévèrement. En espérant le rendre plus respectueux des obstacles qu'il va rencontrer d'ici quelques instants, le Canadien ne fait que blaser son cheval et le priver d'une partie de son énergie. L'enjeu sportif déstabilise les plus aguerris ; nul n'est à l'abri de vivre un jour pareille expérience à ce niveau de compétition. Lorsque je croise Ian Millar quelques minutes plus tard dans le lugubre tunnel qui relie le paddock à l'entrée du stade, je ne suis pas surpris par son mauvais score : 12, 25 points de pénalité. Un cheval saute en piste comme son cavalier l'a préparé sur l'aire d'entraînement. Ian Millar n'avait plus confiance en son Big Ben. Pourtant, Dieu sait combien de fois ce cheval lui a montré à quel point il était fiable. C'est ce doute pernicieux qui a scellé leur défaire.

Ce tunnel, il fait tout dans l'épreuve. Il peut nous faire perdre. Les fers qui percutent le sol en ciment à peine amorti par une fine moquette, les bruits qui résonnent, l'obscurité inquiétante. Un halo de lumière apparaît au loin, un point blanc, qui grossit. Puis l'on aperçoit le stade immense. C'est angoissant.

Un jet d'eau d'Évian en brumisateur sur le visage pour augmenter ma vigilance, et j'entre en piste à mon tour. Lors de mon salut au jury, Jappeloup, statufié, se grandit et, tête relevée, embrasse du regard le stade tout entier. Il y a plus de monde que tout à l'heure, mais on est loin d'afficher complet. Un rapide coup d'œil à l'intérieur de ma bombe où se trouve une photo de ma fille… Une caresse à Jappeloup. On y va… au pas, suivi d'un départ au galop. Arrêt. Puis un reculer pour le monter en pression. Le cheval obtempère, sa nuque est souple, aucune résistance. Il est réceptif. Puis nouveau départ au galop, régulier, bien rassemblé. Je sens sous la selle cette énergie qui est celle d'un volcan sur le point d'entrer en éruption. La même que lors de notre première prise de contact, huit ans auparavant. Big Ben et « Captain Canada » ont accumulé trois fautes et se retrouvent dans les abysses du classement. C'est donc entre Karsten Huck et moi que la victoire se joue maintenant. Avec Jappeloup, on part pour de l'or. Cependant, la pression est telle que seule une concentration extrême permettra de relativiser l'enjeu, de le rendre supportable. En faire abstraction est impossible. Comment oublier que notre destin va se jouer en un peu plus d'une minute ? Dans mon champ de vision, il n'y a plus désormais que cette succession d'obstacles colossaux qu'il va falloir survoler.

Un oxer bordé par des lampions rouges et verts pour commencer, puis, à main gauche, pas très loin, le vertical aux dragons d'un mètre soixante. Jappeloup s'élance avec cette envie qui le caractérise les jours où il est touché par la grâce. Il bondit. Tout passe facilement et en souplesse. Le dessin du parcours nous amène maintenant à main droite pour affronter un triple que j'aborde après être passé au plus court devant un massif de fleurs… Un oxer, une foulée, un deuxième oxer, une foulée, puis un vertical. Jappeloup fait face, confiant, posé, réactif – impeccable. Il a le relâchement nécessaire, l'énergie, la puissance. Je lui transmets ma volonté. Il franchit l'oxer suivant, il est aérien. Tout se passe comme dans un rêve.

Les secondes s'égrènent. J'applique scrupuleusement la stratégie que je me suis fixée : sortir d'ici sans avoir renversé une barre. Mais pour ça, je dois oublier le chrono – pas trop quand même, le rêve ne doit pas s'éterniser. Des palanques en forme de vagues ornées du drapeau coréen, un oxer de deux mètres de large sur le petit côté au-dessus duquel Jappeloup plane littéralement, puis un double – deux bidets qui s'étirent comme une crue que séparent deux foulées courtes – suivi d'un vertical très rapproché, à quatre longues foulées... À chaque fois, la détente prodigieuse de Jappeloup fait merveille. Je suis grisé. Il est mon prolongement.

Jusque-là, tout va bien...

Se profilent alors les deux derniers obstacles, les plus hauts. Je rassemble mon courage en négociant le virage en épingle à cheveux qui précède le monumental oxer. Il est là, devant moi, en partie recouvert de lierre. Lorsque j'arrive devant cet obstacle couperet, je construis son abord tel que prévu. Je ne doute pas, malgré ses proportions hors normes, qu'il faille le franchir comme un vertical. J'en suis certain à 100 % ; c'est ainsi que je ressens les choses, c'est affaire d'expérience et d'intuition. Le cheval s'élève très haut et lorsque les antérieurs passent, je sens qu'il va avoir un tout petit peu de mal à couvrir l'obstacle. Il le franchit cependant... Mais voilà que l'un de ses postérieurs se pose sur la barre du dernier plan. Je guette le bruit du bois qui s'abat sur le sol... une infime fraction de seconde, je vois mon rêve d'or s'écrouler. J'attends ce bruit sinistre, ce bruit que j'abhorre, ce bruit qui va sonner le glas de mes espérances. Mais la barre sursaute sur ses taquets avant de s'immobiliser. Il ne se passe rien.

Mon sang qui s'était figé se remet à circuler. La faute a été probablement évitée grâce à la vaseline dont Bernadette a enduit pour la première fois les jambes et les sabots de Jappeloup, à ma demande. Le vertical de fin, à gauche, rentre alors dans mon champ de vision et en voyant don Quichotte brandissant sa lance à un mètre soixante-dix de hauteur, je me dis que coûte que coûte je passerai cet obstacle, oubliant le risque de refus. Dans une superbe trajectoire très cabrée, Jappeloup échappe à la folie de l'homme de la Mancha et il ne nous reste plus qu'à courir vers la ligne d'arrivée.

C'est fait ! Jappeloup aura relevé une nouvelle fois le défi de sa petite taille pour franchir comme en apesanteur, sans faute, un à un, les trente obstacles de cette finale olympique. Jappeloup, tu as été parfait, tu t'es révélé, tu as montré et donné ce que tu as de meilleur en ce jour si important pour moi. Toi, lutin phénoménal, ton nom va venir rejoindre celui des plus grands chevaux qui ont participé aux épreuves équestres des Jeux, depuis l'Antiquité. Parce que nous avons maintenant toutes les chances de quitter la Corée avec une médaille d'or. Debout sur mes étriers, je lance un poing victorieux vers le ciel de Séoul. C'est un galop d'honneur que l'on s'offre sous les clameurs. Jappeloup, entends ces cris, entends ces applaudissements… Ils sont pour nous. Le temps imparti était de quatre-vingt-six secondes ; on déborde… Nous totalisons 1,25 point sur les deux manches. Quoi qu'il arrive, la médaille d'argent est pour nous. Mais sera-t-elle suffisante à mon bonheur ? Non, c'est évident.

Karsten Huck va vendre chèrement sa peau – mais réaliser deux sans-faute successifs, ici, avec ce sol, sur un parcours aussi technique, difficile, éprouvant, relève du prodige. Cela va bien au-delà de l'exploit. Dans quelques minutes, nous serons fixés. Le sort de ces Jeux sera scellé et cela ne peut que nous être favorable. J'exulte, le bras gauche tendu vers le haut. Je quitte l'enceinte du stade olympique en caressant Jappeloup, penché sur cette encolure si joliment dessinée, si élégante, puis je me tourne vers les travées qui se sont remplies. Je veux que ma rétine s'imprègne, que ces images soient mémorisées à tout jamais ; je veux me souvenir de ce que j'éprouve en cet instant précis. C'est une joie pure et limpide qui m'envahit. Les vannes sont grandes ouvertes, je suis submergé…

Je suis dans l'enceinte sur la piste en tartan. Je suis des yeux Karsten Huck qui se joue des obstacles sur Nepomuk comme s'il s'agissait d'une balade de santé. Comment est-ce possible ? Ce couple sans palmarès va-t-il nous ravir cette médaille d'or tant convoitée ? Non, pas eux. Je détourne le regard. J'ai la gorge sèche, je marche en long et en large, oppressé comme jamais. Et puis, vient la délivrance. Cette joie fulgurante qui me fait sauter en l'air – le trouble-fête a échoué : les antérieurs du cheval bai ont percuté la barre qui se trouve au premier plan de l'avant-dernier obstacle, celui qui a déjà causé tant de déboires. Ça y est, cette fois c'est certain, il ne peut plus en être autrement, nous sommes champions olympiques, Jappeloup et moi. De l'or pour les braves ! Nadia me saute au cou. Les caméras se braquent sur moi, les objectifs des appareils photo aussi. On m'étreint. On me félicite. Mon père m'embrasse en pleurant. Oui, Jappeloup et moi sommes champions olympiques ! Instant magique, instant d'absolue félicité ; à chaque fois que je tente de l'évoquer, et encore aujourd'hui, les mots me semblent réducteurs, ils ne font que le banaliser. Juché sur des épaules amies, je rejoins la Voie lactée.

Au milieu de toutes ces clameurs, au milieu de cette liesse, il se produit cependant un phénomène étrange, j'éprouve de la nostalgie, déjà… Le rêve a disparu et je prends conscience qu'il s'est dissipé pour toujours. Depuis des années, je n'ai vécu que dans la quête de cet instant – quête romanesque, quête éperdue – et, brusquement, je suis face au vide. Devenir champion olympique, c'est une mort sportive, il n'y a plus rien après. Je sais que plus rien ne sera comparable, jamais, à ce que je vis en ce moment…

– 21 –

ÉTAT DE GRÂCE

Ce fameux « état de grâce », c'est donc cela ? Se sentir léger, léger, presque dégagé de l'attraction terrestre ? Comme l'a si joliment écrit Antoine Blondin : « Le champion est le premier qui arrive dans un état second. » La finalité de mon voyage intérieur était l'obtention d'un titre olympique ; c'est chose faite.

J'ai toujours pensé que je mettrais un terme à ma carrière le jour où je descendrais de cheval pour aller recevoir l'or olympiquc. Maintenant, j'y suis, me voilà champion olympique. Je fais quoi, alors ? L'instant ne devrait pas être à ce genre de question mais à la liesse. Je suis heureux – non, c'est au-delà, cela relève de la plénitude. Mais la réalité me submerge comme une vague. Elle revient sans cesse à l'assaut et rend impossible toute réflexion. Elle me happe. Elle m'interdit d'intérioriser ces instants autant que je souhaiterais le faire. Un flot de questions. Une avalanche de « comment, pour quoi, pour qui ? » Des mots comme « bonheur » et « réussite » qui défilent sans arrêt à mes oreilles... Moi, des mots, je n'en trouve pas assez, là, maintenant, pour dire ce que je ressens. Et puis, on m'attend pour cet instant magique, hors de l'entendement : la cérémonie de remise des médailles. Très protocolaire. Très solennelle. L'impression d'entrer dans la gloire, d'en être partie intégrante. Tous derrière et Jappeloup devant, le cortège des trois médaillés attend, en selle, à dix mètres du podium. Puis je suis invité à descendre de ma monture – je la confie à Bernadette –, et à avancer vers la plus haute marche qui m'attend. J'y monte gaillardement. Je mesure alors l'injustice du cérémonial, Jappeloup mérite autant que moi d'y être présent. Mais il est maintenu à l'arrière-plan… Ça me navre. Après tout, je ne suis qu'une moitié de vainqueur ! N'est-ce pas un couple qui a gagné ? J'entends à peine les quelques mots prononcés par Juan Antonio Samaranch, président du CIO, lorsqu'il me passe la médaille d'or autour du cou. Et je ne prête guère attention aux félicitations convenues de la princesse Anne d'Angleterre, alors présidente de la Fédération équestre internationale.

Aux premiers accords de *La Marseillaise*, le drapeau français a été hissé en haut du mât central, il flotte maintenant dans le ciel sans nuages de Séoul. Je suis apaisé. Serein comme jamais je ne l'ai été. Il se produit comme une distorsion du temps. La sophrologie m'a appris que, dans l'action, le temps réel se vit au ralenti. Vaincre aujourd'hui, remporter cette compétition convoitée entre toutes par les meilleurs cavaliers du monde. Mon voyage intérieur m'a conduit à ce titre olympique ; je l'ai vécu comme un acte total, je m'y suis engagé sans réserve, avec un désir d'aboutissement et d'absolu. Je suis arrivé au bout du chemin.

Je me dirige alors vers Jappeloup ; je peux enfin attacher la médaille d'or au collier en cuir entourant l'encolure de mon cheval, cette merveilleuse encolure de cygne qui porte une tête altière et expressive. Je veux que le monde entier comprenne le respect et l'admiration du cavalier, la loyauté et l'obéissance du cheval, et la connivence qui nous unit. Nous effectuons un tour d'honneur au galop, moi la tête dans le ciel, lui faisant des écarts devant les dragons qui entourent certains obstacles. Le temps s'est figé et je chevauche Pégase. Nous ne sommes qu'un. Je lui reconnais ainsi une partie de mon titre. On y est mon Jappeloup, nous y sommes arrivés.

Envers et contre tous…

Et nous partons au galop saluer le stade. Saluer le monde.

Après être passé en conférence de presse et avoir fait toute la journée le tour des studios radio et télé de Séoul, être passé en coup de vent pour enfiler la tenue officielle, je retrouve l'équipe de France aux abords du stade olympique. L'heure est à la cérémonie de clôture. Une cérémonie d'adieux somptueusement mise en scène par les Coréens, colorée, sonore, irréelle. Mes deux médailles autour du cou, canotier tantôt incliné sur le crâne, tantôt à la main pour saluer quelque quatre-vingt mille spectateurs et des milliards de téléspectateurs, j'avance d'un pas fier et mécanique au milieu du brouhaha, me mêlant à cette joyeuse colonie qui, rompant avec le protocole, déborde l'encadrement militaire. Près de moi, avec mon ami Patrick Caron, il y a Philippe Riboud, dit « Le Grand », gaillard hors norme dans le monde de l'épée, qui porte l'étendard français, encore triste de ne pas avoir décroché le titre individuel. Sa médaille d'argent ne suffit pas à le consoler. Et ces éclats d'or qui brillent sur mon torse, il ne les regarde pas – mais je sais qu'il les voit.

Le tour d'honneur des délégations se poursuit, moment de pur délire, avec tous ces athlètes qui se bousculent, s'interpellent, hurlent comme des gosses dans une cour de récré alors que vient de sonner l'heure de la sortie. Il n'y a plus de règlements, de juges ou de notes. Des dragons, qui serpentent dans la foule, tentent de se frayer un chemin parmi le tumulte en hurlant leur joie. Le public applaudit sans discontinuer. Et ça dure, et ça dure… Il crie à s'arracher les poumons lui aussi, tandis que fusent des milliers de flashs depuis les tribunes. Je suis heureux et fier. On ne me connaît pas, on ne me reconnaît pas, mais on me montre du doigt. Parce que j'ai une médaille d'or autour du cou. Je suis champion olympique ! Des athlètes moins chanceux veulent être photographiés avec moi. Cette jeunesse du monde est éclatante de beauté. Vingt ans que j'attends ce moment. Quatre années que je vis avec une blessure enfouie ; cette plaie, je viens de la recoudre avec du fil d'or. Puis, le feu d'artifice consacre ce pays maître de la pyrotechnie.

C'est éblouissant. C'est irréel. Et vient le moment de quitter ce stade où j'ai été béni aujourd'hui…

Avec mes copains, on espérait un dîner de fête, mais la cérémonie, tardive, nous ayant lâchés au milieu de la nuit, l'affaire se termine dans une pizzeria. L'endroit est aussi avenant qu'un hall de gare ; j'y retrouve cependant ma femme. Mon père est là lui aussi, porteur de quelques bouteilles qu'il a su dénicher je ne sais où. Jean Hurstel, qui a largement contribué à ma tranquillité financière ces dernières années avec de Luze, est accompagné des membres de l'encadrement fédéral, bientôt rejoints par Jean-Marie Dubois. La fête est écourtée, je suis épuisé. Épuisé par tant de stress contenu et d'émotions. J'ai d'abord tenté de les maîtriser avant de les laisser déborder. Je dors trois heures. Trois heures d'un sommeil sans rêve. Abyssal. Puis c'est le plus merveilleux réveil que l'on puisse imaginer. J'ouvre les yeux et je suis bien, léger. Vraiment bien. Le temps est magnifique. Je baigne dans cette lumière que je n'ai fait que supposer lors de mes séances de méditation. Pas une gêne. Pas une douleur. Pas de fatigue. Je suis champion olympique. Il me faut fournir un gros effort pour échapper à ce ravissement et rejoindre les reporters de *Paris Match*. Puis, un peu plus tard, il faudra me préparer à quitter Séoul.

Les valises sont bouclées à la hâte et je n'ai pas même le temps d'aller rendre une visite à Jappeloup. Son départ est programmé selon un protocole très particulier, tous les chevaux rejoignant l'Europe par charter. Un avion d'Air France a été affrété par le Comité olympique français. L'escale d'Anchorage nous réserve un accueil VIP grâce à un ami, Michel Moullec, copilote du 747 qui, avec le commandant de bord Henou, passionné de cheval, nous transporte à Paris.

Après cet intermède en Alaska, auquel nous avons pris part en tenue d'apparat, on n'entendra, durant les dix heures de vol qui nous séparent d'Orly, que des discussions ponctuées d'éclats de rire. Et parfois aussi, de chansons. Voyez ces athlètes qui rentrent avec de l'or, voyez leurs yeux et leur sourire. Il y a Jean-François Lamour, vainqueur au sabre ; Marc Alexandre, judo ; Thierry Péponnet et Luc Pillot, régate en 470 ; Jean-Yves Le Déroff et Nicolas Hénard, ils ont gagné à bord d'un Tornado. Et les plus fines lames de France à l'épée sont réunies au grand complet. L'ambiance dans l'aéronef est cependant tempérée du fait que nous ne rapportons « que » seize médailles. Dont « seulement » six en or…

Nous avons atterri il y a deux heures à peine et traversé Paris à bord de deux bus que précédait une escorte motorisée. C'est grisant. Nous gagnons le palais de l'Élysée par l'avenue de Marigny, vêtus de la tenue de la délégation prestement enfilée avant l'atterrissage. Dans le grand salon, François Mitterrand, bel orateur, nous réserve un accueil extrêmement chaleureux, paternaliste ; puis, savourant notre réussite, il a des mots pour chacun des champions. Au passage, il n'hésite pas cependant à tancer quelques-uns, et à souligner qu'il s'agit là d'une faible moisson. Cela a un petit côté « remise des prix à Angoulême », jusqu'à ce qu'il se sente appelé par ses obligations : « Puisque cette réception est impromptue, nous dit-il, je vais vous laisser pour recevoir M. Abdou Diouf, le président du Sénégal. » Puis il réapparaît un quart d'heure plus tard accompagné de son hôte, qui culmine à deux mètres, pour une photo officielle sur les marches du palais.

En fin d'après-midi, dans l'avion qui me ramène à Bordeaux, j'ai un aperçu de ce que représente un titre olympique. Épuisé par le vol depuis Séoul, le décalage horaire et la cavalcade parisienne, toujours vêtu de la tenue officielle, j'aspire à m'offrir quelques minutes de sommeil quand le commandant de bord avertit les passagers « de la présence à bord du champion olympique bordelais ». Bien évidemment, une hôtesse s'empresse de me servir du champagne. Je reste un peu hébété, arraché à ma bulle. Cela fait des semaines que je suis déconnecté de la vie française. Je n'ai pas la moindre idée de l'impact occasionné par nos résultats. Et je me trouve devant des gens émerveillés qui posent de drôles de regards sur moi. Admiratifs. Emplis de respect. C'est la magie de ce titre, réservée à une poignée de champions tous les quatre ans. Il n'y a que trois cent cinquante élus sur douze mille compétiteurs.

J'en prends conscience à l'aéroport de Mérignac et j'ai peur : être champion olympique, c'est aussi ne plus tout à fait s'appartenir. Deux cents personnes m'attendent dans le hall d'arrivée. Je suis porté par la foule. Il y a des amis, des cavaliers, des copains de fac, des professeurs, des représentants de la société de Luze et même des personnes que je ne connais pas. Je lis dans leurs yeux la dimension universelle des Jeux. Je ne suis plus un sportif qui vient de remporter une grande épreuve, je suis beaucoup plus. Un héros sur son piédestal. Ceux qui m'embrassent aujourd'hui ne le font pas comme hier. Comme si j'étais devenu un être hautement vénérable. C'est étrange… Mais à partir de ce moment-là, il y a une cassure. Celui qui n'a pas connu un tel accomplissement ne peut appréhender à quel point il peut être déstabilisant. Avant Séoul, je dirigeais ma vie ; maintenant, je la subis. J'en suis devenu le prisonnier. Cette évidence s'impose à moi quand j'arrive à Saint-Seurin où je retrouve ma fille et maman qui, bien évidemment, n'a pas osé regarder la compétition à la télé. C'est Philippe Duhard, un ami, qui l'a réveillée en pleine nuit ; son intuition maternelle lui a immédiatement signifié que j'avais gagné. Malgré la confirmation de cette nouvelle, elle a continué à redouter que je me fracasse les os à chaque rediffusion de mon exploit coréen.

Ce ne sont que réceptions, entretiens et rencontres jusqu'à Noël. Nous sommes rentrés le 5 octobre, et je n'ai pas eu une soirée libre ! J'ai fait le tour des palais de la République. J'ai été l'invité du foyer rural de Saint-Seurin-sur-l'Isle – Marcel Berthomé ne rate jamais une occasion depuis mon premier titre, en 1982 –, du palais du Luxembourg, des mairies de Bordeaux et de Paris, et même de l'Assemblée nationale. Pas un dîner en ville sans que j'en sois l'attraction. Je suis en représentation permanente. Je comprends alors, à tort sans doute, qu'il me faut être comme les autres veulent me voir. Je vais perdre de mon naturel à l'occasion de prises de parole obligées en public. Je dois être prudent. Mesuré. Lisse. Je ne contrôle plus rien…

Deux semaines après mon retour, Josiane Azpiroz, directrice de la communication de Renault, m'invite au Mondial de l'automobile de Paris. Son président souhaite me rencontrer. L'insistance qu'elle déploie finit par me décider ; rendez-vous est pris à l'occasion d'un déjeuner. Celui-ci achevé, nous gagnons de somptueux bureaux, installés provisoirement sur le salon. Sont présents Loïc Capéran, directeur commercial, et Christian Contzen, appelé à devenir quelques années plus tard le patron de la F1 chez Renault. « Nous cherchons à valoriser nos produits considérés comme bas de gamme par les consommateurs, m'explique-t-on alors. Il s'agit de rehausser l'image de la marque, de l'associer à des supports prestigieux. Nous avons pris pied à Cannes, dans le cadre de son jumping, et sommes convaincus des bienfaits de cette opération. Maintenant, nous souhaitons passer à la vitesse supérieure… en montant un team de deux cavaliers, à l'instar de ce que l'on fait en rallye et en F1. Nous voulons que vous soyez le leader de cette écurie… » Le discours est clair. Direct. Il me rappelle celui de Bernard Magrez, dix ans auparavant. Mais je ne peux m'engager. Impossible. J'ai toujours dit que si je devenais champion olympique, je décrocherais. À la fin de cette réunion, il m'est glissé à l'oreille, en guise d'au revoir : « Vous savez, on a de très gros budgets. »

Je parle autour de moi de cette proposition. Mes proches, Nadia et Patrick Caron, tentent de me dissuader de mettre un terme à ma carrière, voyant là une perte pour l'équitation française. Seul Jean-Pierre Dumas, qui a traité en mon absence un grand nombre de dossiers pour mon étude, comprend la décision que je m'apprête à prendre : « Tu as repoussé beaucoup d'argent, me dit-il. Maintenant, il est temps de vendre ton cheval. De rentabiliser tout ce temps passé à devenir champion olympique. Aujourd'hui, tu l'es. Passe à autre chose, il est temps… » Oui. Mais tous ceux que nos exploits passionnent ne veulent pas que ça s'arrête. L'un d'eux me dit même un jour : « Surtout, continue ! Toi et Jappeloup, vous êtes des passeurs de rêve. »

Renault me relance, et je me rends, plus par curiosité que par conviction, à un second rendez-vous. « Combien ? » me demande l'un des dirigeants, persuadé que je cherche à faire monter les enchères. Ils me veulent. Le mois d'octobre est celui durant lequel on discute les budgets. Je réponds : « 4 millions sur quatre ans. » J'ai lâché ça comme ça, souhaitant surtout en finir sans froisser quiconque. « On signe ! » lâche illico mon interlocuteur. Me voilà pris au piège : c'est un pont d'or. Pas un seul cavalier international de renom ne négocie son image à pareil tarif. En conclusion de cette brève négociation, je m'entends dire par l'un des petits hommes gris : « Vous savez, comparé aux investissements dans le sport automobile, ce n'est pas cher… » Certes. Je comprends surtout qu'il faudra désormais me faire représenter par un conseil pour mener ce genre de discussion, car j'ai sans doute perdu au passage 20 à 30 % d'un contrat qui fait de moi, désormais, un vrai professionnel. Avec tous les changements que cela occasionne…

Je suis maintenant installé dans ce nouveau rôle où je cède à l'entourage, aux lumières, aux garanties. Le contrat, c'est moi qui en ai rédigé les termes, et il est une règle incontournable : je choisirai les compétitions en fonction de ce qui est bon pour mon cheval. J'impose pour lui et pour moi une totale liberté sportive. Renault accepte. Et j'endosse, par la même occasion, un rôle de relations publiques ; ma présence est obligatoire lors de deux grands prix de F1, pour la grand-messe des actionnaires, et durant une dizaine de jours au fil d'opérations promotionnelles…

Je suis bien décidé à valoriser ma notoriété, et je propose à Patrick Proisy, champion de tennis reconverti chez McCormack, de m'assister dans la rédaction de mes futurs contrats. Toujours en quête de conseils, j'appelle Jean-Claude Killy qui a été le premier champion français à confier ses intérêts sportifs au cabinet américain. C'est le plus célèbre et le plus puissant, il gère les contrats de tous les grands champions à travers le monde. Killy me conseille alors longuement, me suggérant de privilégier les contrats sur la durée, même s'ils n'apparaissent pas comme étant les plus juteux. Et de toujours garder la maîtrise de mon avenir sportif. L'essentiel à ses yeux. Et aussi aux miens…

C'est ainsi que je suis devenu un sportif professionnel. Un statut que j'avais jusqu'alors refusé, mais qui s'impose brusquement sous les sabots en or de mon Jappeloup de Luze. Ensemble, nous allons associer notre image à celle des montres Ebel, de l'assureur GMF, de la sellerie Forestier, des équipements pour chevaux de l'Allemand Waldhausen. Nous prendrons également part à la création d'une ligne de vêtements équestres pour Euro-Star. J'ai désormais tout mon temps pour m'attarder dans les fêtes de Moët & Chandon – et notamment celle qui réunit les cavaliers français au château de Saran en Champagne, ainsi que quelques invités étrangers.

En décembre, arrive cette édition de l'Audi Masters mettant un terme à huit ans de partenariat avec la Fédération française d'équitation. J'accepte d'y prendre part. Mais il y a une condition, et c'est mon exigence pour en être : pas de tournante ! Le constructeur accepte et je remporte « la finale des finales » de l'Audi Masters. Audi est une marque comblée par la victoire du champion olympique ; et moi, je jubile d'être parvenu à imposer une vraie compétition par couple.

Durant ce même mois, avec mes quatre coéquipiers de Séoul, nous offrons au public un spectacle unique sur les chevaux de Lucien Gruss, que nous montons à cru sur la piste de cirque où se succèdent courbettes, croupades et cabrioles. Puis, fin de nuit agitée chez Castel. Avant que tout ce beau monde se retrouve, comme chaque année du 15 au

17 décembre, à Courchevel, juste avant l'ouverture de la station, à l'instigation du pape des relations publiques, Jean-Marie Dubois. Parmi les invités, les plus grands jockeys – et bien évidemment, Yves Saint-Martin, l'homme aux multiples Cravaches d'or –, des pilotes, représentés en surnombre – Prost, Jabouille, Tambay, Laffite, Boutsen, Ragnotti, Sarron, Auriol – et aussi des navigateurs, tels les frères Peyron ou Alain Gautier... Tout le gratin sportif du moment est réuni pour trois jours dans la station. Tout nous est ouvert. Et tout nous est permis. Les soirées russes s'achèvent en piétinant des parterres de verre brisé, les parties de golf se disputent jusque dans la cave du Byblos pour se poursuivre dans les étages supérieurs, des concours de cuisine auxquels prennent part Bocuse et Veyrat nous régalent de mets tous plus savoureux les uns que les autres...

Lorsque survient la trêve de fin d'année, c'est un vrai soulagement.

Parti en vacances en Irlande sur les conseils de l'académicien Michel Déon – l'auteur d'*Un taxi mauve* y réside de longue date –, je suis invité à chasser à courre le renard, dans le Connemara, près de Galway. Je dois suivre le *headmaster* et les *red jackets* qui l'entourent – c'est un privilège rare. Nous partons donc au galop à travers la campagne humide, suivis de loin par une trentaine de cavaliers. La première haie, impressionnante, est franchie, mais mon cheval se retrouve bientôt empêtré dans un fil barbelé tendu sous les feuilles. Et nous partons lui et moi dans un magnifique vol plané.

Personne ne s'arrête. Je remonte en selle, couvert de boue, et me lance à la poursuite du maître d'équipage. Un nouvel obstacle se dresse devant moi au milieu d'une prairie. C'est un mur de pierres, haut de un mètre environ. Nouveau panache. J'ignorais que, dissimulé par ce mur, se trouvait en contrebas un large fossé. Cette fois, c'est dans un marécage que j'atterris et m'enfonce de trente bons centimètres ! Je me redresse, pour sortir piteux et méconnaissable de ce bourbier. Des suiveurs à pied s'amusent de mon infortune. Elle fera également beaucoup rire les instigateurs de ce bizutage un peu rude, au pub, le soir venu… Champion olympique : un statut à part qui vous expose à toutes les attentions.

– IV –

L'APRÈS-SÉOUL

– 22 –

Passage à vide

Après le tourbillon des hommages et des fêtes, j'éprouve le plus grand mal à renouer avec la réalité. Y a-t-il une vie après un titre olympique lorsque celui-ci a été l'obsession de tant d'années ? Et dans l'affirmative, quelle est-elle ? Que faire, où aller ? Devant moi, un grand vide. Rien qu'un gouffre immense. L'analyse me fait peur ; je sais ce qu'elle va me révéler : l'envie de la compétition équestre m'a quitté. Je n'ai plus le goût de la confrontation sportive. Parce que je sais que je ne pourrai jamais faire mieux. Alors, à quoi bon poursuivre ? Je suis un explorateur, pas un spéculateur. Ce qui exacerbe mon désir, c'est la découverte, et en aucun cas la banalisation des situations. Partir à la conquête très hypothétique d'un second titre ne me motive pas. Et en devenant professionnel, le devoir va se substituer au plaisir. Je crains que le quotidien, même élagué de tout souci matériel, ne s'enlise dans la routine. Où sera l'exaltation liée à la quête de l'exploit sportif ? Peut-il y avoir du panache dans la vie d'un cavalier qui monte les chevaux les uns à la suite des autres et enchaîne les parcours comme autant d'exercices obligés ? Chaque week-end, les mêmes ambiances de concours, les mêmes bars d'hôtels où certains s'enivrent pour annihiler le stress, et les mêmes boîtes de nuit avec les mêmes groupies alanguies… J'ai l'impression de vivre dans un monde hors du temps et des réalités, parce que chaque concours est une fête. Pour ceux qui l'organisent. En compétition, le temps, on le passe à attendre une fugace minute d'excitation à sauter des obstacles en suspension sur deux étriers. Cela donne l'occasion de s'interroger à l'infini sur le pourquoi d'un parcours qui ne s'est pas conclu sur un sans-faute. Cavalier, on n'est que rarement satisfait. Les uns dénigrent celui qui est en piste. Les autres entreprennent sournoisement des démarches pour récupérer le cheval que chacun convoite. Une vie peut-elle se résumer à cela ? À vivre comme un milliardaire sans une thune en poche, et à vendre un jour son cheval pour mener une vie égoïste et artificielle ? Certains parviennent à garder leur ferveur intacte, tel Michel Robert, que nous surnommions « JR » compte tenu de ses incroyables facultés à survivre et à se plaire dans le milieu qui est le nôtre. Et il y a aussi le Canadien Ian Millar, dont la main est si douce à la bouche de ses chevaux… Aux JO de Londres en 2012, « Captain Canada » disputait sa huitième olympiade.

Vous me direz non sans raison que cette vie en vaut bien d'autres. Mais je ne conçois pas les choses ainsi. Je ne peux pas enfermer ma quête d'absolu dans cette existence de forain. Et pourtant, Dieu sait combien je suis bohème, anticonformiste et épris de liberté. Le conflit est intense entre ma nature profonde et l'éducation que j'ai reçue. Je vais chaque jour monter Jappeloup ainsi que les quelques chevaux d'une écurie que je devrai étoffer, et je n'éprouve pas à cette occasion beaucoup d'enthousiasme. Cela m'inquiète. Ne suis-je pas en train de perdre ce qui permet de se surpasser ? Pour tout arranger, à mes résultats devenus contraints s'ajoutent désormais les obligations contractuelles négociées avec mes sponsors. L'un des aspects positifs de cette nouvelle vie reste que j'ai davantage de temps pour profiter de ma fille Lisa, âgée maintenant de quatre ans. Chaque jour qui passe l'éveille un peu plus à la vie et elle étanche ma soif d'affection.

C'est un changement radical dans mon existence où tout a jusqu'alors été minutieusement agencé, compartimenté. Il y avait d'un côté une vie professionnelle bien remplie, diversifiée, et de l'autre une activité sportive entièrement vouée à ma quête romantique d'or olympique. Aujourd'hui, cet or est en ma possession. L'année 1989 s'annonce donc résolument différente. Le panache est aujourd'hui sponsorisé. Puisqu'une nouvelle approche s'impose, j'ai plus que jamais besoin d'un ancrage sportif fort et d'un cap que balisent des objectifs d'exception. C'est ainsi que je parviendrai à retrouver quelque satisfaction au plan émotionnel. C'est le plaisir qui a toujours guidé ma démarche ; je n'en ai pas pour autant exclu la rigueur. Mon approche du sport a toujours reposé sur une philosophie hédoniste, elle ne suivait pas un plan de carrière. Maintenant, j'ai le devoir de rendre des comptes. Il n'est guère dans mon caractère d'expliquer et de partager des sentiments qui me sont personnels. Dans le monde de l'équitation, ils passent souvent pour baroques…

Les balades avec Jappeloup restent fréquentes mais, force est de le constater, j'ai vraiment perdu la foi. Le feu sacré s'est éteint. L'entraînement me pèse. J'en viens à culpabiliser de continuer à imposer à mon cheval le niveau d'exigence que j'ai toujours attendu de lui. Jappeloup, je le contemple maintenant comme une œuvre d'art. Il m'a tout donné en surmontant ses peurs, en adhérant à mon objectif. J'ai de la compassion pour lui et je finis, au fil du temps, par me montrer plus tolérant. Comment continuer à lui demander autant d'efforts alors que je me suis mis sur « pause » ? Ce n'est pas respectueux. Ce n'est pas honnête. Je me suis toujours dit qu'il me fallait être à son niveau d'excellence. De ce point de vue, il a été un formidable stimulant en me poussant au-delà de mes limites. Nous avons grandi ensemble. Je porte désormais un regard plus humain sur ce cheval généreux que rien, pas même ses origines, ne promettait à pareille destinée.

Puisque ma décision est cependant de rester en piste, j'entreprends de mettre un terme à mon activité de syndic et d'administrateur judiciaire. Et je n'ai d'autre choix que celui de céder mon étude. La déontologie de ma profession interdit de faire acte de commerce ; il se trouve que le sponsoring en est un. Et puis, certains parmi les justiciables dont je gère les dossiers de liquidation se plaignent de ma double casquette. D'autres pensent que je me montrerai plus conciliant après m'avoir menacé de couper un tendon de Jappeloup. Par respect de la volonté émise par Jean-Pierre Dumas, mon formateur, et pour honorer un engagement, je transmets mes dossiers en cours à un confrère de Libourne, Louis Hirou ; il s'engage pour sa part à reprendre l'ensemble de mes excellents collaborateurs. Seul dans l'exercice de cette profession, mon ex-confrère va se forger une très belle situation. J'abandonne un métier difficile, compte tenu de la nature des rapports humains qui lui est inhérente ; il est cependant enrichissant, de par la diversité des situations rencontrées. Toujours est-il que ma sortie est digne. Quoi qu'il advienne, je ne suis pas certain que je serais resté auxiliaire de justice toute ma vie.

Notable de province, très peu pour moi…

Je suis donc un cavalier à plein temps. Et j'entre dans Rome avec ce nouveau statut. Fascinante, la ville déroule sous mes yeux son passé impérial ; j'aime m'y attarder, goûter sa douceur et ses délices. Rome marie l'anarchie méditerranéenne à la rigueur d'une capitale organisatrice des États pontificaux depuis 756. Chaque printemps, elle m'émerveille toujours autant alors que je viens prendre part à son concours international. Le jour venu, je m'y rends à pied depuis mon hôtel de la Via Veneto. Je ne me lasse pas de la contemplation de ces murs, de ces arches, de ces immeubles ocre patinés par le temps et le soleil. Les belles Italiennes de la Piazza del Popolo, sachant ce qu'il faut cacher et ce qu'il faut montrer, sont un ravissement pour l'œil. C'est dans cette atmosphère que je m'apprête à renouer avec la compétition…

N'ayant plus de projet olympique, je stimule ma motivation en me fixant des objectifs que je n'ai encore jamais atteints. Ce Grand Prix, par exemple, je ne l'ai toujours pas remporté malgré six tentatives. Deux fois cinquième, en 1983 et 1987, on ne peut pas vraiment parler de performance. Cette fois, je termine deuxième derrière le cavalier belge Jean-Claude Van Geenberghe, sur Queen of Diamond. Et je découvre que j'ai encore l'envie de gagner. Voilà qui me rassure. D'ailleurs, ma persévérance sera récompensée l'année suivante, en 1990, quand je parviendrai, enfin, à soulever la louve en bronze tétée par Remus et Romulus…

Malgré mes états d'âme, Jappeloup de Luze et moi nous maintenons à notre niveau. Fort de son titre, le petit cheval noir continue d'enchanter les foules. Mais il me manque toujours un but à atteindre. Un but supérieur, s'entend. En piste, c'est le métier qui parle aujourd'hui, c'est l'expérience ; ma motivation, elle, reste flottante. Les sportifs ont pour habitude de dire : « Sans un objectif fort, tu es mort. » Moi, je cherche à me passionner. C'est donc dans cet état d'esprit que je vais me pencher sur un projet auquel un promoteur a décidé de m'associer dès mon retour de Séoul. Il s'agit de réaliser à Lacanau un complexe hôtelier sur le thème de l'équitation qui porterait mon nom. Le « Village cheval Pierre Durand », entre dunes et océan, à une cinquantaine de kilomètres de Bordeaux, va bientôt devenir réalité. Situé à proximité d'un golf dix-huit trous, à un kilomètre de l'Atlantique et près d'un lac où le ski nautique a des adeptes depuis fort longtemps, l'endroit est pour le moins privilégié. Lacanau, dont l'image est moins prestigieuse que celle du Cap-Ferret ou d'Arcachon sur le bassin, souhaite ainsi asseoir sa vocation sportive. Dans sa très belle pinède, la présence de chevaux ne dépare pas. Bien au contraire, avec les poneys, ils sont censés, par leur présence, attirer la sympathie des pratiquants et de ceux qui ne le sont pas encore. L'endroit est dépaysant et reposant, tant pour les humains que pour les équidés. C'est une réalisation inédite en Europe.

Avec l'architecte, j'ai particulièrement soigné l'esthétique des écuries ainsi que leur fonctionnalité. Le premier coup de pioche est donné en 1990 pour une ouverture prévue en 1992. Une fois sorti de terre, le projet suscite un vif intérêt de la part d'investisseurs particuliers qui trouvent là matière à défiscalisation. La commercialisation est une réussite. Après avoir activement participé à la conception, j'ai pour mission de lancer l'activité du centre équestre. L'achat des poneys et des chevaux, le recrutement du personnel et la mise en place de tout ce qui est en mesure de faire tourner la machine m'occupent pleinement.

Mon titre olympique a des répercussions positives sur les chevaux et sur les passionnés d'équitation. Le sentiment de contribuer au bonheur d'autrui s'inscrit en contrepoint d'une démarche sportive personnelle. Et puis, je viendrai ici avec mes chevaux à l'occasion de séjours qui seront bénéfiques à leur moral. Je mise sur les vertus de l'air chargé de chlorophylle. Les balades à la plage auront sur les jambes et les tendons l'effet de longues séances de thalasso. La carrière de travail, l'une des premières à être conçue sur le principe d'un sable gorgé d'eau, offrira une surface régulière aux pieds des chevaux. *Last but not least*, animant, lors des vacances scolaires, des stages de niveau compétition d'une semaine, j'aurai le bonheur de partager de merveilleux instants avec ma fille et ses amis.

Toutefois, un amalgame va être fait entre mon titre et mon implication dans cette entreprise : une idée fausse circule selon laquelle seuls les cavaliers émérites auraient ici droit de cité. Voilà qui va avoir pour effet d'handicaper le début de l'activité. Et il faudra du temps pour corriger cette impression. Au Village cheval Pierre Durand, tous les niveaux sont accueillis avec le même enthousiasme. Avec l'organisation de concours régionaux, nationaux puis internationaux, l'endroit gagne en notoriété, et donc en fréquentation. Une compétition internationale est créée à l'intention des jeunes de douze à vingt et un ans. Avec les Trophées Pierre Durand, elle permettra à plusieurs générations de se forger des souvenirs inoubliables.

À regret, je mettrai un terme à toute implication en 2006 quand le Village se retrouvera enclavé dans une zone bétonnée. Ce sera la conséquence d'une absence de vigilance de la part de nouveaux élus, conjuguée aux appétits financiers d'un promoteur peu soucieux de garder au site sa particularité équestre. Aujourd'hui, les box servent à garer les bateaux, et la carrière de conception innovante est foulée par des joueurs de beach-volley. Les poneys et les chevaux qui ont égayé de leur présence ce lieu merveilleux n'interpellent plus personne. C'est triste. Mais durant ces quatorze années, j'ai vraiment été heureux ici avec mes chevaux, en famille, accompagné d'amis anciens ou nouveaux.

Au printemps 1991, Jappeloup de Luze, avançant dans l'âge, peut encore donner du bonheur à ses fans. Certes, il est toujours en pleine possession de ses moyens à force d'un travail minutieux et rationnel, mais il nécessite une attention de tous les instants. Une groom de nationalité suédoise est à son service quasi exclusif. Il n'éprouve aucune gêne au plan physique, n'est nullement blessé et il reste le pilier de l'équipe de France. Mais pas question de trop le solliciter. D'où la nécessité de le remplacer dans le cadre de certaines compétitions.

C'est ainsi que Narcotique nous a rejoint en janvier 1989, grande et belle jument alezan brûlé. Pin Pin du Valon, quant à lui, goûte le confort des écuries de Saint-Seurin l'année suivante. Pour une plus forte présence en compétition, à raison de trois épreuves par mois, la rotation s'organise autour de ces chevaux leaders, qu'accompagnent, selon les circonstances, Rock du Taillan, Quieva du Marais et Rifin. Ma rencontre avec Narcotique s'est produite au Master de l'Audi Masters, en décembre 1988. Ce jour-là, elle a terminé troisième sous la selle du cavalier normand André Chenu, grand dénicheur de talents.

L'acquisition de cette jument sérieuse, bien équilibrée dans sa tête, aux antipodes de Jappeloup, va m'ouvrir de belles perspectives en Grands Prix et dans le cadre de coupes des nations. Fidèle à mon principe, et même s'il m'en coûte au plan financier, je veux rester maître de mes chevaux. C'est donc dans un souci d'indépendance que j'investis dans ce nouveau partenaire de compétition. Et je pars aussitôt défendre mon titre européen à Rotterdam. Sans cependant être obsédé par le titre, comme je pouvais l'être il y a deux ans…

Je ne parviens pas à rassembler ce qu'il me reste d'une détermination que le titre olympique a étouffée. L'histoire de notre sport retiendra que c'est l'époque où s'effectua le passage de témoin entre Jappeloup et Milton. À partir de ces championnats disputés en Hollande, c'est le grand cheval blanc, cadet de deux ans du petit noir, qui va prendre l'ascendant, alors que jusqu'alors nous avions plutôt tendance à dominer le duo anglais. Deux fautes sont enregistrées dans la seconde manche de l'épreuve par équipe dont j'ai sous-estimé la difficulté ; elles vont nous priver d'un deuxième titre – la France se voit cependant décerner l'argent. Le dimanche, nouvel affrontement entre Jappeloup et Milton dans le Grand Prix individuel. Ils sont les seuls à réussir un double sans-faute, et ne seront pas départagés. Le tour d'honneur avec ces deux prodigieux chevaux et leurs cavaliers au botte à botte symbolisera tant la suprématie qu'ils exercent sur la planète équestre que le similarité de leur destin. Ce final, durant lequel Jappeloup s'est encore hissé au sommet de son art, me fera amèrement regretter mon relâchement coupable. Sans celui-ci, nous aurions gardé notre titre conquis de haute lutte à Saint-Gall.

Le guerrier en moi, quelque peu assoupi ces derniers temps, se réveille vexé. Dix jours plus tard, sur Narcotique, je m'impose dans le Grand Prix du CSIO de Saint-Gall, accrochant une cinquième victoire à ce niveau. Peut-on imaginer chevaux plus différents dans leur caractère et leur style respectifs ? La jument est plus puissante, un peu lourde ; elle manque de souplesse, mais se révèle d'une totale fiabilité malgré un dressage rudimentaire. Quand je la monte en parcours, je dois improviser, retrouvant ainsi la façon de faire de mes débuts, quand je n'avais pas encore compris que l'on est plus efficace avec un cheval parfaitement au point. Je m'adapte à elle. Montrant au passage, sous la pression des circonstances et les résultats afférents, que je ne suis pas le cavalier d'un seul cheval. Mais celui « d'un seul cheval à la fois », comme l'a si joliment formulé Hubert Parot.

Au terme de cette année de transition, le départ de Jean Hurstel et la vente de la société de Luze par le groupe Rémy Martin viennent clore une belle histoire de sponsoring réussi. Les nouveaux dirigeants ne souhaitent pas prolonger nos accords. Jappeloup de Luze, un temps anobli, se trouve du jour au lendemain dépourvu de sa particule. Il redevient donc Jappeloup tout court. Et ça lui va bien.

– 23 –

Malaise à Stockholm

La perspective des championnats du monde, disputés à Stockholm en 1990, va-t-elle suffire à ranimer la flamme ? Toujours est-il que Patrick Caron compte sur moi pour conduire une équipe de France en plein renouvellement. Exit le grand Flambeau C de Frédéric Cottier ; Jiva, qui a pourtant le même âge que mon Jappeloup, n'est plus opérationnel, et Lafayette ne l'est pas davantage. Seul parmi les médaillés par équipe de Séoul perdure Morgat, le courageux anglo-arabe d'Hubert Bourdy, propriété de l'École nationale d'équitation. Hélas, le cheval connaîtra une fin accidentelle au cours de sa retraite à Saumur. Pour mon retour sous les feux de la rampe, il n'y a pas de meilleur stimulant que d'affronter notre vieux couple d'adversaires anglais dont nous sommes devenus, depuis l'été dernier, les principaux challengers…

Le nouveau statut qui est le mien redonne de l'intérêt à la saga en noir et blanc qui nous oppose à Milton et John Whitaker depuis cinq ans. Les gens restent friands de nos aventures dont ils suivent les rebondissements, un peu comme ils se régalent des péripéties d'un feuilleton télévisé. Pour ma part, je continue de m'amuser à croiser leur route. Nos empoignades sont toujours respectueuses ; elles font la noblesse de ce sport, permettent au champion de se révéler et à l'homme de s'épanouir. Avant les championnats du monde, est inscrit au programme un premier rendez-vous rassemblant l'élite de la planète Cheval à Dortmund, en Allemagne, pour la finale annuelle de la coupe du monde. Après avoir occupé la troisième marche du podium en 1985 et la deuxième en 1988, je compte bien, cette fois, afficher ma suprématie, pas question d'y aller avec des fleurs. De toute façon, Whitaker, comme tout gentleman du West Yorkshire, leur préfère la bière et le whisky.

À l'approche de ce rendez-vous mondial en salle, je réinstalle entre Jappeloup et moi ces automatismes qui nous ont liés de façon si efficace par le passé. Simultanément, je sens affleurer de nouveau – ce qui est bon signe chez moi – cette tension qui précède les grandes épreuves. Le stress est un mal nécessaire, il vous est indispensable quand vous vous retrouvez seul au milieu de l'arène. Et il vous permet, également, de vivre ces instants avec davantage d'intensité… Je comprends que c'est pour vibrer, me sentir vraiment vivant que je suis devenu un compétiteur.

Maintenant, je n'ai qu'une hâte, retrouver Whitaker et Milton. Je ne vis plus que dans la perspective de ce duel. Cette finale, je le sens, va se résumer à un tête-à-tête. Je me surprends à retrouver mes superstitions et manies de champion. À l'entraînement, j'agrémente maintenant les fondamentaux que nous revisitons sans cesse de quelques demandes nouvelles, et ce afin de réveiller l'implication de Jappeloup. Je m'aperçois avec plaisir que mon cheval est toujours attentif au moindre détail – et ce sont précisément les détails qui font la différence lorsque les écarts se resserrent pendant la compétition.

À Dortmund, mi-avril, pas de surprise, l'opposition est mondiale et de premier ordre. Les cavaliers allemands, emmenés par Franke Sloothaak sur Walzerkönig, sont bien décidés à passer en force face à l'adversité. Ils ne laisseront personne leur faire l'affront de les priver de cette victoire. Voilà qui me motive et m'incite à me surpasser d'autant que leur côté « Panzerdivision » m'agace souvent. Jappeloup est altier et porte encore beau ; on ne peut pas dire qu'il fasse ses quinze ans. Ce n'est plus un gamin, certes, mais il est encore en pleine possession de ses moyens. Il hume le parfum de la grande compétition et, à l'évidence, il aime ça… Je l'ai compris depuis que lui et moi sommes en symbiose totale. Vient à nouveau le moment d'en faire la démonstration.

D'emblée, le premier jour, je sollicite Jappeloup sans retenue. Mon cerveau produit des flots d'adrénaline et, à l'issue de l'épreuve de vitesse, nous finissons à une petite poignée de centièmes de secondes derrière Milton. Vingt, pour être précis. Le parcours imaginé par l'incontournable chef de piste Olaf Petersen offre de nombreuses options ; les choix de chaque cavalier sont dictés par les qualités intrinsèques de son cheval. À Jappeloup et moi les virages courts, ainsi que les passages dans des trous que les souris hésiteraient à emprunter ; à nos adversaires les espaces avalés au rythme des amples foulées de l'ange blanc…

Une vidéo astucieusement montée par une télévision allemande, juxtaposant les deux parcours, témoignera de nos choix respectifs ; en empruntant des trajectoires pourtant très différentes, il sera impossible, chronomètre en main, de nous départager au temps. À Dortmund, Jappeloup fait merveille. Sa virtuosité est intacte. « Le bout de Zan » pour certains, *« el pequeñito negro »* pour les hispanisants, « l'ange noir » pour les poètes maudits est toujours là et il occupe le terrain. Tout le monde comprend, dès l'entame de cette finale de coupe du monde, que le résultat va encore une fois se disputer entre le cheval noir et le cheval blanc. J'imagine l'irritation, voire le désespoir de nos concurrents : ils sont réduits au rôle de faire-valoir. Le duel s'annonce encore une fois grandiose et le show, époustouflant. Milton laisse béat d'admiration et Jappeloup a un talent à couper le souffle… Autant le premier est calme, placide, léger comme un flocon de neige, autant le second est volcanique, émotif et spectaculaire dans l'effort. Le blanc est un danseur étoile dans ses impulsions sur l'obstacle ; le noir, plus court, plus ramassé, est une boule de muscles et de nerfs. Le cheval anglais a un port de tête gracieux, docile et sans surprise, alors que le français la remue sans cesse et en tous sens. Un parcours de Milton, c'est un récital classique. Un parcours de Jappeloup, du rock 'n' roll. Whitaker porte une veste rouge qui contraste avec la robe du hongre blanc ; j'ai opté pour le bleu de France afin de rendre encore plus profonde la noirceur de Jappeloup. Le cavalier britannique est réservé, peu expressif, alors que je suis entier, fougueux et il y a du défi dans mon attitude : nos deux couples incarnent jusqu'à la caricature les caractéristiques de la nation de chacun, comme échappés d'une BD…

Bien qu'il n'évoque que rarement la question, John Whitaker s'amuse beaucoup de cette opposition largement relayée par les médias. Il la commente sans emphase à ses acolytes d'outre-Manche qu'il rejoint dans un bar à peine descendu de cheval. Il a commencé la pratique de l'équitation sur les poneys que son père utilisait pour aller collecter le lait dans les fermes du Yorkshire. Sur le circuit, nous figurons parmi les rares cavaliers à ne pas être nés fortunés. J'ai eu tout le temps de découvrir, comprendre et apprécier ce personnage singulier. Énigmatique, avec son éternelle cigarette coincée entre ses lèvres minces – en fait, l'une chasse l'autre –, il n'est pas rare de le voir débarquer sur le terrain, après une nuit alcoolisée, alors qu'il ne reste que trois ou quatre passages de chevaux avant son entrée en scène. À peine a-t-il reconnu le parcours du haut de son cheval qu'il s'élance pour offrir un numéro de soliste éblouissant. John est un cavalier de génie ; il est intuitif et se montre d'une décontraction absolue. Il domine son sujet avec insolence. En revanche, les périodes de sevrage qu'il s'impose avant les Jeux Olympiques ne lui sont jamais bénéfiques. Moi qui ai adopté une hygiène de vie stricte, parce que ma nature m'y incitait et par respect pour mon cheval, j'ai toujours été émerveillé par son brio et sa nonchalance. Pas envieux, non ; mais ébahi. Ces styles et attitudes qui sont les nôtres, ces comportements si différents, ajoutent à la passion que nous suscitons chez les cavaliers, les journalistes et le public. On est pour l'un ou pour l'autre – peu importe. Il s'agit de se prononcer, de prendre position. Et de se délecter de ces moments appelés à entrer dans la légende…

Le coup que nous venons de jouer d'entrée, Jappeloup et moi, à Dortmund, me place dans une situation idéale pour envisager la suite des événements. Une chose est sûre : Jappeloup a beau approcher de la fin de sa carrière, on va s'accrocher lui et moi tout au long de ces journées. Le lendemain, nous cédons cependant un peu de terrain lors de l'épreuve qui recense deux barrages. Whitaker reste en tête alors que le très menaçant Franke Sloothaak tente de se faufiler jusqu'à nous. Derrière, pas très loin, il y a encore deux cavaliers français particulièrement en verve, Roger-Yves Bost et Hervé Godignon ; le premier monte Norton de Rhuys, et le second, son adorable petite jument, qui a pour nom La Belletière. Le coaching de Patrick Caron fait décidément des merveilles : les cavaliers tricolores abordent désormais sans complexe toutes les échéances, quel qu'en soit le niveau de difficulté.

Olaf Petersen va nous concocter une finale à la hauteur de l'événement et des protagonistes qui l'animent. Il va se dépasser en vue de la dernière étape du dimanche, disputée en deux manches ; les deux parcours réalisés par ses soins figurent parmi les plus sévères que j'ai été appelé à effectuer. Les complications proviennent de l'étroitesse du terrain : il épouse la forme du vélodrome qui nous accueille. L'entrée en matière et la sortie sont délirants, avec des enchaînements d'obstacles très rapprochés, exigeant des efforts à couper le souffle. En outre, les cotes de chacun sont au maximum. Le dessin du parcours propose des angles très difficiles et le clou de la seconde manche est un double qui s'étire sur onze mètres trente, quasi infranchissable, en numéro 11. Il est construit en éventail, bordant un lac artificiel – en rappel du fameux double de bidets d'Aix-la-Chapelle –, à deux foulées en sortie d'un virage à angle droit. Qu'ajouter ? Il se révélera d'ailleurs particulièrement meurtrier, un seul cheval le franchira sans commettre de faute.

Je suis l'avant-dernier cavalier à entrer en piste ; Milton, le leader au classement intermédiaire, fermant la marche. J'ai assisté aux naufrages successifs de Michael Whitaker – frère de John, qui a chuté dans le triple –, de Beezie Patton Madden, de Thomas Frühmann, de Philippe Guerdat, de Ian Millar, d'Hervé Godignon... Sur trente-sept couples à avoir pris le départ, seize abandonneront au cours de cette finale d'anthologie. Jappeloup ne bégaie pas – ou si peu. Lors de la première manche, nous réalisons un sans-faute. En revanche, dans la seconde, je me fais piéger en négociant mal le virage fermé précédant le fameux double ; les hanches de mon cheval sont un peu trop à l'extérieur, et je commets une faute sur le premier plan de l'oxer d'entrée sur bidet. Quelques instants plus tard, je reprends fugitivement espoir, je pense remporter ma première finale de coupe du monde au moment où Milton trébuche à l'intérieur de ce double redoutable. Miracle ! La chute est évitée ; l'acrobate se rétablit et parvient à s'extirper de ce traquenard en heurtant seulement le vertical en sortie.

Avec une seule faute pour chacun de nos deux couples au cumul des deux manches, nous sommes une nouvelle fois ex æquo sur le parcours d'une finale de championnat. Mais c'est John qui soulève la coupe du vainqueur un peu plus tard. Cette ultime épreuve a été éreintante. Je finis deuxième devant l'Allemand Sloothaak. Ce troisième podium de coupe du monde ne me donne ni regret ni dépit. Milton et John ont vraiment été les plus forts aujourd'hui. J'ai joué mon rôle jusqu'au bout, celui de trouble-fête, et je suis fier que Jappeloup et moi nous nous maintenions sur les hauteurs. Je retrouve enfin les plaisirs et les émotions de la haute compétition. Beaucoup de détermination, aussi. Et toute ma maîtrise. La route du championnat du monde de Stockholm m'est ouverte.

En attendant ce 7 août qui pourrait me permettre de décrocher le seul titre individuel qui me manque, j'allège le programme de Jappeloup en supprimant quelques compétitions qui y étaient initialement inscrites. Cependant, après un triomphe sans partage sous le soleil romain, je soutiens, à la demande de Patrick Caron, une équipe de France qui se cherche lors des Jeux équestres mondiaux. Puis Jappeloup et moi nous imposons en coupe des nations, à Lucerne, et plus tard à Aix-la-Chapelle, où je glane le trophée pour la seconde fois. Avec Hervé Godignon sur La Belletière, nous sommes à chaque fois les deux seuls cavaliers titulaires de l'équipe française. Jappeloup est solide, constant dans ses performances. Systématiquement, nos derniers parcours sont décisifs. Sur ces deux CSIO, j'évite de lui imposer l'épreuve par équipe et le Grand Prix ; je me fais accompagner par Narcotique qui ne cesse de s'aguerrir.

Douces nuits d'été, climat iodé et grands galops sur la plage rythment le quotidien de juillet au Touquet, près du club de la Canche, où l'on a dû installer des barrières métalliques autour du box de Jappeloup pour contenir les visites continuelles de ses admirateurs. Parfois, je pars à cru, en maillot de bain, pour nager avec mon Jap ; ces moments de détente, outre les bienfaits de balnéothérapie, nous permettent de prolonger une relation complice. Ils nous font oublier la dureté de la compétition, et gomment la lassitude. Je profite de ces vacances pour tenter, en vain, de remettre sur pied La Belletière qui m'a été confiée par Hervé Godignon. Les longues marches dans l'eau de mer ne permettent pas, hélas, à l'un de ses tendons blessés de cicatriser. Un coup dur pour Patrick Caron, notre entraîneur, qui, devant une écurie vieillissante à la veille de ce championnat du monde, doit revoir ses choix. Il me demande d'intervenir auprès d'Éric Navet ; il est le dernier arrivé dans le groupe, et vient de sortir vainqueur à Lucerne de son premier Grand Prix de CSIO sur Quito de Baussy. Éric, perfectionniste au-delà de l'entendement, estime que son cheval, à huit ans, est encore trop jeune pour tenir son rang en Suède : « Pas encore prêt », me dit-il sans enthousiasme. Son père, propriétaire et éleveur de l'animal, m'affirme-t-il, « n'est pas chaud non plus ». Mais je sens qu'Éric aimerait malgré tout être de la partie… Je prends donc contact avec Alain Navet, qui n'a pas cédé aux approches de notre entraîneur national, et je parviens à trouver les mots qui vont emporter sa décision. Éric et Quito auront leur ticket pour la Suède. Un atout pour notre équipe, car Éric est un remarquable cavalier, il est solide en compétition et charmant au plan relationnel. Je suis heureux de voir se constituer une équipe de copains sachant aller à la castagne. Au moins, l'ambiance sera bonne. Et l'implication de chacun, sincère et totale…

Le mois d'août 1990, à Stockholm, est d'une infinie douceur. La ville est alanguie le long d'innombrables bras de mer, et une immense forêt s'étire jusqu'aux portes du stade olympique, construit en vue des JO de 1912 par un architecte épris d'art médiéval. Pas étonnant, donc, de retrouver des tours gothiques aux quatre coins de ce stade constitué de briquettes pleines, dont les gradins sont en bois.

Tous aux avant-postes sur le parcours de chasse, nous clôturons avec seulement huit points de pénalité les deux manches de la coupe des nations le lendemain. Dans la première manche, les choses commencent pour le mieux malgré une tentative d'intimidation de l'Allemand Ludger Beerbaum : il m'accompagne à pied, du paddock jusqu'à la piste, sans un mot, son épaule contre ma botte. Jamais plus incisif que lorsque je suis mis au défi, ma réponse est un sans-faute rendant encore plus amers les vingt points qu'il a accumulés sur Almox Gazelle. Fait rarissime, Jappeloup et moi sommes assurés de notre victoire par équipe avant notre passage en seconde manche. Cette situation est finalement plus déstabilisante que lorsqu'il me faut partir en « joker » car, quand je nous prépare dans l'aire d'échauffement, mes trois copains sautent de joie, déjà entourés de leur famille et de leurs amis. Difficile, dans ces conditions, de tenir la concentration nécessaire à l'accomplissement d'un parcours de niveau mondial. Inévitablement, plus désireux de savourer cette victoire incroyable que d'être en piste, une petite faute va être commise. Quoi qu'il en soit, alors que nos chances pouvaient paraître minces face à l'adversité avant le début de ce championnat, nous serons champions du monde par équipe ! Et en individuel, nous sommes trois Français à nous inscrire parmi les huit premiers au classement provisoire.

Nous ne coupons pas à la réception donnée par l'ambassade de France, suivie d'un dîner. Puis, nous voilà partis pour une nuit de folie dans un night-club où nous goûtons sans retenue aux délices d'un sacre mondial. Je ne cache pas mon bonheur, et partage mon ivresse avec Bosty, Éric et Hubert. Nous nous entendons à merveille. Une victoire par équipe est plus complète, plus intense qu'une victoire remportée en individuel. Cette dernière se vit avec pudeur et retenue ; vos équipiers ayant échoué, ils ne peuvent se trouver dans le même état d'esprit que vous. À quoi bon déguster un mets raffiné si vous êtes seul à table ?

Une longue balade en bateau dans un fjord le lendemain – c'est jour de repos –, agrémentée d'une baignade dans une eau glacée, nous est nécessaire pour revenir à la réalité d'une compétition où l'on pourrait bien être trois Français à se voir qualifiés en vue de la tournante. Dans cette attente, voguant sur une mer d'huile, nous savourons la splendeur d'un paysage où s'étendent des forêts de sapins déclinant les gammes du vert à l'infini. Leurs cimes viennent égratigner le bleu du ciel, d'une pureté cristalline. Instants de répit. Parenthèse de douce félicité. Il ne fait alors aucun doute que l'un d'entre nous sera champion du monde au terme d'une tournante avec laquelle je veux, par principe, prendre ma revanche…

Deux jours plus tard, il y a vingt qualifiés, pas un de plus, pour cette troisième séquence disputée en deux manches. Je passe en treizième position, puisque huitième du classement ; Hubert Bourdy et Éric Navet suivront parce que mieux classés : ils sont quatrième et deuxième. J'organise donc la détente de Jappeloup en deux temps avant son entrée en lice. Elle démarre par une demi-heure d'exercices d'assouplissement très progressifs. Puis, je confie Jappeloup à Maria, la groom suédoise qui a succédé à Bernadette après Séoul. Pendant que la jeune femme marche aux côtés de mon cheval, je m'installe dans le haut des tribunes, à l'écart du clan français. Seul, j'observe et analyse les premiers passages, persuadé que Jappeloup va encore se dépasser et faire la différence dans cette ultime phase de la compétition. De retour au paddock, les quelques sauts que nous effectuons me laissent perplexe. Je m'en ouvre à Patrick Caron : « Tu ne trouves pas qu'il a un comportement étrange ? » L'extraordinaire énergie de Jappeloup semble l'avoir abandonné, il n'est pas tendu dans son galop, manque de dynamisme, tutoie les obstacles d'entraînement. Un comportement totalement inhabituel pour ce cheval naturellement respectueux de l'obstacle, puisqu'il a peur des barres. J'insiste auprès de Patrick : « Il n'est pas dans son assiette, j'en suis sûr. » Lui cherche à me rassurer : « Écoute, pour une fois qu'il est parfaitement docile, tu ne vas pas te plaindre… Tu vas voir, ça va aller mieux en sautant. » La fin de la préparation dans l'aire d'échauffement ne montre aucun signe d'une amélioration de son état. Je suis dubitatif. Mais je m'en remets à l'avis de Patrick Caron. Après tout, l'entraîneur national est un observateur suffisamment fin et averti. Je n'ai aucune raison de ne pas m'en tenir à ce qu'il dit. J'ai confiance…

Je m'engage donc dans le parcours sur un Jappeloup particulièrement amorphe. Dès le deuxième obstacle, mes espoirs s'effondrent, il commet une énorme faute sur un vertical d'un mètre cinquante-cinq. Lequel ne présentait pourtant pas de difficulté particulière. Impensable : il a catapulté la barre supérieure en passant les antérieurs. Quelque chose d'anormal – je ne sais quoi – est en train de se produire. Et, j'en suis maintenant certain, je vais devoir renoncer à devenir champion du monde. D'autant que la fin du parcours est un calvaire. Douze points accumulés sur trois fautes, adieu veau, vache, cochon et médailles. Je perds par la même occasion toute chance d'être au départ de la tournante. Tous les spectateurs qui comptaient assister à un nouvel affrontement entre Jappeloup et Milton, après que chaque cavalier eut offert à l'autre sa monture, vont en être pour leurs frais. Inutile d'aller plus loin, de repartir dans la dernière manche. Jappeloup n'est plus Jappeloup. Et c'est là un grand mystère…

J'arrive en marchant comme un automate dans les tribunes où m'attend le clan français. Je m'efforce de rester digne, j'ai les mâchoires serrées. J'entends alors une voix dans un talkie-walkie : « Et le malaise de Jappeloup, c'est fini ? » Le malaise, quel malaise ? Je balaie du regard tous les visages familiers, me tourne vers ma femme : « Comment, tu n'es pas au courant ? s'étonne-t-elle. Jappeloup nous a fait tout à l'heure une grosse frayeur. Personne ne te l'a dit ? » Non, personne. Et c'est bien le problème. Je quitte furieux ce petit groupe dont l'apathie a quelque chose de désespérant. Et retourne effondré vers Jappeloup.

Je suis blessé, et questionne ma groom. Elle me révèle, très ennuyée, que Jappeloup a fait un malaise. Juste après qu'on le lui a confié au paddock. « Il tremblait beaucoup, il était comme paralysé », continue Maria. Avant de préciser qu'il lui a été donné pour consigne de ne pas m'alerter. Arythmie, fatigue, syncope ? Pourquoi m'avoir caché ce problème ?

« Tout s'est dissipé en le faisant marcher », prétend Olivier Lepage, le vétérinaire de l'équipe de France. Selon lui, c'était un coup de stress. Ou un effet de la chaleur écrasante. Mais pourquoi ne pas m'avoir averti ? Pas de réponse. Ce choix nous a mis en danger le cheval et moi. Je perds pied. Je n'ai plus confiance. Pourquoi Patrick Caron, comme les autres, ne m'a-t-il rien dit alors que je lui ai fait part de mon inquiétude dans le paddock ? Avec mes états de service, mon expérience, j'étais prêt à affronter cette situation. Ne pas vouloir m'inquiéter n'était pas le bon choix. La méfiance est maintenant de mise. Je ne participe pas à la finale à quatre, et m'efforce de la commenter sur France 2, l'esprit encore accaparé, au micro de Jean Marquet. Même le titre de champion du monde glané par Éric Navet – deux jours après notre victoire par équipe –, est une mince consolation pour moi qui ai tant œuvré en coulisses pour qu'il soit là. Je ne parviens pas à effacer de mon esprit ce dramatique épisode dont le sens m'échappe encore aujourd'hui. À Navet le bonheur de la victoire, comme celui d'avoir monté Milton et Gwen Twist, deuxième à Séoul ; à moi les doutes et interrogations. Ce trouble ne se dissipera jamais. Dans l'avion du retour, je prends la décision de mettre un terme à la carrière de Jappeloup. Ma priorité n'est plus l'équipe de France. J'ai le sentiment d'avoir été trahi…

– 24 –

Suspicion

Je suis dépité et feins, quelque temps plus tard, de me satisfaire des explications fournies par le vétérinaire et l'entraîneur national. J'hésite entre l'esclandre et l'oubli. Au cas où je viendrais à retenir le premier cas de figure, ce serait faire exploser un système reposant sur l'absolue confiance des uns envers les autres. N'ai-je pas insisté auprès du véto, avant le début du championnat du monde, pour que les traitements et soins prodigués à Jappeloup soient strictement « dans les clous » ? Je me rappelle même avoir ajouté que, compte tenu de mon statut de champion olympique, le moindre écart n'était pas envisageable. Cependant, le plus étrange reste le comportement de Patrick, l'ami auquel je pouvais tout dire et en qui je croyais. Un homme secret dont il est difficile de décrypter les états d'âme, tant la carapace dissimule une sensibilité exacerbée. Je pensais pouvoir compter sur sa sincérité en toutes circonstances. Là, confronté à l'urgence, il a fait le choix de ne pas m'informer des troubles de mon cheval. Au risque de nous envoyer à la catastrophe. Pourquoi ?

Avisé d'un problème, quel qu'il fût, j'aurais soit renoncé à prendre le départ, soit redoublé de vigilance. Je me serais montré plus ferme aussi, me souvenant du brillant sursaut de Jappeloup à Dinard, en 1985 – bien qu'il fût très amoindri, j'étais parvenu à le galvaniser. Cette fois, je n'ai pas eu de choix ; et je me suis retrouvé dans la situation de quelqu'un qui prend le volant d'une voiture sans freins. Les amis ne sont-ils pas là pour toujours dire la vérité ? Aborder aussi directement la question avec Patrick, c'était prendre le risque de remettre en cause une amitié de longue date. Et il se trouve que l'amitié est le sentiment que je place au-dessus de tout. L'amitié est libre dans son attachement à l'autre. Aucun engagement ne peut l'aliéner. L'amitié est tolérance. Malgré le trouble, la gêne, la colère, je décide d'être dans le déni. Et de ne plus jamais évoquer l'origine du malaise de Jappeloup avec lui. Je ne veux pas que des mots mal maîtrisés refroidissent durablement notre relation. Tant pis si mes questions restent sans réponse. Et si l'épisode suédois, que je souhaitais plus accompli encore, a été l'occasion d'un bien décevant baisser de rideau. Et si je n'y ai pas mis fin lors de cet ultime parcours, c'est parce que je suis incapable de me résoudre à l'abandon. Il est une autre victoire, moins glorieuse, elle consiste à terminer une compétition à partir du moment où on l'a entamée. Accepter l'échec, pas l'abandon, a toujours relevé de mes principes.

À mon retour en France et après un temps de réflexion, je propose à mes partenaires d'accepter que l'année 1991 soit celle des adieux. Un dernier tour de piste pour Jappeloup, et une offrande au public qui lui voue une adoration véritable pour la dimension épique qu'il a toujours donnée à la compétition. Un public qui frissonnait d'impatience dans les travées à chacune de ses apparitions ; avec Jappeloup, il allait forcément se passer quelque chose de grandiose. Puisque l'origine de son malaise suédois n'a toujours pas d'explication à ce jour, je refuse, désormais, de lui faire prendre le moindre risque. Et je le mets en retrait de cette équipe de France à laquelle il a tant apporté.

Deux semaines passées au Touquet ne me permettent pas de chasser les nuages de mon ressentiment. Je désespère de parvenir à restaurer un jour la confiance avec un encadrement qui m'a lâché. Je me lance alors dans l'organisation du grand projet que sera la tournée d'adieux de Jappeloup. Elle sera rythmée par le calendrier des grands CSIO, et nous serons invités sur les plus grands terrains du monde, tant Jappeloup est aimé et gage de spectacle. Le final ne sera autre qu'un fastueux jubilé au Champ-de-Mars, à Paris. Une idée à laquelle adhèrent très vite Patrick Proisy, d'IMG-McCormack, Renault, ainsi que la municipalité de Paris.

Partout, l'accueil est bouleversant. Trophée à Rome, seul en piste, avec une mise en scène comme il y en eut peu depuis l'Antiquité. À Saint-Gall, même la pluie ne parviendra pas à gâcher la fête durant laquelle Jappeloup n'apparaît que peu, compte tenu de la nature glissante du terrain : en sautant, il perd ses appuis. À Aix-la-Chapelle, dans ce haut temple de l'équitation, cinquante mille personnes, debout, agitent un mouchoir blanc à la fin du concours. À Rotterdam, Jappeloup effectue un dernier double sans-faute avec, à la clé, un barrage dans la coupe des nations, et une troisième place dans le Grand Prix. À Calgary, il est somptueux sous la neige d'un automne précoce, et à Modène, c'est le ténor italien Luciano Pavarotti qui lui déclare son amour.

Même si personne ne veut y croire, le livre se referme. Il reste cependant un chapitre à aborder, celui du dopage, des suspicions qu'il génère avec leurs conséquences sur les cavaliers, ainsi que certaines pratiques constatées au sein de l'équipe de France. Cela nous amène au championnat d'Europe de La Baule, en 1991, où Jappeloup est fêté comme un roi. Narcotique, malgré des bobos à répétition, parvient à me faire sélectionner en tant que remplaçant. Mais c'est Jappeloup qu'on aurait aimé voir concourir… À commencer par Patrick Caron. M'y étant refusé, la France est écartée du podium. Un peu plus tard, Éric Navet, sur sa lancée du mondial de Stockholm, devient champion d'Europe avec Quito. Mais cette victoire est entachée d'un doute… Car l'Allemagne veille. Ou, plus précisément, le Dr Peter Cronau, dont la clinique vétérinaire réputée assure le suivi des chevaux de l'équipe germanique, présente la particularité de cumuler – ce qui ne peut se voir que dans notre sport – sa fonction sur le terrain et celle de président de la commission vétérinaire de la Fédération équestre internationale. C'est donc lui qui décide des contrôles, détermine les procédures et les fait appliquer. Cet excellent professionnel doit penser que le miracle qui a valu aux Français de gagner par équipe à Stockholm, à Éric Navet de monter sur la plus haute marche du podium, et à Hubert Bourdy de se hisser sur la troisième, est dû à la science. Il faut dire que l'indisposition soudaine de Jappeloup en Suède n'a fait qu'ajouter à ses doutes…

À La Baule, donc, il attend les Français : le contrôle du cheval champion d'Europe est obligatoire. Après analyse, Quito de Baussy présente un taux de cortisone anormalement élevé. À défaut de preuves, et au terme d'interminables batailles opposant les experts scientifiques, l'innocence d'Éric Navet est proclamée. En effet, aucune étude scientifique n'a encore déterminé le seuil maximum de cortisone endogène produite par le cheval. Alors le taux anormalement élevé chez Quito était-il endogène ou exogène ?

Autour de cette affaire encore, beaucoup de mystères et de silences. Comme ceux qui ont entouré le contrôle de Jappeloup, à Göteborg, en 1988. Ou les circonstances de son malaise, l'an dernier, lors du championnat du monde…

Éric Navet, accablé, marqué par de longs mois de suspicion ayant un temps remis en cause sa participation aux JO de Barcelone, ne sera plus jamais le même homme. Lui, d'ordinaire affable et souriant, va donner le sentiment de prendre ses distances. Malgré un réel talent et son palmarès sportif figurant parmi les plus beaux, il sait son crédit de champion irrévocablement entamé. Éric vit mal cette situation et m'en fait part. Il se sent trompé par une équipe de France qui joue avec le feu sans que l'on sache qui tient le briquet. Dans cet encadrement fédéral, qui décide de quoi ? Dirigeants, entraîneurs, vétérinaires et soigneurs, tous veulent la victoire des cavaliers pour s'approprier des morceaux de leurs trophées. C'est légitime. Mais tout cela a aussi un côté plus obscur. Voire secret. Le problème, lorsqu'une anomalie est décelée, c'est que seul le cavalier est juridiquement responsable. La plupart du temps, il est évidemment impliqué – surtout lors de participations à des épreuves où il n'arbore pas les couleurs de l'équipe nationale. Mais ce n'est pas systématique.

Le produit dopant, quand il s'agit d'un cheval, lui a assurément été administré « à l'insu de son plein gré », pour reprendre la désormais célèbre formule des Guignols de l'info. Et ce n'est pas lui qui va répondre aux questions. Alors, pas vu pas pris. C'est aussi simple que ça. Et tant pis si l'on vient entacher le sacré. Le cas d'Éric Navet me renvoie bien évidemment au malaise de Jappeloup, et m'amène à considérer celui-ci sous un éclairage nouveau. Même si je ne remets pas en doute l'éthique de Patrick.

À l'écart du débat concernant le taux exagérément élevé de cortisone détecté chez Quito, subodorant désormais de curieuses pratiques au sein du cercle le plus proche de l'équipe de France, je cesse de culpabiliser d'avoir écarté Jappeloup du circuit. La folie humaine et l'inconséquence ont là aussi trouvé un terrain d'élection. Et puis, je suis en accord avec moi-même lorsque je vois se profiler une fin de carrière telle que je l'ai choisie pour Jappeloup. Un superbe regain de forme va lui faire signer de belles performances dans les Grands Prix du mois de septembre 1991. Il va cependant être temps de me consacrer pleinement à son jubilé...

Les festivités se dérouleront dans un cadre féerique, avec le Champ-de-Mars dans le prolongement d'une piste bleue. Au bout de celle-ci, la tour Eiffel. Une entreprise colossale qui regroupera vingt-cinq cavaliers parmi les meilleurs mondiaux. Pour parvenir à organiser sur le plateau Joffre un tel événement, je passe des mois à négocier avec les élus de la Ville de Paris – ceux du 7e arrondissement en particulier. L'arbitrage final de Jacques Chirac, alors maire de la capitale, met un terme aux nombreux refus que j'ai déjà essuyés, à commencer par celui des riverains. L'École militaire, de l'autre côté de l'avenue de la Motte-Picquet, servira de base arrière en assurant l'hébergement des chevaux. « L'effet Jappeloup » joue efficacement.

Canal + a acquis les droits de retransmission et déploie un important dispositif technique inédit sur un terrain de concours. Sur la suggestion du réalisateur charentais Jean-Paul Jaud, le sable qui recouvre la piste prend une couleur bleu des mers du

Sud. Tout est en place pour que le spectacle dédié au petit cheval soit grandiose. Mais voilà qu'au dernier moment les marées d'équinoxe vont pousser vers Paris des nuages lourds de pluie. La soirée du jubilé de Jappeloup, en ce 28 septembre, va être arrosée comme si le ciel pleurait déjà la mort sportive du petit cheval. Quatre mille spectateurs, venus de toute la France, vont assister à l'épreuve par équipe spécialement conçue pour un Jappeloup tenant le rôle de « joker ». Puis vient l'heure de l'hommage écrit par Maurice Druon, le secrétaire perpétuel de l'Académie française ; c'est Jean Rochefort qui le lit de sa voix grave et profonde en proclamant que « Jappeloup est un accident prédestiné ». Encadré par la Garde républicaine à cheval, Jappeloup passera, sous les ovations, entre une haie de chevaux cabrés sous les ordres de Lucien Gruss. Après un message improvisé de Jacques Chirac, les projecteurs s'éteignent doucement. Le dimanche, émoussé par tant d'agitation, Jappeloup tirera sa révérence après avoir commis deux fautes dans le Grand Prix – ma main tremblait. Personne ne lui en tiendra rigueur tant les dix années marquées de ses exploits se sont inscrites à jamais dans les mémoires. Un hommage inoubliable, merveilleux, tellement mérité par ce cheval un temps moqué, avant d'être adulé puis regretté. Il est pimpant. Je suis apaisé et comblé. Même si personne ne croit vraiment que nous allons quitter la scène…

– 25 –

5 NOVEMBRE 1991

Une mi-journée de novembre, le vent froid court sur la Dordogne qui bouillonne. Je grimpe à l'étage d'une bâtisse cossue, de pierres blondes, posée au bord de l'eau. À Libourne, l'étude d'administrateur judiciaire que j'ai dirigée de 1982 à 1989 est devenue bureau de cavalier professionnel. J'ai l'esprit libre et je suis fier d'avoir su mettre un terme à la carrière sportive de Jappeloup. Durant des mois, je me suis appliqué à résister aux pressions quotidiennes m'invitant à renoncer à cette décision. Je l'ai monté la veille et lui ai même fait exécuter quelques exercices faciles à l'obstacle, dans le manège. Comme tout sportif de haut niveau, Jappeloup doit prolonger une activité physique, tout en réduisant progressivement le niveau d'effort au fur et à mesure qu'il avance vers une retraite paisible.

J'occupe un bureau lumineux et spacieux de cette maison qui, autrefois, abritait un négoce de vins au rez-de-chaussée. Je ne m'attarde guère sur le courrier, consulte quelques notes, prends connaissance de mes appels. Michel Fradet, grand reporter sportif de *Sud-Ouest*, sollicite une session photos avec Jappeloup, censées illustrer un article expliquant sa retraite « soudaine et plutôt inattendue ». C'est à ce moment que j'aperçois, dans l'encadrement de la porte, le visage tétanisé de Stéphanie, ma secrétaire. Elle est en larmes. Je lui demande quelle est la raison de ses pleurs, et elle répond alors : « Il s'est passé quelque chose de grave. De très grave… Jappeloup est mort ! » Nous sommes le 5 novembre 1991, il est 13 heures. Je n'ai jamais pratiqué le moindre sport de combat, mais il m'est arrivé d'être sonné après quelques sévères chutes de cheval. Là, je ne suis pas sonné, je suis K.-O. Je perds pied. Jamais au grand jamais, je n'ai envisagé la mort de Jappeloup. Je n'y ai jamais pensé. J'imaginais pour lui quelques années de douce quiétude passées au pré, agrémentées de balades sur ces chemins de forêt et de vigne qu'il connaissait si bien. J'ai tout prévu, tout organisé en ce sens. Je voulais maintenir ce lien intime tissé entre nous, partager encore avec lui des moments récréatifs après m'être montré si exigeant… Si longtemps.

Jappeloup, mort ? Impossible. Il s'est couché, il va se relever. Mort, non – c'est inimaginable ! Irréel ! Onze ans d'intimité, et puis plus rien. Le vide. Une absence dont je commence à pressentir qu'elle va être béante. Je parviens à m'extraire de mon fauteuil pour me rendre au club de Saint-Seurin-sur-l'Isle. Les trente kilomètres de route sont avalés en moins d'un quart d'heure…

Il me faut voir cette masse inerte pour que la réalité me secoue par le col puis me gifle. Quatre cent soixante-dix kilos de muscles que la vie a quittés gisent là, sous mes yeux. Pia, sa groom depuis quelques mois, est effondrée. Dans son français hésitant, entrecoupé d'anglais, elle me répète le programme de sa matinée. Elle entre, à ma demande, dans les moindres détails. La jeune Suédoise a monté Jappeloup en matinée pour sa promenade quotidienne. Ensuite, elle s'est consacrée à mes autres pensionnaires, Pin Pin du Valon, Narcotique et Vlaminck ; avant de s'occuper de Very Well, le poney de ma fille. Il était midi lorsque Pia a de nouveau fait le tour des box, commençant, puisque tel était le rituel, par celui de Jappeloup. Une deuxième ration lui a été servie. « Il était en pleine forme. Il était splendide… », ne cesse-t-elle de répéter, comme si la jeune femme s'en voulait de ne pas avoir été en mesure de pressentir cette fin brutale. Plus tard, en revenant sur ses pas, son regard s'est attardé machinalement dans le box de Jappeloup, et la posture du cheval lui a semblé étrange. Pia a immédiatement compris qu'il venait de faire un accident cardiaque. La croupe affaissée, l'épaule droite posée contre l'angle du mur, Jappeloup avait l'encolure pliée dans la mangeoire. Avec, entre ses mâchoires, deux morceaux de carotte auxquels étaient mêlés des grains d'orge…

J'ai tout de suite su qu'il allait me falloir rapidement communiquer sur cette effroyable réalité – Jappeloup était une star. L'épreuve est terrible, j'avais tendance à croire mon cheval de la race des immortels. Je dicte un texte à ma secrétaire, immédiatement transmis à Jean-Claude Chauvière de l'AFP : « J'ai l'immense tristesse de vous apprendre la mort inexpliquée et brutale, d'un arrêt cardiaque, de mon plus fidèle compagnon, Jappeloup. Elle est survenue mardi 5 novembre, vers 13 heures, alors que Jap était paisiblement dans son box, à Saint-Seurin. »

S'ensuit un incroyable déferlement médiatique. Je savais sa popularité bien supérieure à la mienne, j'avais pu le mesurer à maintes reprises, mais là, c'est ahurissant. L'événement est amplement relayé par les chaînes de télévision qui, sans exception – et c'est là une chose étrange – veulent faire des images de Jappeloup mort. Bien sûr, je m'y oppose formellement. Ce qui va, je ne le comprendrai que plus tard, permettre à des esprits malveillants de faire naître la rumeur d'une « disparition programmée ». L'après-midi est consacré à repousser les assauts des charognards ; ne me sont adressées que des sollicitations terrifiantes. C'est de l'indécence. Pourquoi vouloir de telles images ? J'éconduis vivement le premier caméraman, et très vertement les suivants. Depuis des mois, je n'ai caressé qu'une seule obsession, celle de mettre à la retraite un Jappeloup encore jeune, beau, fier, le poil luisant. Imaginer qu'on puisse le montrer ainsi, à terre, affalé, inerte, après que la vie l'a abandonné, m'est insupportable. Je ne voulais déjà pas qu'on le voie vieillir… Alors, diffuser des images de mon Jappeloup mort, c'est impensable ! Ce matin encore, c'était un bel athlète ; et il y a peu, un cheval redouté sur tous les terrains de compétition de la planète. Ne venait-il pas de clôturer Rotterdam et Calgary en seigneur ? Deux performances de niveau mondial avant de tirer sa révérence, que vouloir de mieux ? Repose en paix Jappeloup.

Au fil de cet après-midi funeste, j'appelle mes proches, la fédération, mes partenaires, sans oublier Marcel Berthomé, le maire de Saint-Seurin, alors intime de la famille. Bientôt nous devons, à la hâte, avec mon père, le garde champêtre et des employés municipaux, mettre en place des barrières autour du box de Jappeloup. Les vautours sont prêts à venir prélever leur pitance jusque dans la chambre mortuaire. Une fois barricadée, je place la vieille grange réaménagée en écurie, grâce aux gains de mon Jap, sous la surveillance permanente d'Alain Boissonnet, le directeur du centre équestre. Le fait d'être devenu professionnel suppose, hélas, que je réponde aux interviews. Alors je me soumets à cet exercice à contrecœur – au moins, pendant ce temps-là, les journalistes détournent-ils leur attention de la dépouille de Jappeloup. Je dois ensuite accomplir une formalité à laquelle je répugne, informer l'assureur de Jappeloup, la GMF. Je suis lié par un contrat de partenariat à cette compagnie qui assure tous mes chevaux de compétition. Et puis, je ne peux pas rester ainsi sans savoir… Il me faut comprendre la cause de cette mort aussi troublante que soudaine. Une autopsie est pratiquée en fin d'après-midi dans le box, à même le sol, par le docteur vétérinaire Serge Lenormand, le spécialiste équin renommé de la région. C'est l'assureur qui l'a mandaté, et son verdict tombe bientôt : « Présence d'un caillot organisé dans le cœur gauche. » C'est une mort subite.

Le lendemain, sous un soleil hivernal, nous sommes une dizaine à nous réunir, famille et amis proches, ainsi que Pia, inconsolable, autour de deux employés municipaux, pour procéder à l'enterrement de Jappeloup. Il va reposer dans son pré, enveloppé dans sa couverture dorée de champion olympique. Cette décision paraîtra hâtive à certains ; l'explication est pourtant simple, je n'ai pas demandé d'autorisation de l'inhumer car je savais pertinemment qu'elle m'aurait été refusée – c'est tout simplement interdit. Si j'ai enfreint la loi, c'est parce que l'idée de la dépouille de Jappeloup livrée à l'équarisseur m'horrifiait. Depuis, des fidèles venus de partout m'ont renforcé dans le choix que j'ai fait ; c'était le bon. Jappeloup n'était plus un cheval, c'était un mythe qui allait devenir écrasant pour moi. Et celui-ci s'est trouvé grandi par une disparition aussi fulgurante.

Le soir, chez mes parents, nous sommes abattus de douleur lors d'un repas annonciateur d'une longue période de deuil. La déchirure est profonde et les remords au rendez-vous. Ai-je suffisamment aimé ce cheval ? Les témoignages de compassion affluent du monde entier. Jappeloup était idolâtré. On l'aimait pour l'extraordinaire florilège d'émotions qu'il a su offrir au cours de sa longue carrière. Pour ce qui me concerne, je sais que seul le temps me permettra de souffrir moins. Dans l'immédiat, je n'ai aucune envie de reprendre pied dans une vie sociale ou professionnelle – et je ne me présenterai plus au départ d'une compétition jusqu'à l'année suivante.

Le lendemain de ce jour funeste, je revis comme dans un cauchemar le moment où il m'avait fallu quitter Libourne précipitamment pour rejoindre Saint-Seurin : ma nièce, Virginie, venait d'être victime d'un accident mortel sur la route principale de mon village. Une voiture l'avait percutée sous les yeux de mon père. Elle avait six ans. C'était le 2 août 1982. J'avais alors vécu mes premières nuits d'insomnie et elles s'étaient prolongées bien au-delà de la fin de l'été. J'étais dévasté. À cette époque, un Jappeloup prometteur s'était révélé être la meilleure des thérapies pour toute la famille – et tout particulièrement pour mon père, accablé par ce drame dont il avait été le témoin impuissant. En devenant champion de France à ce moment si douloureux de notre existence, Jappeloup était parvenu à nous extraire d'une gangue de désespoir.

Adieu Jappeloup. Et merci.

– 26 –

L'ABSENCE

Le 4 novembre 1991, soit la veille de la mort de mon cheval, j'ai écrit dans mon carnet intime : « Jappeloup m'a vampirisé. Il est temps que j'exorcise cet envoûtement. » La coïncidence avec l'imminence de son dernier grand saut me trouble. Cependant, une chose est sûre, son histoire va traverser le temps. Il y a bien une vie après la mort… Mettre celle-ci sur le compte de la fatalité ne m'aide en rien à tourner la page. J'ai toujours pensé qu'il règne une dimension mystique de l'existence qui nous échappe et conditionne nos actes ; ce n'est pas le seul hasard qui a mis sur mon chemin ce champion entièrement dévoué à ma cause et à mes rêves. La destinée ? Je l'ignore. Toujours est-il qu'il m'a porté loin. Vers des sommets inaccessibles. Sa vie entière, ô combien romanesque, n'aura eu qu'une finalité : mon bonheur. De sa naissance à sa mort, Jappeloup aura été hors norme. Il était une partie de moi et je me sens mutilé. Depuis qu'il avait forcé la porte de mon existence, il rythmait mon quotidien – et le bousculait parfois. Pas un jour qui n'ait été organisé en fonction de lui. Je respirais à son rythme. Cette façon de tirer sa révérence, imprévue, troublante, facétieuse, lui ressemble.

Jappeloup n'a pas raté sa sortie. Mais voilà, c'est le pilier essentiel de ma vie qui s'est effondré. Comment vais-je la reconstruire ? D'autres questions me viennent à l'esprit, inévitables. N'ai-je pas trop sollicité Jappeloup ? Le souvenir de son malaise à Stockholm me revient – n'était-ce pas là un signe avant-coureur ? En ai-je suffisamment tenu compte ? Au terme d'un vaste examen de conscience, je m'absous de toute faute : non, je ne lui en ai pas trop demandé. Tout au long de sa vie, sa constitution robuste, probablement héritée de son père trotteur, lui a épargné les aléas de santé liés à son métier, celui de champion. Jamais le moindre souci avant Stockholm. Jamais non plus il n'a été affaibli par les traumatismes habituels des chevaux de concours. Pas même à Séoul, où la piste était celle d'un terrain de foot, extrêmement dure pour les tendons. Pas d'ostéite, pas de lésions tendineuses, tout juste quelques tares molles au niveau des boulets postérieurs. Épargné par ces pathologies classiques, son corps ne portait aucune trace de blessure, hormis un genou couronné lors d'un trotting sur la route. C'est donc un animal resplendissant qui a été porté en terre. Son moral, lui aussi, était intact ; sinon, il ne se serait pas livré aussi généreusement lors de ses derniers sauts en compétition.

Les refus du début de sa carrière sportive n'étaient dus qu'à sa précocité et – surtout – à sa peur de toucher les obstacles. Aucun forfait en compétition pour problème de santé n'a été à déplorer. Dix années au plus haut niveau sans la moindre éclipse. Avec, dans les jambes, cinq finales de coupe du monde, quatre championnats d'Europe, deux championnats du monde, deux JO et une multitude de coupe des nations et de Grands Prix internationaux. Cette énumération, à elle seule, laisse entrevoir l'athlète qu'il a été, malgré sa petite taille. Sa formidable longévité s'explique aussi par la sagesse dont j'ai su faire preuve dans la gestion de ses engagements en compétition. Comparé à celui de ses congénères, son programme a dû être moins chargé d'environ 20 % ; dix-sept concours par an, soit une cinquantaine de parcours. Je lui ai régulièrement aménagé des périodes de repos ou de récupération, ce qui reste la clé lorsque l'on veut inscrire la carrière d'un athlète dans la durée. Et je l'ai soumis à une surveillance et à des soins intensifs grâce au matériel de pointe dont je m'étais doté, tel le pédiluve où lui était administré un massage quotidien des antérieurs et des postérieurs. Chacune de ses entrées en scène était précédée de stimuli au laser sur des points d'acupuncture et, après l'effort, un protocole similaire était appliqué. Je n'ai jamais mis sa santé en danger. Jappeloup, c'était un roc…

Sérieusement déstabilisé, je m'efforce de cacher ma peine et me réfugie dans le silence – je procède ainsi chaque fois que je suis confronté à la douleur. Je ne pars pas pour autant vers l'un de ces lieux propices à la méditation et à l'introspection, tel le prieuré Sainte-Bernadette, à Montaut, dans les Pyrénées, où je me rends parfois. J'entreprends un travail de deuil chez moi, quitte à inquiéter mes proches. Ce n'était « qu'un cheval », certes, mais il faisait partie de mon patrimoine affectif – il y avait d'ailleurs supplanté nombre d'êtres humains. Il m'arrive parfois de laisser affleurer le souvenir des vibrations que nous avons partagées ; et me revient alors cette sensation grisante de le sentir vivre sous moi. Avec ces jaillissements uniques dont il était capable. Dans ces instants, l'euphorie nous gagnait. C'est sur son dos que j'ai connu les moments les plus exaltants de ma vie. Je ne trouve aucune consolation à la perte de mon bel ami. À l'exception d'une seule, peut-être, celle de ne pas l'avoir vu vieillir et se dégrader. Je lui en veux seulement de m'avoir privé des élans de complicité que j'avais imaginés pour nous, dans le futur, au fil de longues balades dans la nature, exemptes de la moindre exigence, de la moindre contrainte. Je voulais lui témoigner mon immense reconnaissance par l'aménagement d'une retraite paisible, le chouchouter jusqu'à son dernier jour. Ses adieux lors du Masters de Paris, son dernier parcours, résonnent dans ma mémoire comme une oraison funèbre…

Les nombreux témoignages qui me sont adressés – ce sont parfois des dessins ou des poèmes – proviennent d'admirateurs affligés, anonymes ou non, jeunes ou moins jeunes ; ils me laissent entrevoir à quel point Jappeloup a essaimé le bonheur autour de lui. Les gens lui en sont reconnaissants, et moi je suis fier d'avoir été l'instigateur de ce phénomène. D'avoir été l'architecte de sa gloire, en jouant parfois des subtilités de la communication – et tant pis si cela s'est fait à mon détriment. En revanche, c'est lui et lui seul qui vient de programmer les circonstances de son départ.

J'ai l'esprit accaparé par ces réflexions et pensées désordonnées, le cœur chaviré, et je reste éloigné des terrains de concours jusqu'à la fin de l'année 1991. Lors du jumping de Bordeaux, début décembre, je romps mon isolement durant quelques heures ; Éric Navet est appelé à recevoir les insignes de chevalier dans l'ordre national du Mérite, et il souhaite que je les lui remette. Comment me soustraire à une aussi belle marque d'amitié ? Je n'assiste cependant pas au concours, ne me jugeant pas encore assez solide pour évoquer la mort de mon cheval, et pour supporter certaines marques de sympathie sur la sincérité desquelles il me serait permis d'avoir des doutes.

C'est son âme que l'écurie de Saint-Seurin vient de perdre. La présence rassurante de mes autres chevaux n'y peut rien. Et comme le box de Jappeloup est désespérément vide, je décide d'y loger Very Well, le poney Welsh de ma fille. Pia, la jeune étudiante suédoise, « baby-sitter » de Jappeloup, est toujours inconsolable et reste sous le choc de la découverte qu'elle a faite. Elle demandera à partir quelques semaines plus tard. Pierrot, le groom plutôt taiseux, est secoué lui aussi. Il me faudrait redonner un avenir à cette équipe… Je réalise alors que je n'ai pas envie d'exister dans mon sport en dehors de Jappeloup. Je veux lui rester fidèle. Je suis inconsolable. Mais il faut bien envisager la suite…

La saison 1992, avec en filigrane les JO de Barcelone qui se profilent, va me donner l'occasion de me relancer. Désormais, c'est Narcotique qui est leader de l'écurie, épaulée par le clownesque Pin Pin du Valon, de Rifin, et d'un cheval placé sous séquestre entre mes mains, Rivoli. Ayant fait l'impasse sur le circuit en salle de coupe du monde, je me remets en selle à la mi-avril. Puis Patrick Caron me demande de participer au CSIO de Rome. Narcotique y joue honorablement son rôle d'équipière en contribuant à la victoire de l'équipe de France, composée, pour la circonstance, de Michel Robert sur Nonix, Hubert Bourdy associé à Razzia du Poncel, et du brillant étalon Quidam de Revel, monté par Hervé Godignon. C'est ma troisième victoire à Rome, après celles remportées avec Jappeloup en 1984 et 1986 – tout me ramène à lui. Même sans ce cheval d'exception, je reste performant. Mes détracteurs n'en démordent pourtant pas… Bien sûr, mes plus grandes réussites et les titres de mon palmarès ont été remportés grâce à la combinaison gagnante que je formais avec Jappeloup. Il a été et restera « le cheval d'une vie » ; tous les grands cavaliers du circuit savent ce que j'entends par là.

Excepté Pierre Jonquères d'Oriola, qui – à ce jour – a été sacré deux fois champion olympique ? Personne. Les Beerbaum, Kirchhoff, Dubbeldam,

Lamaze et Rodrigo Pessoa n'ont pas encore accompli pareil exploit. D'autres en sont à cinq, six, voire sept participations aux JO, et n'ont pas goûté l'ivresse de monter sur un podium. Et si l'on fait abstraction des Jeux, combien de cavaliers français ont inscrit leur nom dans un Grand Prix de CSIO avec deux chevaux différents ? Moi, je l'ai fait. Ce genre de performance ne procède pas du hasard. On est meilleur que ses concurrents parce qu'on porte en soi quelques qualités intrinsèques. Le respect entourant un sportif se résume à son palmarès – et les résultats sont têtus.

Après avoir savouré le plaisir très particulier de cette victoire dans le cadre de mon concours préféré, je me dis qu'une sélection avec Narcotique pour les JO semble tout à fait possible. Toutefois, une entorse du boulet va l'immobiliser durant cinq semaines…

Une fois Narcotique rétablie, début juillet, nous partons pour Aix-la-Chapelle. Hélas, après un sans-faute dans le Grand Prix d'Allemagnc et un barrage disputé au triple galop, Narcotique sort en boitant. Elle ne parvient plus à poser son postérieur droit. Le diagnostic d'un abcès du pied est bientôt avancé, il sonne le glas de mes espoirs olympiques. Coupé dans mon élan, je quitte prématurément l'enceinte du concours – non sans avoir, cependant, soutenu mes coéquipiers qui terminent troisièmes de la coupe des nations, derrière l'Allemagne et la Grande-Bretagne. Dans l'avion du retour, je suis convaincu que je viens de concourir pour la dernière fois à Aix-la-Chapelle.

En arrivant à l'aéroport de Mérignac, ma décision est prise : j'honorerai mes contrats qui courent jusqu'à la fin de 1992, ensuite, fini. Terminé. Je raccroche. J'ai trouvé un sursaut d'énergie dans la perspective d'une nouvelle aventure olympique, mais celle-ci s'est dissipée puisque Narcotique est contrainte à l'arrêt. Inutile d'insister. Cette intention, je la garde secrète. En août, je vends Pin Pin du Valon dont j'étais copropriétaire, il fait une excellente saison, totalisant de nombreux classements et trois victoires, dont une au CSIO de Madrid. Pendant l'été, passé comme les autres au Touquet, je me fixe toutefois un dernier objectif sportif. Je veux me prouver, encore une fois, que « lorsque je veux, je peux ». Je décide donc que je serai au départ du fameux derby de Bois-le-Roi, qui se déroule chez Marcel Rozier. Une épreuve d'un type particulier, sur un parcours d'un peu plus de mille mètres où alternent des obstacles mobiles de concours hippique et des fixes, naturels, tels que ceux franchis dans l'épreuve de cross d'un concours complet. Au total, une trentaine de sauts sur des doubles et des triples, mais aussi des buttes et des contrebas. Un derby d'automne dont la réputation en fait presque l'équivalent de La Baule, Hickstead, Hambourg ou Calgary.

Narcotique, iodée à l'air de la mer du Nord et préparée spécialement pendant un mois, se montre irréprochable dans cette compétition hybride, qui fait appel à des qualités de franchise, de courage et d'endurance à l'effort. Il faut du fond sur ce parcours interminable, dont le rythme haché, obstacle après obstacle, coupe la respiration. Solide, appliquée, voulant bien faire, Narcotique révèle sa classe en réalisant un des deux seuls parcours sans faute – et aussi, le meilleur temps. Elle termine à bout de souffle, en allant puiser jusque dans ses ultimes réserves. Elle me prouve une nouvelle fois que la détermination du cavalier se transmet au cheval. À l'inverse, si vous êtes hésitant, peu sûr de vous, votre partenaire va douter, et ce manque d'assurance le poussera à la faute. Même un mauvais choix peut être exécuté par un cheval à condition de le lui demander avec aplomb – sans la confiance de son cheval, un cavalier est mort ! Si la complicité ne s'est pas installée comme avec Jappeloup, Narcotique a cependant su s'imprégner, tel un buvard, de mon désir de victoire.

Je reçois la coupe du vainqueur des mains de Marcel Rozier, avec qui j'ai si longtemps guerroyé, et les clés de la voiture offerte en prime me sont tendues par Bernard Magrez, qui, il y a longtemps, n'avait pas cru en moi : un vrai délice, que je savoure sans arrogance…

La fin de la saison passe par San Remo et Vienne, puis Bordeaux, devant un public moins survolté, avant de s'achever à Paris, au Salon du cheval, le 13 décembre. Je sais que j'effectue là mes ultimes sauts. Beaucoup s'en doutent et attendent une annonce de ma part. Qui ne vient pas. En quittant la scène, je salue le public avec ma bombe puis la tends à Patrick Caron. Je n'ai pas envie de croiser son regard. Lui non plus, d'ailleurs. De toute façon, nous nous sommes compris, comme tant d'autres fois, en d'autres instants de vérité. Je ne suis pas malheureux. J'éprouve même une forme de soulagement. Et le sentiment d'une vie sportive pleine, accomplie.

Je mets un terme, à l'âge de trente-sept ans, à un chapitre exaltant de mon existence – je n'ai plus la foi pour continuer. Et c'est dans la *Lettre du team Renault* que j'annonce, outre la vente de mes chevaux, ma décision, après un quart de siècle dédié à la passion du cheval et de la compétition, de mettre pied à terre. Sans un regret. Pour ne pas avoir la tentation d'un retour en arrière, je prends une mesure chirurgicale : je me sépare de tout ce qui me rattache à mon écurie. Je vends certes les chevaux, mais aussi la sellerie et le camion. Pour me défaire de cette passion trop dévorante… Et me garder d'y céder à nouveau.

– 27 –

LE REVERS DE LA MÉDAILLE

Quelques mois après la mort de Jappeloup, le milieu équestre a compris que je ne suis pas appelé à rester un cavalier de compétition. Je suis donc sollicité à l'approche des élections fédérales ; beaucoup me verraient bien animer une Fédération française d'équitation dont les mécanismes sont grippés depuis longtemps. Il faut dire que l'architecture de l'édifice est complexe, puisqu'elle regroupe trois entités juridiquement autonomes : ce sont la Délégation nationale aux sports équestres (DNSE), la Délégation nationale à l'équitation sur poney (DNEP) et la Délégation nationale au tourisme équestre (DNTE). Cette construction déroge aux statuts types des fédérations, mais tolérée pour un temps en 1985 par le ministère des Sports, qui espère favoriser le rassemblement de toutes les familles équestres sous une seule et même bannière fédérale. Jean-François Chary va en être la première victime, puisqu'il démissionnera avant le terme de son mandat de président. Pourtant, sous son égide, ce qui a été investi sur les cavaliers a porté ses fruits : or individuel et bronze par équipe, argent en dressage individuel – seuls les cavaliers de concours complet sont revenus bredouilles. Force est de le constater, un tel bilan sportif ne sera plus jamais à porter au crédit de la France à l'occasion de JO…

Avec le départ prématuré de Jean-François Chary, chacun des trois secteurs fédéraux se raidit. Cette cohabitation est au bord de l'implosion mais, sous la pression du ministère des Sports, l'attelage à trois va être sauvé – au prix de l'élection de Loïc Le Masne de Chermont, un politique, cavalier de polo, venu des Pays de la Loire. Ne gênant personne, cet inconnu du monde de l'équitation présente un profil accommodant. À ses côtés, au sommet d'un édifice fédéral lézardé, se trouve Raymond Brousse, un ancien chef de piste, débonnaire, en charge de la DNSE ; Serge Lecomte, à la personnalité brutale et conquérante, est, lui, aux commandes de la délégation à l'équitation sur poneys ; et c'est un colonel de gendarmerie qui assure la direction du tourisme équestre. Ce n'est pas l'entente cordiale, plutôt un climat de guerre froide qui s'installe d'emblée, cependant, la fédération se remet en marche, vaille que vaille. L'enjeu convoité par chacun est la prise du pouvoir fédéral, car le ministère exige une mise en conformité des statuts avec la loi sur le sport, qui ne reconnaît pas le modèle actuel.

C'est donc dans ce contexte que je suis sollicité depuis quelques mois par des élus, des organisateurs et des cavaliers qui, au fil des ans, ont pu mesurer la clarté de mes prises de position, et apprécier le caractère légitime de mes désaccords. Tous me poussent à « y aller », et me voilà promu au rang de leader naturel, sans l'avoir cherché, juste parce que je sais donner de la voix – et aussi, bien sûr, parce que ma crédibilité sportive est indiscutable. Il se trouve encore que j'ai côtoyé tous ces dirigeants lorsque Jean-François Chary m'a confié la présidence de la commission sportive du saut d'obstacles. J'apparais comme un recours pour la famille des sports équestres : ma médiatisation est à même de faire sortir l'équitation de sa confidentialité. Et, de par mon métier, je suis administrateur, ce qui est un plus…

Je réfléchis au bien-fondé d'un tel engagement, et suis d'abord confronté à la peur du vide. Même si mon choix d'arrêter la compétition est ferme, je connais mon addiction à l'adrénaline – je vis avec depuis vingt ans. Quelle sera ma réaction après avoir vécu cette privation durant quelque temps ? Un besoin de cohérence se fait sentir. Maintes fois, il m'est arrivé de regretter un manque d'audace dans la promotion de notre sport. Je suis prompt, aussi, à m'irriter des jeux de pouvoir stériles dont je suis régulièrement le témoin. Cette perspective fédérale me semble tout à fait appropriée pour porter une action au-delà de la simple analyse et de la critique facile. J'ai connu une vie sportive magnifique, au sein d'un appareil fédéral qui a accompagné ma réussite, il me faut accepter de prendre le relais. C'est une question de cohérence, certes, et aussi le prolongement d'un engagement associatif familial. C'est donc un devoir.

Comme tant d'autres sportifs, j'ignore toutefois le fonctionnement réel d'une fédération. Je n'ai qu'une vision très parcellaire de son activité, puisque je la ramène à la compétition et au haut niveau de l'équipe de France. Quoi de plus normal ? Le système voulu par le général de Gaulle, après la débâcle des Jeux de Rome en 1960, a conduit à produire de meilleures performances grâce à la mission confiée aux fédérations nationales. Je décide d'être candidat, et je ne vais pas briguer un mandat… mais deux. La présidence de la DNSE d'abord ; la fédérale, ensuite. Il n'y a qu'ainsi que je pourrai influer sur le cours des choses. N'ayant aucun adversaire – ceux en lice se désistant les uns après les autres –, mes deux élections, à l'été 1993, sont dues à des scores dignes d'une République bananière. Me voilà précipité vers six années qui ne vont pas tarder à virer au cauchemar…

Du temps partiel que je pensais devoir consacrer à ces fonctions de dirigeant, je passe assez rapidement au temps plein. Je découvre une entreprise lourde, mal organisée, où les élus ne s'affrontent pas qu'entre eux puisqu'ils s'opposent aussi aux salariés, permanents de la fédération. Les membres de ma propre famille sportive, sous la férule de deux fortes personnalités, le secrétaire général et le trésorier, m'accueillent avec méfiance et suspicion. Ne suis-je pourtant pas favorable à l'unité ? Les deux boutiques, celles du poney et du tourisme, montrent leurs muscles pour me dissuader d'aller trop vite sur la voie de l'intégration fédérale. Élu sans véritable équipe, je dois retrousser mes manches et plonger les mains dans le cambouis. Présent à Paris au même rythme qu'un parlementaire, soit du lundi au jeudi, j'achète un appartement dans le 17e arrondissement. Pas question d'être hébergé aux frais de la fédération ; c'est sur votre train de vie – financé par les licenciés – que vous pouvez être répréhensible et mis en difficulté. Jusqu'à la fin, je veillerai scrupuleusement à ne jamais abuser des avantages de la fonction, sachant que des inquisiteurs sont là pour éplucher vos notes de frais et les exploiter à votre détriment le cas échéant.

Malgré une attitude irréprochable, je fais bientôt l'objet d'une cabale : suspicion de gains illégaux. Celle-ci n'atteint pas le but recherché de mon éviction, bien évidemment, puisque je n'offre aucune prise. Mon désintéressement est réel – ce qui, je le conçois, peut intriguer tant il n'est pas rare de voir des dirigeants vivre en parasites de leur institution. Certains jouent habilement de la confusion des genres, d'autres sont condamnés ; toujours est-il que lorsqu'on veut prôner l'exemplarité, il faut ne rien avoir à se reprocher.

Je suis bien décidé à abattre les cloisonnements et à calmer les courants qui contrarient un fonctionnement fédéral que je veux performant et harmonieux. Conscient toutefois que l'unité ne peut se faire aux forceps, je favorise en tout premier lieu les actions qui, concrètement, vont dans ce sens. Je pars aussi du principe selon lequel il est préférable, avant de batailler sur des statuts, d'apprendre à nous connaître – et pour y parvenir, rien ne vaut la cohabitation. Une de mes premières décisions sera donc de rassembler les trois délégations à un seul et même siège social. Tous à la même adresse ! Au 30, avenue d'Iéna, où Jacques Chirac a salué ses partisans au soir de sa première élection présidentielle. Au-delà du symbole, je mise sur la proximité des équipes pour rétablir un dialogue. Ensuite, il devrait être plus facile de penser le mode de représentation de chaque famille au sein d'une fédération à la légitimité incontestable. Tout le monde salue « une idée qu'on aurait dû avoir avant », selon Guy Drut, le ministre des Sports de l'époque, lors de l'inauguration du siège, en octobre 1995. Ce vœu pieux est toutefois balayé par un vent détestable ; l'atmosphère est irrespirable entre les représentants des trois délégations. Au lieu de rapprocher, cette vie commune attise les tensions. Tout le monde s'épie, la paranoïa guette à tous les étages. Se succèdent des batailles éprouvantes où chacun use de ses armes pour refuser une marche forcée vers un fonctionnement fédéral.

Un peu plus tard, en 1997, la nouvelle ministre des Sports, Marie-George Buffet, membre du parti communiste, brandit la menace du retrait de sa délégation à son arrivée, si nos statuts ne changent pas. Un enfer. Il se produit incident sur incident, tant et si bien que je me vois, à plusieurs reprises, dans l'obligation de solliciter l'arbitrage du CNOSF, le Comité national olympique et sportif français. Rien ne fait avancer le processus perturbé, entre autres institutions, par les Haras nationaux, peu enclins à voir se constituer une fédération forte qui menacerait leur existence. Les faucons de la Délégation nationale des sports équestres me pressent de faire éclater le système, pour un retour en arrière : ils veulent occuper à nouveau le rôle central que leur avait bradé Jean-François Chary. La meute des élus de la Délégation à l'équitation sur poneys œuvre derrière Serge Lecomte, son leader, pour ralentir tout ce qui est en mesure de conduire à l'intégration – le temps joue en leur faveur, compte tenu de l'augmentation régulière des licences attribuées aux enfants ; à terme, la DNEP détiendra tout naturellement une majorité. Quant aux folkloriques cavaliers du tourisme, ils se vendent au plus offrant en reniant en permanence leurs alliances. Au milieu de ce champ de mines, je m'efforce de tenir mon cap. Difficile. Malgré ma réélection en 1997, face à mon obstination et ma persévérance, une intrigue est orchestrée à l'étage de la délégation à l'équitation sur poneys. À court d'arguments pour justifier d'une attitude hostile envers mon projet, des élus de la DNEP cautionnent une série d'attaques personnelles aux fins de me discréditer.

Le chef d'orchestre de cette manipulation est un homme de réseaux occultes, éduqué aux méthodes trotskistes, qui occupe en tant que fonctionnaire le poste stratégique de directeur technique adjoint. Il constitue un dossier sur mes prétendues pratiques délictuelles. Un acte d'accusation grossier parvient cacheté dans de grandes enveloppes de papier kraft à tous les présidents de fédérations sportives, au CNOSF, au ministère des Sports, aux haras et aux élus. Selon ce dossier, j'ai été bénéficiaire d'un bakchich à la faveur d'un changement d'assureur fédéral, et me suis vu offrir des « valises » suite à la mise en place d'un lourd système de gestion informatique des engagements en compétition. Me voici donc accablé de bien des vilenies… La bassesse de ces attaques va jusqu'à mettre en scène ma fille Lisa, à qui j'aurais accordé un passe-droit lui permettant de prendre part à une compétition internationale de poneys. C'est écrit en toutes lettres dans *Paris Turf* du 13 janvier 1998 ; l'article pitoyable intitulé « Lisa met le feu aux poudres » est accompagné d'une photo de ma gosse, alors âgée de douze ans. Mais il faut me faire boire le calice jusqu'à la lie ; je suis aussi accusé d'avoir programmé la mort de Jappeloup pour toucher le pactole de l'assurance. Le premier à m'alerter amicalement de ce qui se trame est Bernard Lapasset, le président du rugby français, avec qui je siège au conseil d'administration du CNOSF : « Je viens de recevoir une horreur, me glisse-t-il lors d'une de nos rencontres. Je te l'envoie. Il faut que tu arrêtes ça très vite… »

Trop c'est trop. Ne voyant personne s'élever contre ces attaques ignominieuses, je décide, sur les conseils de l'avocat et académicien Jean-Denis Bredin, de faire taire mes détracteurs en les attaquant en diffamation au pénal. Grâce au courageux témoignage de Sabrine Cayez, journaliste à *Libération*, je parviendrai, au bout de plusieurs années de procédure, à obtenir après cassation en chambre criminelle la condamnation pour délit de diffamation publique de l'auteur du dossier transmis sous le manteau, Pascal Marry. Cette condamnation est accompagnée de lourdes amendes, et de dommages et intérêts considérables. Victoire à la Pyrrhus, cependant, car la rumeur sur ma participation à la disparition de Jappeloup a été mortifère et douloureuse. J'ai été trop seul face au poison du soupçon. Personne n'a pris publiquement la parole pour me défendre – sauf la très courageuse Sabrine. Pas même parmi mes plus proches, comme s'ils avaient été eux aussi contaminés par le doute. C'est l'agression la plus sauvage que j'ai subie dans ma vie, et j'en garde de méchantes séquelles.

Dans le cadre plus récent de mon parcours politique, ce dossier est à nouveau ressorti pour entraver mon accession à de hautes fonctions. Comme si un juge d'instruction et trois niveaux de la juridiction pénale ne s'étaient pas révélés suffisants pour me laver de cette offense. Comment imaginer – et surtout croire – que j'aurais été capable de condamner ce cheval qui était tout pour moi ?

Le coup a été fatal, ma voix a perdu de sa portée, et j'ai préféré jeter l'éponge au beau milieu de mon deuxième mandat de président de la Fédération française d'équitation. Le plus désolant reste que ce fonctionnaire a continué son bonhomme de chemin au sein de la fédé, touchant même récemment une indemnité financière confortable au terme de sa fonction de délégué général.

Pascal Marry a continué d'évoluer en toute sérénité dans la hiérarchie de la fonction publique.

Aucun des ministres des Sports qui se sont succédé n'a décidé de le mettre à l'écart bien qu'il se soit rendu coupable d'un acte de félonie aux yeux de la justice. Cet épisode est une véritable injure à tous ceux qui sont des dirigeants de devoir et servent leur sport avec exigence. Il est grand temps qu'un ministre des Sports audacieux conçoive, sans contrevenir à l'esprit de la loi de 1901, un véritable statut de dirigeant bénévole. Celui-ci prévoirait protection sociale et retraite en fonction de la dimension de la structure associative dirigée, du nombre de licenciés, du budget, du personnel salarié et d'éventuels autres critères. Deux mandats seraient un maximum, ce qui permet tout de même huit ans d'action ; selon moi, le tissu associatif a besoin de se régénérer régulièrement pour garder de sa vigueur et de sa probité. Sinon, les profils de dirigeants resteront les mêmes : des retraités, des fonctionnaires recyclés ou en disponibilité. Rien de pire que d'installer durablement des équipes dont les ressorts sont la vanité, la cupidité et la soif de pouvoirs toujours accrus.

Que vaut aujourd'hui un président élu d'une fédération sportive face à un fonctionnaire malveillant et protégé ? Rien. L'un s'en va dégoûté ; l'autre reste et prospère… Où est l'éthique ? Même si je ne suis pas exempt de tout reproche dans l'exercice de la fonction de président de la fédération, je me suis donné comme jamais. Dans l'intérêt de l'équitation, avant tout ; je lui ai consacré les plus belles années de ma vie, de trente-huit à quarante-trois ans, ce qui correspond à une tranche d'âge où, pour la plupart d'entre nous, tout se construit. Voilà à quoi conduit l'envie de rendre à son sport ce qu'il vous a apporté. Aucun regret. Mais des blessures…

Je revendique tout de même mon bilan ; je n'ai pas été mis en difficulté sur les résultats de mon action, mais sur mon projet. Un projet où le sport n'est pas un pur produit de consommation. Pour ceux qui voyaient une menace pesant sur leur système, fait de prébendes et de sanctions, je suis devenu dangereux et il fallait me mettre hors d'état de nuire. M'éliminer coûte que coûte. Et par n'importe quel moyen.

Lors de mon passage, j'ai modernisé la gestion de la FFE et mis en place les moyens d'une plus grande autonomie financière. Je n'ai pas hésité à lancer des investissements productifs à forte valeur ajoutée, tel ce système informatique, qui améliorait les services aux cavaliers et était source de substantielles recettes annexes. Une poule aux œufs d'or dont personne ne se plaint aujourd'hui, après avoir tant critiqué mon choix. Lorsque je suis parti, les finances étaient meilleures qu'à mon arrivée. Par mon action volontariste, des partenaires de prestige ont rejoint la fédération, augmentant les revenus du sponsoring de plus de 300 %. Il faut dire que, sur un plan fédéral, nous étions à zéro quand je suis arrivé !

Sous ma mandature, l'augmentation du nombre des licenciés a suivi un rythme de 20 % par an, et celle des clubs affiliés de plus de 25 %. Les conditions de la croissance de la FFE ont été posées à mon époque. Et, avec l'appui d'une équipe de permanents auxquels sont venus s'adjoindre quelques fidèles restés présents dans les moments difficiles – mon ami de collège Gilles Sautarel, l'actuel patron de l'AMF, Gérard Rameix, l'inflexible Robert Nolet et un homme à l'éthique parfaite, Jean-Pierre Papet –, je considère avoir largement contribué à faire de cette fédération l'une des trois plus importantes de France.

Cette période a été faste pour l'équitation de haut niveau avec d'excellents résultats, dans les trois disciplines olympiques notamment. Avec pour sujets de fierté, la deuxième place dans le concert des nations : six médailles aux Jeux équestres mondiaux de 1994, une troisième place pour l'équipe de dressage aux championnats d'Europe à Mondorf-les-Bains, en 1995 – ce n'était jamais arrivé, et cela ne s'est jamais reproduit. Aux Jeux d'Atlanta en 1996, trois quatrièmes places ont été glanées par les équipes de dressage, de saut et de concours complet. Une médaille de bronze a été remportée en épreuve individuelle de sauts d'obstacles par Alexandra Ledermann sur Rochet M : c'est la dernière médaille olympique française obtenue dans cette discipline. Et je n'ai aucune gêne à rappeler que, sur les quatre dernières médailles glanées aux JO depuis Séoul, trois sont à inscrire à mon actif, deux en tant que cavalier et l'une en qualité de dirigeant.

Engagé délibérément dans l'action, j'ai ouvert des débats sur l'utilité et le positionnement des Haras nationaux – leur quasi-disparition m'a donné raison, notamment sur la formation des jeunes chevaux, toujours imparfaite. J'ai obtenu, à la suite d'un passage en force, la réfection du Grand Parquet de

Fontainebleau, théâtre de grands rendez-vous sportifs, dont les championnats de France Élite. J'ai aussi beaucoup fait pour la sécurité des cavaliers en rendant obligatoire la « bombe trois points[1] » ; sans oublier le respect dû aux chevaux, la lutte contre le dopage et le renforcement de l'éthique sportive. Sur le plan international, j'ai imaginé et conçu le circuit de la Super League[2], seule compétition vraiment novatrice et de prestige pour le FEI, de ces quinze dernières années.

Entièrement voué à ma fédération nationale, j'en vins même à négliger la présidence de la commission marketing de la FEI qui m'était proposée, perdant ainsi toute chance de siéger au bureau de cette instance. Quelle frustration de ne pas avoir pu donner à la FFE des statuts véritablement démocratiques, plus protecteurs des sports équestres que ceux concédés après mon départ volontaire. J'ai été un réformateur par clairvoyance ; en aucun cas, un schizophrène du changement. C'est submergé par une énorme désillusion et plein d'amertume que j'ai démissionné en 1998 – même si cela ne me ressemble pas. Seul, j'aurais sans doute poursuivi le combat. Mais je ne voulais plus sentir le regard embarrassé de ma famille et de mes proches ; je pouvais y lire : « Il n'a quand même pas fait ça ? » Voilà ce qui a

1. Protection céphalique du cavalier avec une mentonnière fixée en trois endroits du casque.

2. Championnat des nations réservé aux huit meilleures équipes sur huit concours de CSIO avec, chaque année, montée et descente de deux équipes.

mis un terme à mon envie d'en découdre, moi qui ne suis jamais meilleur que face à un défi. Après mon départ, toutes les accusations dont j'ai été accablé ont fait « pschitt »…

Suite à cette expérience fédérale d'une rare violence, qui aura duré cinq ans, je regagne la région bordelaise en proie à une vague dépression, qu'accentuent des soucis familiaux. Je suis bientôt contacté par Marie-George Buffet, toujours ministre des Sports, qui me propose la présidence du CREPS – Centre régional d'éducation physique et sportive – de Bordeaux, succédant alors à une figure locale du sport, Jean-Paul Jauffret. L'offre me tente, mais il me faut au préalable reconstituer mes forces et reconsidérer les motivations de mon engagement envers le sport. En fait, je dois avant tout réfléchir au sens que je veux dorénavant donner à ma vie. J'accepte bientôt, ayant toujours envie d'endosser des responsabilités dans ce secteur. J'ignore que cet engagement me qualifiera pour présider, six ans plus tard, en novembre 2008, le prestigieux INSEP[1] et ses six cent cinquante athlètes de haut niveau. Cette marque de considération me redonne confiance, et j'éprouve rapidement du plaisir à engager la réforme statutaire de ce grand opérateur de l'État, tout en suivant de près le chantier de la rénovation de ses

1. Institut national des sports et de l'éducation physique, devenu l'Institut national du sport, de l'expertise et de la performance.

équipements. Me voilà de nouveau au service du sport, dans un rôle qui me convient mieux.

En serviteur du sport, je suis inéluctablement conduit à prendre part au débat politique. D'abord, dans le cadre d'un premier et discret engagement, en 1995, aux côtés d'Edouard Balladur, rencontré lors d'un dîner chez l'académicien Maurice Druon. Au cours de celui-ci, je lui brosse rapidement un programme pour le sport en France. Peu de jours après, il me sollicite pour participer à un groupe de travail sur son projet présidentiel.

En mars 1993, je fais la connaissance de Nicolas Sarkozy. Alors ministre des Finances, il est à l'initiative d'un déjeuner regroupant quelques sportifs dont Hubert Auriol et Thierry Rey. Je découvre un homme sympathique, amoureux du sport, fasciné par les champions et leur capacité à se surpasser. Je suis favorablement impressionné par ce personnage direct, tonique, plein d'énergie, taillé pour l'action. Plus tard, je le croise à nouveau à La Baule où il vient souvent se reposer en été.

Contacts réguliers, rencontres à la mairie de Neuilly, déjeuners puis dîners à quatre me familiarisent peu à peu avec Nicolas Sarkozy – y compris lors de sa traversée du désert. Cette relation courtoise et amicale me permet d'apprécier la bête politique et l'énergie qu'il dégage. Bien plus tard, en 2005, il m'appelle et me fixe rendez-vous le 11 mars au conseil général des Hauts-de-Seine dont il est le président. Il me reçoit en compagnie de Claude Guéant : « Je suis président de l'UMP et bientôt en campagne pour la présidentielle, me dit-il. Accepterais-tu de devenir secrétaire national en charge du sport ? » Avant de conclure par un laconique : « Pour le reste, on verra après… » Bien que naturellement peu enclin à m'enfermer dans un appareil politique, dont je ne vois que le côté partisan et caricatural de l'engagement, j'accepte.

Tous les mercredis après-midi, pendant deux ans, j'assiste aux réunions de la commission exécutive de l'UMP, en compagnie des poids lourds du parti. Il y a là des ministres en fonction et d'autres en devenir… Je m'initie à ce qu'est la vie politique au plus haut niveau, avec ses manœuvres improvisées, ses calculs, ses alliances d'un jour et ses trahisons. Je suis effaré par la liberté de parole de Nicolas Sarkozy, il n'esquive aucun débat et critique sans détour. Je m'étonne du peu d'intérêt porté par nos élites à la politique internationale, comme de l'absence d'anticipation de la crise financière et économique qui se profile. Cependant, l'expérience m'enthousiasme. L'euphorie s'installe au rythme des meetings enflammés durant lesquels Nicolas Sarkozy électrise les militants. C'est une dynamique de victoire qui s'installe, et je vis cette campagne comme une préparation à un grand événement sportif.

Je fais mon job en organisant, le 30 mai 2006, une convention à l'Aquaboulevard de Paris, où Sarkozy est en mesure de roder les grandes lignes d'un projet pour le sport, que j'ai concocté avec Emmanuelle Mignon et un groupe de travail. Après avoir rallié à sa cause cent cinq grandes signatures sportives, je participe, entre les deux tours, à mon premier débat télévisé sur la chaîne du journal *L'Équipe*. Malgré la présence de trois contradicteurs sur le plateau – le footballeur Vikash Dhorasoo, le sénateur de Paris David Assouline – actuel porte-parole du PS – et Valérie Fourneyron, aujourd'hui ministre des Sports de François Hollande –, nous parvenons, le professeur Jean Bertsch et moi, à développer nos idées avec force et conviction. Le vent souffle fort pour notre candidat et son élection ne fait plus aucun doute. Franchement déçu et un peu surpris, le soir de la victoire, de ne pas être convié à la célébrer au Fouquet's, je prends plaisir, en compagnie de très bons amis, à savourer le sacre de celui qui incarne l'espoir de modernisation de la France. Et ensuite ?

Plus rien…

Plus le moindre contact avec le staff de campagne, alors que bon nombre de conseillers dont j'étais familier prennent place à l'Élysée. Je commence à entrevoir l'étendue du cynisme des politiques une fois qu'ils sont parvenus au pouvoir. Bien sûr, Nicolas Sarkozy ne m'a rien promis, et je me sais en compétition avec Bernard Laporte pour le secrétariat d'État aux Sports. Je pense toutefois que mon chemin initiatique dans le sport me donne de meilleurs atouts. Sentiment corroboré par un appel téléphonique le vendredi 15 juin, d'une conseillère proche du pouvoir qui me fait parvenir des « éléments de langage », au cas où…

Je passe le week-end dans l'Aubrac à l'occasion d'un mariage ; me voilà coupé du monde, pas moyen de capter un réseau téléphonique ! Sur le chemin du retour, en voiture, j'entends égrener les noms des principaux ministrables ; aucun pronostic n'est fait pour ce qui concerne le portefeuille des Sports. Je suis fébrile. Le lundi, dans la matinée, j'ai la même conseillère au bout du fil. Elle m'indique que « rien n'est fait ». Je dois donc me tenir prêt. Le supplice s'intensifie jusqu'à l'annonce du gouvernement, le mardi, par le secrétaire général de l'Élysée, qui prononce le nom de Bernard Laporte aux Sports. Sa prise de fonction est toutefois différée pour cause de coupe du monde.

À partir de ce moment, je suis purement et simplement ignoré. Ni merci ni au revoir – rien. La politique est cruelle ; et elle prend parfois la forme d'une torture. Je suis une nouvelle fois cabossé. La brutale réalité de cet univers approché le temps d'une campagne, grâce à la notoriété acquise avec Jappeloup, détend le ressort de l'affectif à l'égard de Nicolas Sarkozy – je lui resterai fidèle malgré tout.

Le souvenir d'autres rencontres vient effacer ce désamour, telle celle du 16 juillet 2012, lorsque François Hollande, récemment élu président de la République, vient visiter l'INSEP. Il est détendu, accessible et chaleureux. Bien sûr, il n'ignore rien de mon engagement précédent, mais l'homme se montre sympathique et attentif dans l'échange. À l'instar de François Mitterrand qui me demanda, alors qu'il me remettait la Légion d'honneur, si Narcotique était promise à un aussi bel avenir que

Jappeloup. J'ai compris plus tard, lorsque l'existence de sa fille fut révélée, qu'il suivait grâce à Mazarine le fil de l'actualité équestre. J'ai aussi le souvenir de moments passés avec Jacques Chirac lors du dîner de gala pour le jubilé de Jappeloup en 1991, alors que le protocole m'avait prévenu d'une brève visite. En fait, il était heureux d'être là et, après m'avoir gratifié de quelques leçons simplistes en matière de politique, il amusa les convives de ses propos emplis de bonne humeur. Impossible d'oublier l'accueil réservé par Luciano Pavarotti lorsqu'il organisa une compétition équestre dans sa propriété ; à l'issue de celle-ci, il vint embrasser Jappeloup pour lui manifester son admiration.

L'un des échanges les plus marquants de ma vie reste celui que j'ai eu avec la reine d'Angleterre, lors de sa dernière visite officielle sur le sol français, en avril 2004. Souhaitant voir évoluer le Cadre Noir de Saumur, une représentation est organisée par un matin frisquet au quartier des Célestins, à Paris, où l'état-major de la cavalerie est localisé avec celui de la garde républicaine. Je me retrouve deux mètres derrière Sa Majesté et le prince Philip, duc d'Édimbourg, afin d'apporter, au cas où la demande m'en serait faite, toute précision d'ordre équestre. À la fin de la représentation, la reine Elizabeth se lève, se tourne vers moi et, dans un français sans accent, d'une voix douce et discrète, me confie : « Je sais qui vous êtes. Ma fille Anne vous a remis la médaille d'or et j'espère bien que ma petite-fille Zara Phillips disputera un jour le concours complet d'équitation aux Jeux Olympiques. »

J'ignore alors que son vœu sera exaucé à l'occasion des JO de Londres en 2012, et je formule une réponse pleine d'espoir à cet aveu tellement attendrissant.

Après les salons et les boudoirs de la République, Jappeloup m'aura conduit jusqu'aux portes – ou presque – de Buckingham Palace.

– ÉPILOGUE –

« Parce que c'était lui, parce que c'était moi... »

Il m'arrive de retourner à Saint-Seurin-sur-l'Isle et de pousser une à une les portes patinées des box de mon ancienne écurie. J'y viens pour le plaisir de retrouver l'odeur envoûtante du cuir mêlée à celle des chevaux et de la paille. Un instant, je visualise tous ceux qui ont animé cet espace ; leur âme y demeure comme suspendue. J'ai besoin de me retrouver dans cet univers. En revanche, je ne monte plus que très occasionnellement. J'emprunte pour venir ici la nationale 7, celle chantée par Charles Trenet – la route de l'évasion, de l'impatience des retrouvailles. En fait, le recueillement sur la tombe de Jappeloup m'est nécessaire...

J'ai toujours eu un profond attachement pour ce club fondé par mon père ; il en est resté le président pendant quarante-cinq ans. C'est mon club de toujours, celui qui a vu défiler ma vie. Un lieu charmant, avec ses bois environnants, où j'ai échafaudé mes rêves, pansé mes plaies, et où je me suis souvent ressourcé. Après mon retrait de la compétition, c'est ma fille Lisa qui s'est entichée des poneys et des chevaux. Sa maman, Nadia, étant elle aussi une excellente cavalière, je ne vois pas comment elle aurait pu échapper aux lois de l'hérédité. J'ai pris plaisir à dresser ses chevaux et à lui enseigner l'équitation, ainsi qu'à ses amis Stanislas et Anastasia. Dans une vie prochaine, plus stable, j'en aurai à nouveau près de moi. Loin d'eux, je suis toujours un peu inquiet. En attendant d'avoir un lieu de vie qui leur est plus adapté, je ne me lasse pas de mon horizon de vignes, à Saint-Émilion.

Adolescent rêveur en quête d'idéaux, j'ai imaginé, après une enfance heureuse, ma vie en trois temps. Le premier, prioritairement sportif, ne pouvait être qu'intense et exalté ; le deuxième devait être ancré dans une vie professionnelle féconde et diversifiée, où la quête effrénée de l'argent ne serait pas une obsession ; le troisième m'offrirait une période plus contemplative, passée à tirer les enseignements de la nature et de mon expérience. Ce serait « la contemplation dans l'action », comme me l'ont si bien enseigné les pères jésuites de mon collège Saint-Joseph de Tivoli. Cette période est venue, et je la veux apaisée, je cultiverai la lenteur pour arbitrer les contradictions qui sont en moi.

Je sais qu'une introspection sera nécessaire pour effacer les traces de mes combats, et pour vivre sereinement avec le souvenir des êtres chers aujourd'hui disparus – je veux, encore et surtout, donner le meilleur de moi à ceux que j'aime. On désire mettre tellement de choses dans sa vie… Probablement pour s'étourdir et oublier que nous sommes mortels. Je souhaite maintenant laisser affleurer les questions existentielles. Ce sera aussi le temps des lectures délaissées et des musiques d'une autre époque.

Comblé par la première étape de ma vie, je me suis égaré dans la suivante en subissant le poids de mon passé glorieux de cavalier, et en me fourvoyant dans une vie associative prématurée, dévoreuse et féroce. J'ai été submergé. Ma famille a été mise en péril. Toujours chahuté, je tente chaque jour de retrouver le contrôle du cours de mon existence. C'est la raison pour laquelle j'amorce plus tôt que je ne l'avais prévu la dernière étape. Et quel site plus approprié que ces vignes tout autour de ma maison, aux confins d'Ausone, de La Gaffelière et de Pavie, pour aspirer à une vie simple et harmonieuse ? Je n'en vois aucun…

J'ai élu domicile dans un ancien moulin, il y a vingt-six ans ; c'est une solide et imposante bâtisse en pierre de taille, extraite des sous-sols de Saint-Émilion. Très classique, avec de belles proportions, ma maison trône sur les vestiges de la villa gallo-romaine du poète et consul de Rome, Ausone. Souvent, le soir, surtout en été, je grimpe à travers les vignes de Pavie, et je m'assieds sur la crête tout en haut d'un mamelon, au pied d'une tour de gué. On l'appelle encore la « tour du Pendu » ; la légende prétend qu'au Moyen Âge, elle servit à exhiber les corps de condamnés pour montrer aux pèlerins en marche vers Saint-Jacques-de-Compostelle combien la cité ne badinait pas avec l'autorité. Tout près de là, de petits prieurés rappellent l'influence religieuse des lieux. Entre vignes et village, à l'ombre d'un passé de culture, je m'attarde, je flâne accompagné de mes chiens. Ces moments de méditation sont garants de mon équilibre. Ils m'aident à replonger dans le souvenir de moments forts de mon existence. Comme celui vécu en 1994 à La Baule, dans une chambre de l'hôtel l'Hermitage. Nous étions à quelques jours des Jeux équestres mondiaux de La Haye. Après la coupe des nations, l'équipe de France était en perdition. Comprenant un malaise, j'ai pris l'initiative en tant que président de la Fédération de réunir les cavaliers concernés dans la chambre de Patrick Caron. Verrouillant la porte, tirant les rideaux des fenêtres, dans l'obscurité, j'ai invité chacun à déballer ce qu'il avait sur le cœur. Les aveux des uns et des autres avec parfois des trémolos dans la voix furent poignants. Ce moment eut pour effet de ressouder tout le monde.

Naguère, il m'arrivait de partager mes instants de réflexion avec Maurice Druon. L'académicien, ancien résistant et homme politique, était propriétaire d'une abbaye cistercienne acquise en ruines, à une dizaine de kilomètres de Saint-Émilion. « Ici je suis heureux », aimait-il répéter au gré de nos promenades à cheval, puisque je l'avais convaincu, sans grande difficulté tant il était intrépide, de se remettre en selle à soixante-dix ans. C'est d'ailleurs dans cette propriété magnifiquement rénovée, où il passait ses vacances et de nombreux week-ends, qu'il est enterré. Au fil des ans, notre relation était devenue presque filiale. Nous avons appris à nous apprécier et, avec le consentement de son épouse, Madeleine, il me fit entrer, peu à peu, dans l'intimité de leur vie. Il n'était plus alors un personnage intimidant, d'une culture débordante, tissant une foule d'idées et de réflexions autour de la France. J'ai ainsi bénéficié de conversations passionnées avec ses hôtes de passage, toujours prestigieux, qui comblaient ma curiosité intellectuelle. Grâce à lui, j'ai eu droit, en selle, à d'insolites leçons d'histoire et de littérature. Épicurien en diable, il m'invitait ensuite à prolonger ces instants autour d'un repas. Il s'offrait ensuite le plaisir d'un de ses deux ou trois gros cigares quotidiens. Toujours élégant, un peu dandy, arborant une authentique mise britannique, il jouait de son incontestable charisme. Il était personnage de roman, acteur-né et conteur délicieux. Souvent, il allait s'asseoir au fond de sa propriété, sur un tronc taillé en fauteuil, le long du bief – là, il contemplait ses cygnes et les rares survivants d'une basse-cour décimée par les renards des environs.

Paris me manque parfois. Même si elle m'a mis à terre, la ville m'appelle ; je ne peux me passer de sa vie animée, trépidante. Durant les semaines qui ont précédé les JO de 1992 – auxquels je n'ai pu prendre part du fait de la blessure de Narcotique –, j'ai été appelé par Charles Biétry, en charge sur Canal + de la retransmission de cet événement planétaire, à rejoindre la plus impressionnante équipe de consultants sportifs qui se puisse imaginer. Elle regroupait des personnalités aussi prestigieuses que Michel Platini, Jean-Claude Bouttier, Guy Drut, Bernard Hinault, Jean-Claude Killy, Alain Mosconi, Yannick Noah, Stéphane Peyron, Thierry Rey, Philippe Riboud… et d'autres encore. Le groupe Canal + diffuse une trentaine de compétitions par an, je les commente aujourd'hui avec plaisir. Et pour moi, il s'agit d'un exercice récréatif bien plus que d'un travail.

Paris, c'est aussi l'INSEP dont je préside le conseil d'administration depuis novembre 2008. Un grand opérateur de l'État, que beaucoup considèrent comme une « machine à champions ». Même s'il s'agit là de la principale raison d'exister de cet établissement public, je veille à ce que toute humanité ne disparaisse pas de ses rouages, et à rester attentif à l'accompagnement des sportifs dans leur quête d'exploits. Mon rôle est aussi de les aider à construire leur vie. Mission exaltante au service du sport français, qui me rattache à mon goût de l'administration et à celui des terrains de compétition.

Et puis, dans ma vie, il y a le vin – indissociable de Saint-Émilion. Mon grand-père paternel, René Durand, avait des vignes sur le site de la briqueterie familiale, à Lamothe, en appellation « bordeaux supérieur ». J'ai toujours vécu dans l'univers du vin, et ai pris part aux vendanges dès mon enfance. Je garde le souvenir de ces journées ensoleillées de début d'automne, qu'animait une troupe hétéroclite à la bonne humeur contagieuse. Si je ferme les yeux, je peux humer l'odeur déjà enivrante des raisins foulés dans le pressoir par les pieds de jolies jeunes filles. Cette activité familiale, à la fois accessoire et réjouissante, produisait une horrible piquette jusqu'à ce que mon père confie la vinification de la récolte à la cave coopérative de Puisseguin-Saint-Émilion. Il en sera ainsi jusqu'en 2009, époque à laquelle nous vendrons les vignes dont j'étais devenu le fermier. Nous avions par ailleurs, en mai 2001, avec Nadia, investi dans une propriété de grand cru, le château La Grangère, à moins de un kilomètre à vol d'oiseau de la maison, sur un ancien prieuré. Sept hectares en coteaux, bénéficiant d'une belle exposition sud-sud-est. Un vin prometteur que le célèbre critique américain Robert Parker a qualifié « d'élégant et soyeux ». Hélas, notre divorce sonna le glas de cette expérience.

Dans ces décors viticoles aux airs de Toscane, je nous revois galoper avec Jappeloup, enfilant un rang de vignes, précédés par Bali, ma chienne labrador. Ce sont toutes nos vibrations partagées qui me reviennent alors, les sensations grisantes de sentir ses muscles entre mes jambes, et l'euphorie de nos victoires. Mon Jappeloup est devenu cheval de légende, comme l'a consacré le classement de trente-sept experts mondiaux, dans le magazine *L'Année hippique* de 1997 : il arrive en deuxième position des chevaux les plus performants de l'après-guerre, derrière Halla, partenaire du multimédaillé allemand Hans Günter Winkler, et ex æquo avec Milton. Les autres champions olympiques français de saut d'obstacles en 1912, 1952 et 1964, figurent dans ce classement loin derrière lui.

Jappeloup, cheval de cœur et de tempérament qui, vingt ans après ses exploits, est devenu le héros d'un film… Notre épopée sportive a séduit Pascal Judelewicz, un producteur venu me présenter une première fois en 1995 son projet de long-métrage. Abandonnant son idée faute de financements, il est revenu à la charge douze ans plus tard ! C'est bien de notre histoire que Guillaume Canet – acteur et scénariste du film – s'est inspiré, mais elle ne nous appartient plus – telle une œuvre artistique que chacun s'approprie et interprète avec la subjectivité de son regard. « Le danger, c'est le regard des autres », a dit Victor Hugo, et la vedette de ce film a fini par se confondre avec moi. J'ose espérer que, grâce à ce film, les chevaux seront mieux aimés, que les sports équestres vont sortir de leur confidentialité, et que l'équitation comptera de nouveaux adeptes.

À cette vision de notre épopée revisitée par les impératifs de la rentabilité, je préférerai toujours le bronze d'un sculpteur hollandais, Gabriël Sterk, qui a réalisé une œuvre grandeur nature de Jappeloup. Elle est dans mon jardin de Saint-Émilion depuis 1995, exposée à la curiosité des visiteurs chinois et autres touristes du petit train qui fait le tour du village. Ce Jappeloup à jamais figé dans sa gloire a été réalisé en un an, à partir d'une photo ; on le voit, à deux foulées d'un obstacle, toisant celui-ci du haut de son mètre cinquante-huit. L'attitude de Jappeloup, conquérante et altière, est conforme à ce qu'il était. Pour être fidèle, l'artiste a même utilisé ses fers pour déterminer les dimensions de ses sabots, et sa bride pour celles de sa tête. Tout juste lui manque-t-il un peu de volume musculaire. Mais il s'agit là d'un parti pris d'artiste.

Phénomène d'exception, Jappeloup est resté dans bien des mémoires et, après une première exposition au Musée olympique de Lausanne, entre 2008 et 2011, sa statue va y retourner définitivement. C'est l'une des dernières volontés de Martine Fekete-Forrer, responsable de la communication et des relations publiques de l'institution, disparue brutalement en juin 2012. Elle m'avait imploré de lui vendre ce bronze majestueux pour en faire le legs au Comité international olympique. Il y demeurera pour l'éternité. Face au Léman, tout au bout du chemin qui monte du front du lac, tête haute, les naseaux frémissants et les sabots dans une pelouse soignée, Jappeloup va désormais tenir compagnie à la statue voisine de Paavo Nurmi.

Ce que je retiens de tout cela, c'est que Jappeloup est devenu un mythe et que notre carrière sportive s'est frayé un passage dans la grande histoire de l'équitation ; malgré les jalousies, malgré les détracteurs, rien ne vaut notre apport à ce sport.

Avec mon seul rêve de gamin et un cheval venu de nulle part, j'ai dessiné un cercle enchanté de désirs et de frissons. Avec nous, beaucoup ont fait le voyage vers la lumière ; en offrant une palette d'émotions inoubliables, nous avons fait du bien. Nous avons fait le Bien. Si ce doit être le bilan de ma vie, j'en serai heureux.

Improbable et fascinante aventure que la nôtre, qui s'est inscrite avec panache dans l'idéal olympique. La flamme, c'est celle de l'espoir de la fraternité, celle de la foi en l'homme courageux, généreux et respectueux des autres. À Lausanne, au siège de l'olympisme, Jappeloup restera le symbole le plus abouti de cette rencontre entre l'homme et le cheval.

Mon bel ami, tu as eu une destinée fulgurante. De ta naissance à ta mort, tu as été exceptionnel. Nos yeux t'ont vu petit alors que tu étais un géant. Mon succès, je l'ai construit autour d'un rêve, il ne m'a pas été donné. Ni « enfant de la balle », ni riche héritier, j'ai gagné par moi-même mes galons et livré de vraies batailles, sur et en dehors des terrains de concours. Pourquoi nos chemins se sont-ils croisés ? Ce questionnement me hantera jusqu'à mon dernier jour. Était-ce le hasard ? Était-ce la volonté ? Les deux, évidemment, plus une force supérieure.

Jappeloup, en partant, tu m'as laissé bien seul…

– TABLE –

Crédits photographiques

P. 1 : en haut : C. Delcourt ; en bas : Collection personnelle.
P. 2 : K. Devilder.
P. 3 : K. Devilder.
P. 4 : en haut : Collection personnelle ; en bas : K. Devilder.
P. 5 : en haut : F. Chehu / Prestedit ; en bas : K. Devilder.
P. 6 : DR.
P. 7 : à gauche : F. Papelard ; en haut : P.S.V - J. Morel ; en bas : Yann Guichaoua / agence Vandystadt.
P. 8 : en haut : France équestre couleur ; en bas : K. Devilder.

Composition PCA
44400 – Rezé

Imprimé en Espagne
Dépôt légal : novembre 2012
N° d'impression : 01
ISBN : 978-2-7499-1747-4
LAF 1637